Compaixão

UMA HISTÓRIA DE JUSTIÇA E REDENÇÃO

Bryan Stevenson

Tradução:
Cláudia Soares Álvares da Cruz
Luciana Monteiro
Marcela Lanius

r.ed

r.ed tapioca
Rio de Janeiro
2019

Copyright © Bryan Stevenson, 2014
Copyright © Red Tapioca, 2019
todos os direitos reservados.

Esta tradução é publicada sob acordo com a
Spiegel & Grau, uma marca da Random House,
uma divisão da Penguin Random House LLC.

Título original: Just Mercy

Just Mercy é uma obra de não-ficção.
Alguns nomes e detalhes foram alterados.

1ª edição

Coordenação editorial
    GUSTAVO HORTA RAMOS
Organização
    EMÍLIO C. MAGNAGO
Tradução
    CLÁUDIA SOARES ÁLVARES DA CRUZ
    LUCIANA MONTEIRO
    MARCELA LANIUS
Revisão
    EMÍLIO C. MAGNAGO
Capa e Projeto gráfico
    NATALLI TAMI KUSSUNOKI

*À memória de
Alice Golden Stevenson,
minha mãe.*

O amor é o motivo,
mas a justiça é o instrumento.
— REINHOLD NIEBUHR —

SUMÁRIO

TERRAS ELEVADAS	INTRODUÇÃO	**11**
MOCKINGBIRDS	CAPÍTULO UM	**27**
LEVANTE-SE	CAPÍTULO DOIS	**41**
PROVAÇÕES E ATRIBULAÇÕES	CAPÍTULO TRÊS	**53**
THE OLD RUGGED CROSS	CAPÍTULO QUATRO	**73**
SOBRE O RETORNO DE JOÃO	CAPÍTULO CINCO	**97**
CONDENADOS, COM TODA CERTEZA	CAPÍTULO SEIS	**119**
JUSTIÇA NEGADA	CAPÍTULO SETE	**131**
TODOS OS FILHOS DE DEUS	CAPÍTULO OITO	**151**
EU ESTOU AQUI	CAPÍTULO NOVE	**167**
MITIGAÇÃO	CAPÍTULO DEZ	**189**
VOANDO PARA LONGE	CAPÍTULO ONZE	**205**
MÃE	CAPÍTULO DOZE	**229**
RECUPERAÇÃO	CAPÍTULO TREZE	**243**
CRUEL E INCOMUM	CAPÍTULO QUATORZE	**257**
DESTROÇOS	CAPÍTULO QUINZE	**275**
A TRISTE MELODIA DOS QUE PEGAM PEDRAS	CAPÍTULO DEZESSEIS	**295**
	EPÍLOGO	**311**
	POST SCRIPTUM	**315**
	AGRADECIMENTOS	**317**
	NOTA DO AUTOR	**319**

Compaixão

INTRODUÇÃO
TERRAS ELEVADAS

Não estava preparado para conhecer um homem condenado. Em 1983, eu era um aluno de vinte e três anos da Faculdade de Direito de Harvard fazendo um estágio na Geórgia, ávido e inexperiente e receoso de estar indo além da minha capacidade. Nunca tinha entrado em um presídio de segurança máxima — e com certeza nunca tinha estado no corredor da morte. Quando soube que visitaria esse prisioneiro sozinho, sem nenhum advogado me acompanhando, tentei não deixar que meu pânico transparecesse.

O corredor da morte da Geórgia fica em um presídio fora de Jackson, uma cidade remota numa parte rural do estado. Fui para lá sozinho, dirigindo pela I-75 na direção sul a partir de Atlanta, e meu coração batia cada vez mais forte à medida que me aproximava. Eu não sabia nada sobre pena de morte e ainda não havia cursado nenhuma disciplina sobre processo penal. Eu não tinha nem mesmo um entendimento básico do complexo processo de recursos que moldava as disputas judiciais que envolviam pena de morte, um processo que com o tempo se tornaria tão familiar para mim quanto a palma da minha mão. Quando me inscrevi nesse estágio, não havia pensado muito no fato de que eu efetivamente conheceria prisioneiros condenados. Para ser franco, eu nem mesmo sabia se queria ser advogado. À medida que as milhas rodadas se acumulavam naquelas estradas rurais, cada vez mais eu me convencia de que este homem ficaria muito decepcionado ao me ver.

Estudei filosofia na universidade e, até o último ano, não havia me dado conta de que ninguém me pagaria para filosofar quando eu me formasse. Minha busca frenética por um "plano pós-graduação" me levou à faculdade de direito sobretudo porque os outros programas de pós-graduação exigiam que se tivesse algum conhecimento da área para se inscrever; os cursos de

INTRODUÇÃO

direito, ao que parecia, não exigiam que você soubesse nada. Em Harvard, eu poderia estudar direito enquanto ia em busca de uma pós-graduação em políticas públicas na *Kennedy School of Government*, o que me parecia interessante. Eu não tinha certeza do que queria fazer com a minha vida, mas sabia que teria a ver com a vida dos pobres, com o histórico americano de desigualdade racial e com a luta para sermos equitativos e justos uns com os outros. Teria a ver com as coisas que eu já tinha visto na vida até aquele momento e me questionado a respeito, mas não conseguia juntar tudo isso de forma a traçar um nítido plano de carreira.

Pouco depois do início das aulas em Harvard, comecei a ficar preocupado com a possibilidade de ter feito a escolha errada. Vindo de uma pequena universidade na Pensilvânia, me senti muito afortunado de ter sido aceito, mas ao fim do primeiro ano, estava decepcionado. Naquela época, a Faculdade de Direito de Harvard era um lugar bastante intimidador, principalmente para uma pessoa de vinte e um anos. Muitos professores utilizavam o método socrático — questionamentos diretos, repetitivos e contraditórios — que tinha o efeito incidental de humilhar alunos despreparados. As disciplinas pareciam esotéricas e desconectadas das questões raciais e das questões relacionadas à pobreza que haviam me motivado inicialmente a pensar em estudar direito.

Muitos alunos já tinham feito cursos de pós-graduação ou trabalhado como auxiliares jurídicos em prestigiados escritórios de advocacia. Eu sentia que tinha muito menos experiência e conhecimento do mundo que meus colegas. Quando os escritórios de advocacia vinham ao campus e começavam a entrevistar os alunos um mês após o início das aulas, meus colegas vestiam ternos caros e se inscreviam, pois assim ganhavam viagens para Nova York, Los Angeles, São Francisco, ou Washington, D.C. Entender exatamente o que estávamos nos preparando para fazer era um mistério absoluto para mim. Eu nunca havia conhecido um advogado antes de começar a estudar direito.

Passei o verão depois do meu primeiro ano na faculdade de direito trabalhando em um projeto sobre justiça juvenil na Filadélfia e fazendo cursos de cálculo avançado à noite para me preparar para meu próximo ano na *Kennedy School*. Quando comecei o programa de política pública em setembro, eu ainda me sentia desconectado. O currículo era extremamente quantitativo, direcionado a descobrir formas de maximizar benefícios e minimizar custos, sem muita preocupação com relação ao que esses benefícios alcançavam e os custos que geravam. Embora os cursos de teoria da decisão, econometria e outros semelhantes fossem intelectualmente estimulantes, faziam eu me sentir à deriva. Mas, de repente, tudo fez sentido.

Descobri que a faculdade de direito estava oferecendo um raro curso intensivo de um mês de duração sobre disputas judiciais que envolviam raça e pobreza, ministrado por Betsy Bartholet, uma professora de direito que havia trabalhado como advogada para o Fundo de Defesa Legal da NAACP (Associação Nacional para o Progresso de Pessoas de Cor). Ao contrário da maioria dos outros cursos, esse levava os alunos para fora do campus, exigindo que passassem o mês todo em uma organização trabalhando com justiça social. Muito entusiasmado, me inscrevi no curso, e assim, em dezembro de 1983, me vi dentro de um avião indo para Atlanta, na Geórgia, onde eu deveria passar algumas semanas trabalhando para o Comitê de Defesa de Prisioneiros do Sul (SPDC).

Eu não tinha dinheiro para comprar passagem em um voo direto para Atlanta, então tive que trocar de avião em Charlotte, Carolina do Norte, e foi lá que conheci Steve Bright, o diretor do SPDC, que estava voltando para Atlanta depois das férias. Steve tinha cerca de trinta e cinco anos e uma paixão e uma certeza que pareciam ser o exato oposto da minha ambivalência. Havia crescido em uma fazenda no Kentucky e acabou indo para Washington, D.C. depois que se formou em direito. Steve era um brilhante advogado da Defensoria Pública do Distrito de Columbia e tinha acabado de ser recrutado para assumir o SPDC, cuja missão era dar assistência a pessoas condenadas à pena de morte na Geórgia. Ele não demonstrava nada da desconexão entre o que fazia e aquilo em que acreditava que eu havia visto em tantos professores de direito. Quando nos conhecemos, ele me deu um abraço forte, apertado e caloroso, e então começamos a conversar. Só paramos quando chegamos em Atlanta.

— Bryan — ele disse em algum momento durante nosso curto voo, — pena capital significa "aqueles que não têm capital recebem a pena". Não temos como ajudar as pessoas no corredor da morte sem a ajuda de pessoas como você.

Fui surpreendido por sua crença imediata de que eu tinha algo a oferecer. Ele explicou detalhadamente as questões envolvidas na pena de morte de forma simples, porém persuasiva, e eu me concentrei em cada palavra, completamente envolvido por sua dedicação e carisma.

— Só espero que você não esteja com nenhuma expectativa extravagante — ele disse.

— Não, não estou — garanti. — Estou grato pela oportunidade de trabalhar com você.

— Bem, "oportunidade" não é exatamente a primeira palavra em que as pessoas pensam quando pensam em trabalhar conosco. Nós vivemos de maneira simples e as horas de trabalho são bastante intensas.

— Isso não é problema para mim.

— Bem, na verdade pode-se dizer que vivemos de maneira menos que simples. Vivemos mais é de maneira pobre, talvez possamos quase que dizer que mal vivemos, lutamos para segurar as pontas, sobrevivemos da bondade de estranhos, só com as necessidades básicas, incertos quanto ao futuro.

Deixei escapar uma expressão de preocupação, e ele riu.

— Estou brincando... mais ou menos.

Ele mudou de assunto, mas ficou claro que seu coração e sua mente estavam alinhados com a difícil situação dos condenados e daqueles que recebiam um tratamento injusto nas cadeias e prisões. Conhecer uma pessoa cujo trabalho animava sua vida de forma tão poderosa fez com que eu sentisse uma confiança profunda.

Poucos advogados estavam trabalhando no SPDC quando cheguei naquele inverno. A maioria deles havia trabalhado como advogado de defesa criminal em Washington e tinha vindo para a Geórgia como reação a uma crise crescente: prisioneiros do corredor da morte não conseguiam obter advogados. Com idade entre trinta e quarenta anos, homens e mulheres, negros e brancos, esses advogados se sentiam confortáveis uns com os outros de uma forma que refletia uma missão em comum, uma esperança em comum e um estresse em comum a respeito dos desafios que enfrentavam.

Após anos de mandados de segurança e adiamentos, as execuções voltaram a acontecer no extremo sul do país, e a maioria das pessoas que se acumulavam no corredor da morte não tinha advogado nem direito a aconselhamento. Havia um crescente receio de que, em breve, pessoas seriam mortas sem ter seus casos revistos por advogados qualificados. Todos os dias recebíamos angustiados telefonemas de pessoas que não receberam assistência legal, mas cujas execuções já estavam marcadas no calendário e se aproximavam rapidamente. Eu nunca tinha ouvido vozes tão desesperadas.

Quando comecei meu estágio, todos foram extremamente gentis comigo, e imediatamente me senti em casa. O SPDC ficava no centro de Atlanta no Edifício Healey, uma estrutura neogótica de dezesseis andares, construída no início dos anos 1900, em considerável declínio e perdendo inquilinos. Eu trabalhava em um círculo apertado de mesas com dois advogados, fazendo trabalhos administrativos, atendendo telefonemas e pesquisando questões legais para a equipe de advogados. Estava me acostumando à minha rotina no escritório quando Steve me pediu para ir até o corredor da morte para me encontrar com um homem condenado que ninguém tinha tempo para visitar. Ele me explicou que o homem estava no corredor há mais de dois anos e que ainda não tinham um advogado para assumir o caso dele. Minha função era passar para esse homem uma única mensagem: *Você não será executado no próximo ano.*

~

Passei por plantações e zonas florestais da região rural da Geórgia, ensaiando o que eu diria quando encontrasse esse homem. Treinei minha apresentação inúmeras vezes.

"Olá, meu nome é Bryan. Sou estudante de...". Não. "Sou estudante de direito em..." Não. "Meu nome é Bryan Stevenson. Sou estagiário de direito no Comitê de Defesa de Prisioneiros do Sul." "Você não corre o risco de ser executado em breve." Não.

Continuei praticando minha apresentação até chegar à intimidadora cerca de arame farpado e à torre branca de vigia do Centro de Diagnóstico e Classificação da Geórgia. No escritório, chamávamos o lugar simplesmente de "Jackson", então, ver seu verdadeiro nome em uma placa foi perturbador — soava clínico, até mesmo terapêutico. Estacionei, encontrei o caminho para a entrada do presídio e entrei no prédio principal com seus corredores escuros e passagens bloqueadas, onde barras de metal serviam de barricada para cada ponto de acesso. O interior do edifício eliminou qualquer dúvida de que aquele era um lugar inóspito.

Caminhei por um corredor que parecia um túnel até chegar à área de visitação legal, com cada passo ecoando ameaçadoramente no impecável piso ladrilhado. Quando disse ao guarda da visitação que eu era um auxiliar jurídico enviado para um encontro com um prisioneiro do corredor da morte, ele me olhou desconfiado. Eu estava usando meu único terno, e nós dois podíamos notar que ele já tinha visto dias melhores. Os olhos do guarda pareceram fitar longa e intensamente a minha carteira de motorista antes que ele inclinasse a cabeça na minha direção para falar.

— Você não é daqui.

Foi mais uma afirmação que uma pergunta.

— Não, senhor. Bom, estou trabalhando em Atlanta. — Depois de ligar para o encarregado para confirmar que minha visita havia sido devidamente agendada, ele finalmente me deixou entrar, indicando, rispidamente, o caminho até a pequena sala onde a visita aconteceria.

— Não se perca, não garantimos que vamos encontrá-lo — alertou.

A sala de visitação tinha menos de dois metros quadrados e alguns bancos aparafusados ao chão. Tudo ali era feito de metal e estava firmemente preso. Na frente dos bancos, uma tela de arame saía de uma reentrância e subia até o teto, seis metros acima. A sala era uma gaiola vazia até eu entrar. Para visitas familiares, os prisioneiros e os visitantes tinham que ficar em lados opostos da parede interna feita de tela de arame — eles se falavam através do aramado. As visitas legais, por outro lado, eram "visitas de contato" — nós dois ficaríamos do mesmo lado da sala para termos mais privacidade. A sala era pequena e, embora eu soubesse que não podia ser verdade, parecia diminuir de tamanho a cada segundo. Comecei novamente a me preocupar com o meu despreparo. Eu havia marcado uma reunião de uma hora com o cliente, mas não tinha certeza de como preencheria nem mesmo quinze minutos com aquilo que eu sabia. Sentei em um dos bancos e aguardei. Depois de quinze minutos de ansiedade crescente, finalmente escutei o barulho de correntes do outro lado da porta.

O homem que entrou parecia ainda mais nervoso que eu. Me olhou de relance, seu rosto contraiu-se demonstrando preocupação, e rapidamente desviou o olhar quando olhei para ele. Não se afastou muito da porta, como se, no fundo, não quisesse entrar na sala de visitação. Era um jovem afro-americano, com boa aparência: cabelo curto, barba bem-feita, estatura e estrutura medianas. Vestia um uniforme branco e limpo. Ele me pareceu imediatamente familiar, igual a todos com quem eu tinha crescido, amigos de escola, pessoas com quem eu praticava esportes ou tocava música, alguém na rua com quem eu conversaria sobre o tempo. O guarda o desacorrentou lentamente, retirando as algemas e as argolas de seus tornozelos, então me olhou nos olhos e disse que eu tinha uma hora. O guarda pareceu perceber que tanto o prisioneiro quanto eu estávamos nervosos e para se divertir um pouco com nosso desconforto, sorriu para mim antes de se virar e sair. A porta de metal bateu fazendo estrondo e reverberou pelo pequeno espaço.

O condenado não se aproximou, e eu não sabia o que fazer, então fui até ele e estendi a mão. Apertou minha mão com cautela. Nos sentamos e ele falou primeiro.

— Eu sou o Henry — ele disse.

— Sinto muito — foram as primeiras palavras que escaparam da minha boca. Apesar de toda a minha preparação e dos comentários ensaiados, eu não conseguia parar de me desculpar repetidamente.

— Sinto muito mesmo, sinto muito... ok, não sei... hã... Sou estudante de direito... não sou advogado... Sinto muitíssimo que eu não possa lhe dizer muita coisa, mas eu não sei muita coisa.

O homem olhou para mim com preocupação. — Está tudo bem com o meu caso?

— Ah, está sim, senhor. Os advogados do SPDC me mandaram aqui para lhe dizer que eles ainda não têm um advogado... quer dizer, nós ainda não temos um advogado para você, mas não há risco de você ser executado no próximo ano... Estamos tentando conseguir um advogado, um advogado de verdade. Esperamos que o advogado venha vê-lo nos próximos meses. Eu sou só estudante de direito. Fico muito feliz de ajudar, quer dizer, se houver alguma coisa que eu possa fazer.

O homem interrompeu minha tagarelice pegando minhas mãos rapidamente.

— Eu não vou receber uma data de execução em nenhum momento no próximo ano?

— Não, senhor. Eles disseram que vai demorar pelo menos um ano até você receber uma data de execução. — Essas palavras não me soaram muito reconfortantes. Mas Henry apertava minhas mãos cada vez mais forte.

— Obrigado, cara. De verdade, obrigado! Que notícia ótima. — Os ombros dele relaxaram e ele olhou para mim com intenso alívio.

— Você é a primeira pessoa que eu vejo em mais de dois anos, depois que vim para o corredor da morte, que não é outro prisioneiro do corredor da morte ou guarda do corredor da morte. Estou tão feliz que você esteja aqui e estou tão feliz de receber essa notícia. — Ele expirou bem alto e pareceu relaxar.

— Tenho falado com minha esposa no telefone, mas não quis que ela viesse me visitar ou trouxesse as crianças porque estava com medo que eles viessem e eu já tivesse uma data de execução. Simplesmente não quero eles aqui assim. Agora vou dizer para eles que podem vir me visitar. Obrigado!

INTRODUÇÃO

Fiquei espantado com a felicidade dele. Eu também relaxei e começamos a conversar. Nós tínhamos exatamente a mesma idade. Henry me fez perguntas sobre mim e eu lhe perguntei sobre sua vida. No espaço de uma hora, nós dois estávamos conversando distraidamente. Falamos sobre tudo. Ele me falou da família dele e me falou do seu julgamento. Me perguntou sobre a faculdade de direito e sobre a minha família. Falamos sobre música, falamos sobre prisão, falamos sobre o que importa e o que não importa na vida. Eu estava completamente absorvido por nossa conversa. Rimos algumas vezes, houve até momentos em que nos emocionamos e ficamos tristes. Continuamos falando e faland. Foi só quando escutei uma batida forte na porta, que me dei conta de que eu havia ultrapassado, e muito, o tempo designado para minha visita. Olhei para meu relógio. Eu tinha ficado três horas ali.

O guarda entrou e estava zangado. Ele rosnou para mim:

— Você já devia ter terminado há muito tempo. Você tem que ir embora.

Ele começou a algemar Henry, puxando suas mãos para trás e prendendo-as atrás das costas. Em seguida, bruscamente prendeu os tornozelos de Henry. O guarda estava tão furioso que apertou demais as algemas. Pude ver a expressão de dor no rosto de Henry. Eu disse:

— Acho que essas algemas estão apertadas demais. Pode afrouxá-las, por favor?

— Eu já falei: você tem que ir embora. Não me diga como fazer o meu trabalho.

Henry sorriu para mim e disse:

— Está tudo bem, Bryan. Não se preocupe com isso. Volte para me visitar, tá?

Pude vê-lo se contrair a cada clique das correntes sendo apertadas em torno de sua cintura.

Devo ter feito uma expressão bastante aflita. Henry continuava dizendo:

— Não se preocupe, Bryan, não se preocupe. Volte, tá?

Enquanto o guarda o empurrava na direção da porta, Henry se virou para olhar para mim. Comecei a balbuciar:

— Sinto muito. Sinto mui...

— Não se preocupe com isso, Bryan — ele disse, me cortando. — Basta você voltar.

Olhei para ele e me esforcei para dizer algo apropriado, algo reconfortante, algo que expressasse a gratidão que sentia por ele ter sido tão paciente comigo.

18

Mas não consegui pensar em nada para dizer. Henry olhou para mim e sorriu. O guarda o empurrava na direção da porta de forma rude. Não gostei do modo como Henry estava sendo tratado, mas ele continuava a sorrir até que, no momento exato em que o guarda finalmente conseguiria empurrá-lo para fora da sala, ele firmou os pés no chão para resistir aos empurrões. Ele parecia tão calmo. E então fez algo totalmente inesperado. Eu o vi fechar os olhos e inclinar a cabeça para trás. Fiquei confuso com o que ele estava fazendo, mas aí ele abriu a boca e eu entendi. Ele começou a cantar. Sua voz era formidável, um barítono forte e claro. Tanto eu quanto o guarda fomos surpreendidos, e ele parou de empurrar Henry.

> Eu prossigo no caminho da ascensão
> A cada dia conquisto novas alturas
> Ainda rezo enquanto sigo nessa direção
> Senhor, firme meus pés em Terras Elevadas

Era um antigo hino que sempre cantavam na igreja onde cresci. Fazia anos que não o ouvia. Henry cantou devagar e com imensa sinceridade e convicção. O guarda levou alguns instantes para se recompor e voltou a empurrar Henry pela porta. Como seus pés estavam acorrentados e suas mãos presas atrás das costas, Henry quase tropeçou quando o guarda o empurrou para frente. Ele precisou balançar o corpo para manter o equilíbrio, mas continuou cantando. Pude ouvi-lo enquanto seguia pelo corredor:

> Senhor, me faça ascender e me deixe ficar
> Pela fé no planalto do Paraíso
> Um plano mais elevado que pude encontrar
> Senhor, firme meus pés em Terras Elevadas

Voltei a me sentar, completamente aturdido. A voz de Henry estava cheia de desejo. Recebi sua canção como um presente precioso. Eu havia entrado no presídio com tanta ansiedade e com tanto medo que ele não estivesse disposto a tolerar minha inadequação. Não esperava que ele demonstrasse compaixão ou generosidade. Eu não tinha nenhum direito de esperar nada de um homem condenado à morte. Ainda assim ele me deu uma impressionante demonstração de sua humanidade. Naquele momento, Henry modificou minha compreensão a respeito do potencial humano, da redenção e da esperança.

INTRODUÇÃO

Terminei meu estágio comprometido a ajudar os prisioneiros no corredor da morte que conheci naquele mês. Depois de me aproximar tanto de pessoas condenadas e encarceradas, a pergunta a respeito da humanidade de cada indivíduo tornou-se mais urgente e significativa, inclusive minha própria. Voltei para a faculdade de direito com um desejo intenso de entender as leis e doutrinas que sancionavam as penas de morte e as punições extremas. Fiz inúmeros cursos sobre lei constitucional, disputa judicial, procedimentos de apelação, cortes federais e medidas liminares. Fiz trabalhos extra para compreender melhor como a teoria constitucional molda o procedimento criminal. Mergulhei fundo nas leis e na sociologia de raça, pobreza e poder. Antes, a faculdade de direito me parecia abstrata e desconectada, mas depois de conhecer as pessoas desesperadas e encarceradas, tudo se tornou relevante e crucialmente importante. Até mesmo os meus estudos na *Kennedy School* adquiriram um novo significado. Desenvolver a competência necessária para quantificar e desconstruir a discriminação e a desigualdade que vi se tornou urgente e significativo.

Meu curto período no corredor da morte revelou que algo estava faltando na forma como tratamos as pessoas em nosso sistema judicial, que talvez julgássemos as pessoas injustamente. Quanto mais eu refletia sobre a experiência, mais eu reconhecia que durante toda a minha vida eu vinha me debatendo com a questão de como e por que as pessoas são julgadas injustamente.

Cresci em um assentamento pobre, rural, racialmente segregado no litoral leste da Península Delmarva, em Delaware, onde a história racial desse país projeta uma longa sombra. As comunidades costeiras, que se estendiam da Virgínia e do leste de Maryland até o Sul de Delaware, não demonstravam nenhum remorso em serem sulistas. Muitas pessoas na região insistiam em uma hierarquia racial que precisava de símbolos, marcos e de ser constantemente reforçada, em parte por causa de sua proximidade do Norte. Bandeiras confederadas eram orgulhosamente exibidas em toda a região, marcando, de forma ousada e desafiadora, a paisagem cultural, social e política.

Afro-americanos viviam em guetos racialmente segregados, isolados por ferrovias em pequenos vilarejos ou em "seções para pessoas de cor" no interior. Cresci em um assentamento no interior onde algumas pessoas moravam em minúsculos barracos onde famílias sem sistema de encanamento tinham que usar banheiros externos. Dividíamos nosso espaço para brincadeiras ao ar livre com galinhas e porcos.

Os negros ao meu redor eram fortes e determinados, mas marginalizados e excluídos. O ônibus do aviário vinha todos os dias buscar adultos para levá-los à fábrica onde eles depenavam, cortavam e processavam milhares de frangos diariamente. Meu pai saiu de lá quando era adolescente porque não havia escola de ensino médio para negros. Ele voltou com minha mãe e conseguiu emprego em uma fábrica de comida. Nos fins de semana, fazia trabalhos domésticos em casas de praia e veraneio. Minha mãe tinha um emprego civil em uma base da Força Aérea. Parecia que estávamos cobertos por um manto indesejado de desigualdade racial que nos reprimia, limitava e restringia.

Meus parentes trabalhavam arduamente o tempo todo, mas não conseguiam prosperar. Meu avô foi assassinado quando eu era adolescente, mas isso não parecia relevante para o mundo além da minha família.

Minha avó era filha de pessoas que haviam sido escravizadas no Condado de Caroline, na Virgínia. Ela nasceu nos anos 1880, seus pais na década de 1840. O pai dela sempre lhe falava sobre sua experiência de crescer como escravo e como ele aprendeu a ler e escrever, mas manteve isso em segredo. Ele escondia as coisas que sabia — até chegar a Emancipação. O legado da escravidão, em grande medida, moldou minha avó e a forma como ela criou seus nove filhos. Também influenciou a forma como ela falava comigo, a forma como constantemente me dizia "Fique por perto".

Quando eu a visitava, ela me abraçava tão apertado que eu mal conseguia respirar. Passado um instante, ela me perguntava:

— Bryan, você ainda está sentindo meu abraço? — Se eu dissesse que sim, ela me soltava, se eu dissesse que não, ela me atacava de novo. Eu dizia não com muita frequência porque ficava muito feliz ao sentir seus braços formidáveis em volta de mim. Ela nunca se cansava de me puxar para perto dela.

— Não dá para compreender a maioria das coisas importantes à distância, Bryan. Você tem que se aproximar — ela sempre me dizia.

A distância que vivenciei em meu primeiro ano na faculdade de direito fez eu me sentir perdido. A proximidade dos condenados, das pessoas julgadas de forma injusta, foi isso que me guiou de volta para algo que fazia eu me sentir em casa.

INTRODUÇÃO

Este livro é sobre se aproximar do encarceramento em massa e das penas extremas nos Estados Unidos. É sobre como é fácil condenar pessoas nesse país e a injustiça que criamos quando permitimos que o medo, a raiva e a distância moldem a forma como tratamos as pessoas mais vulneráveis. É também sobre um período dramático de nossa história recente, um período que marcou de forma indelével a vida de milhões de americanos — de todas as raças, idades e sexos — e a psique americana como um todo.

Quando fui ao corredor da morte pela primeira vez em dezembro de 1983, os Estados Unidos estavam no início de uma transformação radical que nos tornaria uma nação severa e punitiva como nunca havia sido antes e resultaria em um número de prisões em massa sem paralelo na história. Hoje temos o maior índice de encarceramento do mundo. A população prisional aumentou de 300.000 pessoas no início dos anos 1970 para 2,3 milhões de pessoas hoje em dia. Há aproximadamente seis milhões de pessoas em regime de sursis ou de condicional. Calcula-se que uma em cada quinze pessoas nascidas nos Estados Unidos em 2001 irá para a cadeia ou para a prisão. Calcula-se que um em cada três bebês negros do sexo masculino será encarcerado.

Nós já atiramos, enforcamos, asfixiamos com gás tóxico, eletrocutamos e demos injeções letais em centenas de pessoas para cumprir execuções legalmente sancionadas. Outros milhares de pessoas aguardam suas execuções no corredor da morte. Alguns estados não têm uma idade mínima para processar crianças como se fossem adultos. Já enviamos 250.000 jovens para cadeias e prisões de adultos para cumprir longas penas, alguns com menos de doze anos de idade. Durante anos, fomos o único país no mundo a condenar crianças à prisão perpétua sem direito à condicional e cerca de três mil jovens foram condenados a morrer na prisão.

Centenas de milhares de infratores não violentos foram obrigados a passar décadas na prisão. Criamos leis que possibilitaram que um cheque sem fundos ou um pequeno furto ou um crime contra o patrimônio de pouca gravidade fossem considerados crimes que podem levar à prisão perpétua. Declaramos uma dispendiosa guerra contra pessoas com problemas de abuso de substâncias. Atualmente, há mais de meio milhão de pessoas em prisões estaduais ou federais por causa de drogas — em 1980 eram apenas 41.000.

Abolimos a liberdade condicional em muitos estados. Inventamos slogans como "Três infrações e você está fora" para mostrar como somos durões. Abrimos mão de reabilitação, educação e serviços para os prisioneiros porque dar assistência para as pessoas encarceradas é, ao que parece, gentileza e compaixão demais. Institucionalizamos políticas que reduzem as pessoas a seus piores atos e os rotulamos, de forma definitiva, de "criminoso", "assassino", "estuprador", "ladrão", "traficante", "agressor sexual", "delinquente" — identidades que não conseguem mudar independentemente das circunstâncias de seus crimes ou de qualquer progresso que possam ter feito em suas vidas.

As consequências colaterais do encarceramento em massa têm sido igualmente profundas. Proibimos que mulheres pobres e, fatalmente, seus filhos recebam cupons de alimentação e participem de programas de habitação social se tiverem qualquer antecedente de condenação por drogas. Criamos um novo sistema de casta que transforma milhares de pessoas em sem-teto, os impedindo de viver com suas famílias, em suas comunidades e, na prática, os impossibilitando de conseguir emprego. Alguns estados privam do direito ao voto as pessoas com antecedentes criminais de forma permanente. Consequentemente, em diversos estados do Sul, a cassação desse direito entre afro-americanos alcançou níveis nunca vistos desde antes da promulgação da Lei do Direito ao Voto de 1965.

Também cometemos erros terríveis. Muitos inocentes foram absolvidos depois de terem sido condenados à morte e quase serem executados. Outras centenas de pessoas foram soltas depois de provar sua inocência através de exames de DNA em crimes não puníveis com pena capital. Presunção de culpa, pobreza, preconceito racial e várias outras dinâmicas sociais, estruturais e políticas criaram um sistema que se define pelo erro, um sistema no qual milhares de inocentes estão agora sofrendo em prisões.

Por fim, gastamos muito dinheiro. Os gastos estaduais e federais com cadeias e presídios subiu de 6,9 bilhões de dólares em 1980 para quase 80 bilhões de dólares hoje em dia. Empresas privadas responsáveis pela construção de presídios e prestadoras de serviços prisionais gastaram milhões de dólares para convencer governos estaduais e locais a criar novos crimes, impor sentenças mais rigorosas e manter mais pessoas atrás das grades para que elas possam lucrar mais. O lucro privado corrompeu os incentivos destinados a melhorar a segurança pública, reduzir os custos de encarceramento em massa e, principalmente, promover a reabilitação dos encarcerados. Governos estaduais foram forçados a transferir fundos de serviços públicos, educação, saúde e assistência social para pagar os custos de encarceramento. E agora, como resultado, enfrentam crises econômicas sem precedentes. A privatização da

INTRODUÇÃO

assistência médica prisional, do comércio prisional e de uma gama de serviços transformou o encarceramento em massa em uma inesperada máquina de fazer dinheiro para poucos e um oneroso pesadelo para o resto da população.

∽

Depois que me formei em direito, voltei para o Sul para representar os pobres, os encarcerados e os condenados. Nos últimos trinta anos, me aproximei de pessoas que haviam sido erroneamente condenadas e enviadas ao corredor da morte, pessoas como Walter McMillian. Neste livro você conhecerá a história de Walter, história que me ensinou a respeito da perturbadora indiferença do nosso sistema em relação a vereditos incorretos e duvidosos, nosso conforto com o preconceito e nossa tolerância com processos e condenações injustos. A experiência de Walter me ensinou como o nosso sistema traumatiza e vitima pessoas quando exercemos nosso poder de acusar e condenar de forma irresponsável — não só os acusados, mas também suas famílias, suas comunidades e até mesmo as vítimas do crime. Mas o caso de Walter também me ensinou outra coisa: que há luz dentro dessa escuridão.

A história de Walter é uma das muitas histórias que conto nos capítulos que se seguem. Defendi crianças abusadas e negligenciadas que foram processadas como adultos e sofreram mais abusos e maus tratos depois de serem enviadas para presídios para adultos. Defendi mulheres, cujo número nas prisões aumentou 640 por cento nos últimos trinta anos, e vi como nossa histeria com relação a dependência de drogas e nossa hostilidade com os pobres nos faz rapidamente criminalizar e processar mulheres quando uma gravidez dá errado. Defendi pessoas mentalmente incapacitadas cujas doenças vêm, há décadas, levando-os à prisão. Aproximei-me de vítimas de crimes violentos e de suas famílias. Fui testemunha de como até mesmo muitos encarregados do encarceramento em massa — funcionários de presídios — se tornaram menos saudáveis, mais violentos e raivosos, menos justos e misericordiosos.

Também defendi pessoas que cometeram crimes terríveis, mas ainda assim lutam para se recuperar e para encontrar redenção. Encontrei, no fundo do coração de muitos condenados e encarcerados, os esparsos vestígios de esperança e humanidade — sementes de restauração que florescem de forma impressionante quando nutridas por intervenções muito simples.

A proximidade me ensinou algumas verdades básicas que foram lições de humildade, inclusive esta que considero vital: *Todos nós somos mais do que a pior coisa que já fizemos na vida.* Meu trabalho com os pobres e os encarcerados me convenceu que o oposto de pobreza não é riqueza, o oposto de pobreza é justiça. Por fim, passei a acreditar que a verdadeira medida de nosso compromisso com a justiça, o caráter de nossa sociedade, nosso compromisso com o Estado de Direito, a equidade e a igualdade não podem ser medidos pela forma como tratamos os ricos, os poderosos, os privilegiados e as pessoas respeitadas. A verdadeira medida de nosso caráter é a forma como tratamos os pobres, os desfavorecidos, os acusados, os encarcerados e os condenados.

Somos todos responsáveis quando permitimos que alguém seja maltratado. A falta de compaixão pode corromper a decência de uma comunidade, um estado, uma nação. Medo e raiva podem nos tornar vingativos e abusivos, injustos e parciais, até nós todos padecermos com a falta de misericórdia e condenarmos a nós mesmos tanto quanto vitimamos os outros. Quanto mais perto chegamos do encarceramento em massa e dos níveis extremos de pena, mais eu creio na necessidade de reconhecer que todos precisamos de misericórdia, todos precisamos de justiça e — quem sabe — todos precisamos de um pouco de graça imerecida.

CAPÍTULO UM
MOCKINGBIRDS[1]

A recepcionista temporária era uma mulher afro-americana de terninho executivo, escuro e caro — uma elegante exceção ao pessoal do Comitê de Defesa de Prisioneiros do Sul (SPDC) em Atlanta, lugar para onde voltei para trabalhar em horário integral depois que me formei. Em seu primeiro dia, fui andando em sua direção em meu habitual uniforme de calça jeans, tênis e me ofereci para responder a qualquer pergunta que pudesse ajudá-la a se ambientar. Olhou para mim com frieza e me dispensou, me lembrando que ela era, na verdade, uma experiente secretária jurídica. Na manhã seguinte, quando cheguei no trabalho com outro conjunto de jeans e tênis, ela pareceu surpresa, como se um andarilho desconhecido tivesse entrado ali por engano. Levou alguns instantes para se recompor, depois me chamou para confidenciar que dentro de uma semana iria trabalhar em um "escritório jurídico de verdade". Desejei-lhe sorte. Uma hora depois, ela ligou para minha sala para me dizer que "Robert E. Lee"[2] estava no telefone. Sorri, satisfeito por perceber que havia feito um mau julgamento a seu respeito, claramente ela tinha senso de humor.
— Muito engraçado.
— Não estou brincando. Foi isso que ele disse — ela disse, com uma voz de enfado, não de brincadeira. — Linha dois.
Atendi o telefone.
— Alô, aqui é Bryan Stevenson. Posso ajudar?
— Bryan, aqui é Robert E. Lee Key. Por que diabos você quer representar uma pessoa como Walter McMillian? Você sabe que ele é considerado um dos

---
[1] *Mockingbird* é um pássaro canoro americano de cauda longa da família dos Mimídeos, conhecido por imitar o canto e os chamados de outros pássaros. (N. da T.)

[2] Robert Edward Lee foi o general que liderou o exército confederado da Virgínia do Norte durante a Guerra Civil Americana (1861-1865). (N. da T.)

CAPÍTULO UM

maiores traficantes de drogas em todo o Sul do Alabama? Recebi sua notificação de comparecimento, mas você não vai querer se envolver nesse caso.

— Senhor?

— Aqui é o Juiz Key e você não vai querer se envolver nesse caso do McMillian. Na realidade, ninguém sabe exatamente o grau de depravação dessa situação, inclusive eu, mas sei que é horrível. Esses homens podem até ser da Máfia Dixie.

O tom de sermão e as frases desconcertantes de um juiz que eu não conhecia pessoalmente me deixaram totalmente confuso. *"Máfia Dixie?"* Eu conhecera Walter McMillian duas semanas antes, depois de passar um dia inteiro no corredor da morte para começar meu trabalho com cinco casos de pena capital. Ainda não tinha revisado a transcrição do julgamento, mas me lembrava que o sobrenome do juiz era Key. Ninguém tinha me falado da parte Robert E. Lee. Fiz um esforço para construir uma imagem de "Máfia Dixie" que se encaixasse em Walter McMillian.

— 'Máfia Dixie'?

— Sim, e sabe-se lá o que mais. Portanto, meu jovem, eu não vou nomear um advogado de outro estado que nem é membro do tribunal do Alabama para pegar um desses casos de pena capital, então você vai lá e se retira.

— Eu sou membro do tribunal do Alabama.

Eu morava em Atlanta, Geórgia, mas tinha sido aceito no tribunal do Alabama um ano antes depois de ter trabalhado em alguns casos no Alabama a respeito das condições de cadeias e presídios.

— Bom, eu agora trabalho em Mobile. Não estou mais em Monroeville. Se tivermos uma audiência a respeito do seu pedido, você terá que viajar de Atlanta para Mobile. Não vou fazer nada para facilitar as coisas para você.

— Entendo, senhor. Eu posso ir a Mobile, se necessário.

— Bom, também não vou nomeá-lo como advogado porque acho que ele não é indigente. Dizem que ele tem dinheiro escondido em todo o condado de Monroe.

— Juiz, não estou em busca de nomeação. Já falei para o Sr. McMillian que nós... O tom de discagem interrompeu minha primeira frase afirmativa durante aquele telefonema. Passei diversos minutos achando que a ligação tinha caído até que finalmente me dei conta de que o juiz simplesmente tinha desligado na minha cara.

Eu tinha quase trinta anos e estava a caminho do meu quarto ano no SPDC quando conheci Walter McMillian. Seu caso era um dentre a enxurrada de casos nos quais eu estava trabalhando freneticamente depois que soube de uma crescente crise no Alabama. O estado tinha quase cem pessoas no corredor da morte bem como a população de condenados que crescia mais rápido no país, mas não tinha um sistema de defensoria pública, o que significava que inúmeros prisioneiros no corredor da morte não tinham nenhum tipo de representação legal. Minha amiga Eva Ansley liderava um projeto sobre prisões no Alabama que monitorava casos e reunia advogados e condenados. Em 1988, descobrimos uma oportunidade para obtenção de financiamento federal a fim de criar um centro jurídico que pudesse representar pessoas no corredor da morte. O plano era usar esse financiamento para abrir outra organização sem fins lucrativos. Esperávamos poder abri-la em Tuscaloosa e começar a pegar casos no ano seguinte. Eu já havia trabalhado em muitos casos de pena capital em diversos estados do Sul, às vezes conseguindo suspender a execução minutos antes do horário previsto para a eletrocussão. Mas não me achava pronto para assumir as responsabilidades de gerenciar um escritório jurídico sem fins lucrativos. Meu plano era ajudar a montar a organização, encontrar um diretor e depois voltar para Atlanta.

Quando visitei o corredor da morte algumas semanas antes do telefonema de Robert E. Lee Key, me encontrei com cinco condenados desesperados: Willie Tabb, Vernon Madison, Jesse Morrison, Harry Nicks e Walter McMillian. Foi um dia exaustivo, emocionalmente desgastante, casos e clientes haviam se misturado na minha cabeça durante a longa viagem de carro de volta a Atlanta. Mas eu me lembrava de Walter. Ele era pelo menos quinze anos mais velho que eu, não tinha um grau particularmente elevado de escolaridade e vinha de uma pequena comunidade rural. O fato mais memorável a seu respeito era a forma determinada com que insistia em afirmar que havia sido injustamente condenado.

— Sr. Bryan, sei que isso pode não ter importância para o senhor, mas é importante pra mim o senhor saber que sou inocente e não fiz o que eles dizem que eu fiz, de jeito nenhum — ele me disse na sala de visitação. Sua voz estava tranquila, mas carregada de emoção. Anuí com a cabeça. Eu tinha aprendido a aceitar o que os clientes me diziam até que os fatos sugerissem algo diferente.

CAPÍTULO UM

— Sim, claro, entendo. Quando eu reexaminar os autos, terei uma ideia melhor das provas que eles têm e, então, poderemos conversar.

— Mas... olha, tenho certeza que não sou a primeira pessoa no corredor da morte que diz pra você que é inocente, mas eu realmente preciso que o senhor acredite em mim. Destruíram a minha vida! Essa mentira que jogaram em cima de mim é mais do que eu consigo aguentar e se eu não tiver ajuda de alguém que acredite em mim...

Seus lábios começaram a tremer e ele cerrou os punhos para não chorar. Fiquei em silêncio enquanto ele se esforçava para se recompor.

— Desculpa, sei que o senhor vai fazer tudo que puder pra me ajudar — ele disse, com a voz mais baixa. Meu instinto era reconfortá-lo, sua dor parecia tão sincera. Mas não havia muito que eu pudesse fazer. Depois de várias horas no corredor falando com tanta gente, só consegui reunir energia suficiente para lhe garantir que examinaria tudo cuidadosamente.

∞

Eu tinha uma pilha de transcrições em meu pequeno escritório em Atlanta pronta para a mudança para Tuscaloosa assim que o escritório abrisse. Com os estranhos comentários do Juiz Robert E. Lee Key ainda na cabeça, olhei aquele amontoado de autos até encontrar as transcrições do julgamento de Walter McMillian. Eram apenas quatro volumes dos procedimentos de julgamento, o que significava que o julgamento havia sido curto. As dramáticas advertências do juiz tornavam a emocionada alegação de inocência do Sr. McMillian intrigante demais para ser deixada para depois. Comecei a ler.

∞

Embora tivesse morado a vida inteira no Condado de Monroe, Walter McMillian nunca tinha ouvido falar de Harper Lee ou do livro *To Kill a Mockingbird*[3]. Monroeville, Alabama, descaradamente celebrou sua filha nativa depois que seu premiado livro se tornou um best-seller nacional nos anos 1960. Ela voltou ao Condado de Monroe, mas se isolou e raramente era vista em público. Sua reclusão não impediu os contínuos esforços do condado para promover o clássico da literatura — ou para se autopromover usando a celebridade do livro. Sua adaptação para o cinema levou Gregory Peck à

---

[3] No Brasil, o livro foi publicado com o título *O Sol é para Todos*. (N. da T.)

cidade para filmar as infames cenas de tribunal. Ele ganhou um Oscar por sua atuação. Mais tarde, líderes locais transformaram o antigo tribunal em um museu "*Mockinbird*". Alguns moradores formaram um grupo chamado "*The Mockingbird Players of Monroeville*" (Os *Mockinbirds* de Monroeville) para apresentar uma versão teatral da história. A peça fez tanto sucesso que turnês nacionais e internacionais foram organizadas para oferecer uma apresentação autêntica da história ficcional a plateias do mundo todo.

O sentimentalismo em torno da história de Lee cresceu embora as verdades mais duras do livro não tenham criado raízes. A história de um homem negro inocente bravamente defendido por um advogado branco nos anos 1930 fascinou milhões de leitores, apesar de sua incômoda exploração de falsas acusações de estupro envolvendo uma mulher branca. Os encantadores personagens de Lee, Atticus Finch e sua filha precoce, Scout, conquistaram leitores ao mesmo tempo em que os confrontavam com algumas realidades a respeito de raça e justiça no Sul. Toda uma geração de futuros advogados cresceu na esperança de se tornarem tão corajosos quanto Atticus que chega a se armar para proteger o indefeso suspeito negro de uma turba de homens brancos que querem linchá-lo.

Hoje em dia, dezenas de organizações jurídicas distribuem prêmios com o nome do advogado ficcional para celebrar o modelo de advocacia descrito no romance de Lee. O que não se costuma levar em conta é que o negro falsamente acusado na história não foi defendido *com sucesso* por Atticus. Tom Robinson, o réu erroneamente acusado, é considerado culpado. Depois ele morre quando, tomado pelo desespero, faz uma tentativa desesperada de fugir da prisão. Leva dezessete tiros nas costas e morre de forma inglória, mas não ilegal.

Walter McMillian, assim como Tom Robinson, cresceu em um dos diversos assentamentos para pessoas negras e pobres nos arredores de Monroeville, onde trabalhou na terra com sua família até ter idade suficiente para ir à escola. Os filhos de meeiros no Sul do Alabama aprendiam a "arar, plantar e colher" assim que tinham idade suficiente para serem úteis no campo. As oportunidades educacionais para crianças negras nos anos 1950 eram limitadas, mas a mãe de Walter o matriculou na já dilapidada "escola para pessoas de cor" e ele a frequentou durante alguns poucos anos quando criança. Quando tinha oito ou nove anos, Walter se tornou tão valioso para a colheita de algodão que as remotas vantagens de frequentar a escola não se justificavam. Aos onze anos, Walter conduzia um arado tão bem quanto seus irmãos mais velhos.

CAPÍTULO UM

Os tempos estavam mudando — para o bem e para o mal. O Condado de Monroe tinha sido criado por fazendeiros no século 19 para a produção de algodão. Situado na planície costeira do sudoeste do Alabama, o solo negro, rico e fértil atraiu colonos brancos dos estados da Carolina do Sul e Carolina do Norte que amealharam plantações muito bem-sucedidas e uma imensa população de escravos. Durante décadas após a Guerra Civil, a enorme população de afro-americanos labutou nos campos do *"Black Belt"* (Cinturão Negro) como meeiros e rendeiros, dependendo inteiramente dos proprietários de terra brancos para sua sobrevivência. Nos anos 1940, milhares de afro-americanos deixaram a região no movimento chamado de Grande Migração e foram, em sua maioria, para o Meio-Oeste e para a Costa Oeste em busca de trabalho. Aqueles que permaneceram continuaram a trabalhar no campo, mas a migração de afro-americanos combinada a outros fatores tornou a agricultura tradicional menos sustentável como base econômica da região.

Nos anos 1950, o cultivo de algodão em pequena escala estava se tornando cada vez menos lucrativo, mesmo com o baixo custo do trabalho dos meeiros e rendeiros negros. O Estado do Alabama concordou em ajudar os proprietários de terra da região a fazer a transição para a produção de madeira e produtos florestais dando a eles extraordinários incentivos fiscais para criar fábricas de papel e celulose. Treze das dezesseis fábricas de papel e celulose do estado foram abertas nesse período. Em todo o *Black Belt*, mais e mais acres de terra eram transformados em áreas de cultivo de pinheiros para as fábricas de papel e para uso industrial. Os afro-americanos, em grande escala excluídos dessa nova indústria, se viram diante de novos desafios econômicos embora tivessem adquirido direitos civis básicos. A era brutal dos meeiros e de Jim Crow[4] chegava ao fim, mas o que se seguiu foi a persistência do desemprego e o agravamento da pobreza. Os condados da região continuaram sendo os mais pobres dos Estados Unidos.

Walter foi esperto o suficiente para perceber a tendência. Abriu seu próprio negócio de celulose que se expandiu junto com a indústria madeireira nos anos 1970. Com astúcia — e coragem — fez um empréstimo para comprar uma serra elétrica, um trator e um caminhão. Por volta dos anos 1980, ele tinha um

---

[4] As leis Jim Crow foram leis locais e estaduais, promulgadas nos estados do sul dos Estados Unidos, que institucionalizaram a segregação racial, afetando afro-americanos e outras minorias étnicas. Vigoraram entre 1876 e 1965. Ainda hoje utiliza-se a expressão "Jim Crow" para descrever o sistema de segregação e discriminação do Sul. (N. da T.)

negócio sólido que não gerava muito dinheiro extra, mas lhe proporcionava um grau de independência gratificante. Se tivesse se empregado em alguma fábrica ou conseguido algum outro trabalho não especializado — do tipo que a maioria dos negros do Sul do Alabama tinham — isso significaria invariavelmente trabalhar para empresários brancos e lidar com a tensão racial que essa situação acarretava no Alabama nos anos 1970 e 1980. Walter não conseguiu escapar da realidade do racismo, mas ter seu próprio negócio em um setor crescente da economia deu a ele a latitude que muitos afro-americanos não desfrutavam.

Essa independência rendeu a Walter algum respeito e admiração, mas também lhe trouxe desdém e suspeita, principalmente fora da comunidade negra de Monroeville. A liberdade de Walter estava, na opinião de alguns brancos da cidade, muito além do que afro-americanos com baixo grau de escolaridade poderiam alcançar por meios legítimos. Ainda assim, ele era agradável, respeitoso, generoso e conciliador, o que fazia as pessoas com quem tinha negócios gostarem dele, fossem eles negros ou brancos.

Walter não era uma pessoa sem defeitos. Era um conhecido sedutor. Embora houvesse se casado cedo e tivesse três filhos com sua esposa, Minnie, era sabido que mantinha relacionamentos amorosos com outras mulheres. Trabalhar com árvores é reconhecidamente difícil e perigoso. Dispondo de poucos prazeres simples na vida, a atenção que recebia das mulheres era algo a que Walter não resistia com facilidade. Havia algo em sua aparência bruta — seu farto cabelo longo e sua barba irregular — que, combinado à sua natureza generosa e cativante, atraía a atenção de algumas mulheres.

Walter cresceu sabendo que era absolutamente proibido um homem negro manter um relacionamento íntimo com uma mulher branca, mas por volta dos anos 1980 havia se permitido imaginar que essas questões pudessem estar mudando. Se ele não tivesse conseguido viver de seu próprio negócio, talvez tivesse lembrado, de forma mais consistente, das barreiras raciais que jamais podiam ser ultrapassadas. A princípio Walter não deu muita importância aos flertes com Karen Kelly, uma jovem branca que ele havia conhecido na *Waffle House* onde tomava café da manhã. Ela era atraente, mas ele não a levava muito a sério. Quando os flertes ficaram mais explícitos, Walter hesitou e logo se convenceu de que ninguém nunca saberia.

Em poucas semanas, ficou claro que seu relacionamento com Karen significava problema. Com vinte e cinco anos, Karen era dezoito anos mais jovem que Walter, e era casada. Logo que a notícia de que os dois eram

CAPÍTULO UM

"amigos" se espalhou, ela pareceu sentir um excitante orgulho de sua intimidade com Walter. Quando seu marido descobriu, as coisas rapidamente se complicaram. Karen e seu marido, Joe, estavam infelizes há muito tempo e já planejavam se divorciar, mas seu escandaloso envolvimento com um negro enfureceu o marido e toda a família dele. Ele entrou com uma ação de guarda dos filhos e se empenhou em difamar publicamente a esposa expondo sua infidelidade e seu relacionamento com um negro.

Walter, por sua vez, tinha sempre se mantido afastado dos tribunais e bem distante da lei. Alguns anos antes, envolveu-se em uma briga de bar que resultou em uma condenação por contravenção penal e uma noite na cadeia. Foi a primeira e única vez que ele esteve em dificuldades. Daquele momento em diante, não teve nenhum contato com o sistema de justiça criminal.

Quando Walter recebeu uma intimação do marido de Karen Kelly para testemunhar em uma audiência em que os Kellys disputariam a guarda dos filhos, ficou claro que aquilo lhe traria sérios problemas. Como não podia pedir conselhos à esposa, Minnie, que tinha uma cabeça melhor para esse tipo de crise, ele foi para o fórum bastante nervoso. O advogado do marido de Karen chamou Walter para depor. Walter havia decidido admitir que era "amigo" de Karen. O advogado dela fez objeção às perguntas grosseiras feitas a Walter pelo advogado do marido a respeito da natureza daquela amizade, dispensando-o de fornecer detalhes, mas quando saiu da sala de audiência a raiva e a animosidade contra ele eram palpáveis. Walter queria esquecer aquele tormento, mas as notícias se espalharam rapidamente, e sua reputação se modificou. Ele não era mais o homem batalhador da celulose, conhecido pelos brancos quase que exclusivamente por causa do que conseguia fazer nas árvores utilizando uma serra. Walter agora representava algo mais preocupante.

Temores a respeito de sexo e casamento inter-racial têm raízes profundas nos Estados Unidos. A confluência de raça e sexo foi uma força poderosa no desmantelamento da Reconstrução após a Guerra Civil, dando sustentação às leis Jim Crow por um século e combustível para políticas raciais discriminatórias durante todo o século 20. No período posterior à escravidão, concebeu-se a criação de um sistema de hierarquia racial e segregação em grande parte para impedir relacionamentos íntimos como o de Walter e Karen — relacionamentos que eram, na verdade, legalmente proibidos pelos "estatutos de antimiscigenação" (a palavra *miscigenação* começou a ser utilizada na década de 1860, quando apoiadores da escravidão cunharam o termo para promover o temor ao sexo e ao casamento inter-racial e à mistura de raças que se originaria caso a escravidão fosse abolida). Por mais de um século, autoridades responsáveis pela aplicação da lei em muitas comunidades do Sul decididamente achavam que era seu dever investigar e punir homens negros que tivessem relações íntimas com mulheres brancas.

Embora o governo federal tivesse prometido igualdade racial para ex-escravos libertados durante o curto período da Reconstrução, a supremacia branca e a subordinação racial retornaram logo depois que as tropas federais saíram do Alabama na década de 1870. Os afro-americanos perderam o direito ao voto e uma série de leis racialmente restritivas reforçaram a hierarquia racial. Leis de "integridade racial" faziam parte de um plano para replicar a hierarquia racial da escravidão e reestabelecer a subordinação dos afro-americanos. Depois de criminalizar o sexo e o casamento inter-raciais, os estados do Sul utilizaram as leis para justificar a esterilização forçada das mulheres pobres e pertencentes a minorias. A proibição do sexo entre mulheres brancas e homens negros se tornou uma enorme preocupação em todo o Sul.

Na década de 1880, alguns anos antes do linchamento se tornar a resposta-padrão aos romances inter-raciais e um século antes de Walter e Karen terem um caso, Tony Pace, um afro-americano e Mary Cox, uma mulher branca, se apaixonaram no Alabama. Foram presos e condenados a dois anos de prisão por violar as leis de integridade racial do Alabama. John Tompkins, um advogado que fazia parte de uma pequena minoria de profissionais brancos que consideravam as leis de integridade racial inconstitucionais, concordou em representar Tony e Mary e recorreu contra a pena. A Corte Suprema do Alabama reexaminou o caso em 1882. Com uma retórica que seria frequentemente citada nas décadas seguintes, a mais alta corte do Alabama confirmou as condenações, utilizando uma linguagem que destilava desprezo pela ideia de um romance inter-racial:

> A tendência nefasta do crime [de adultério e fornicação] é maior quando cometido entre pessoas de duas raças... Seu resultado pode ser a amalgamação de duas raças, o que produzirá uma população mestiça e uma civilização degradada, a prevenção de tal crime é imposta por uma política sólida que afeta os mais altos interesses da sociedade e do governo.

CAPÍTULO UM

A Suprema Corte dos Estados Unidos reexaminou a decisão da corte do Alabama. Utilizando a linguagem "separado, mas igual", uma prévia da infame decisão no caso *Plessy contra Ferguson* vinte anos mais tarde, a Corte unanimemente manteve as restrições do Alabama ao sexo e ao casamento inter-racial e confirmou os termos de prisão impostos a Tony Pace e Mary Cox. Seguindo a decisão da Corte, mais estados aprovaram leis de integridade racial que tornaram ilegal que afro-americanos, e às vezes americanos nativos e americanos de origem asiática, se casassem ou fizessem sexo com brancos. É bem verdade que as restrições eram aplicadas de forma agressiva no Sul, mas também eram frequentes no Meio-Oeste e no Oeste do país. O Estado de Idaho proibiu o casamento e o sexo inter-racial entre brancos e negros em 1921 embora a população do estado fosse composta por 99,8 por cento de não-brancos.

Foi só em 1967 que a Suprema Corte dos Estados Unidos finalmente derrubou os estatutos antimiscigenação no caso *Loving contra Virginia*, mas as restrições impostas ao casamento inter-racial persistiram mesmo depois da histórica decisão judicial. A constituição do estado do Alabama ainda proibia a prática em 1986 quando Walter conheceu Karen Kelly. A seção 102 da constituição estadual dizia:

> O poder legislativo nunca aprovará qualquer lei que autorize ou legalize qualquer casamento entre qualquer pessoa branca e um Negro ou descendente de Negro.[5]

Ninguém esperava que um homem relativamente bem-sucedido e independente como Walter seguisse todas as regras. Ele às vezes bebia demais, entrava em alguma briga, ou mesmo tinha um caso extraconjugal — essas indiscrições não eram suficientemente significativas para destruir a reputação e a posição de um negro honesto e trabalhador em quem se pode confiar para fazer um bom trabalho. Mas um relacionamento inter-racial, principalmente com uma mulher casada, era, para muitos brancos, um ato inconcebível. No Sul, crimes como assassinato e lesão corporal podem levar à prisão, mas sexo inter-racial

---

[5] Embora a restrição não pudesse ser aplicada sob leis federais, a proibição estadual ao casamento inter-racial no Alabama adentrou o século 21. No ano 2000, os reformistas finalmente conseguiram votos suficientes para levar a questão à votação estadual, e a maioria dos eleitores optou por eliminar a proibição, embora 41 por cento tenham votado para mantê-la. Uma pesquisa realizada em 2011 com Republicanos do Mississippi revelou que 46 por cento deles são favoráveis a uma proibição legal ao casamento inter-racial, 40 por cento são contra tal proibição e 14 por cento estão indecisos. (N. do A.)

era uma transgressão que representava uma categoria especial de perigo com punições proporcionalmente extremas. Centenas de negros foram linchados inclusive por causa de insinuações infundadas desse tipo de intimidade.

Walter não conhecia o histórico jurídico, mas assim como todos os homens negros do Alabama, no fundo do coração sabia dos perigos envolvidos em romances inter-raciais. Cerca de dez pessoas haviam sido linchadas só no Condado de Monroe desde sua incorporação. Outras dezenas de linchamentos aconteceram em condados vizinhos — e a verdadeira potência desses linchamentos ultrapassava em muito sua quantidade. Eram atos de terror mais que qualquer outra coisa. Infundiam o medo de que qualquer encontro com uma pessoa branca, qualquer passo inter-racial em falso, qualquer descortesia não intencional, qualquer olhar ou comentário imprudente, pudesse deflagrar uma reação hedionda e letal.

Quando criança, Walter ouviu seus pais e seus parentes conversarem sobre linchamentos. Quando tinha doze anos, o corpo de Russell Charley, um negro do Condado de Monroe, foi encontrado pendurado em uma árvore em Vredenburgh, Alabama. Acreditava-se que o linchamento de Charley, conhecido da família de Walter, tinha sido provocado por um romance inter-racial. Walter lembrava-se bem do terror que tomou conta da comunidade negra do Condado de Monroe quando o corpo de Charley, sem vida e crivado de balas, foi encontrado balançando em uma árvore.

E agora Walter tinha a sensação de que todo mundo no Condado de Monroe estava falando sobre seu relacionamento com Karen Kelly. Poucas coisas o haviam deixado tão apreensivo quanto isso.

～

Algumas semanas depois, um ato ainda mais impensável deixou Monroeville em estado de choque. Na manhã do dia 1º de novembro de 1986, Ronda Morrison, a linda e jovem filha de uma respeitada família local, foi encontrada morta no chão da Lavanderia Monroe, loja onde a estudante universitária de dezoito anos havia trabalhado. Ela levou três tiros nas costas.

Assassinatos eram raros em Monroeville. Um aparente roubo seguido de morte em uma loja muito conhecida da cidade era algo inédito. A morte da jovem Ronda era um crime diferente de tudo que aquela comunidade já tinha vivido. Filha única, querida por todos e, segundo todos os relatos, sem nada que a desabonasse. Era o tipo de garota que toda a comunidade branca

CAPÍTULO UM

acolhia como uma filha. A polícia inicialmente acreditou que ninguém daquela comunidade, negro ou branco, tivesse feito algo tão pavoroso.

Dois homens de origem latina, tinham sido vistos procurando emprego em Monroeville no dia em que o corpo de Ronda foi encontrado e viraram os primeiros suspeitos. A polícia os encontrou na Flórida e chegou à conclusão de que não poderiam ter cometido o crime. Suspeitou-se do antigo dono da lavanderia, um homem branco de mais idade chamado Miles Jackson, mas não havia nenhuma prova que sugerisse que ele era um assassino. O atual dono da lavanderia, Rick Blair, foi interrogado, mas considerado um suspeito improvável. Em poucas semanas, a polícia tinha esgotado suas pistas.

Começaram a circular no Condado de Monroe rumores a respeito da incompetência da polícia. Quando, muitos meses depois, ninguém ainda tinha sido preso, os rumores ficaram mais altos e críticas públicas à polícia, ao delegado e ao promotor local foram veiculadas em jornais e rádios locais. Tom Tate foi eleito delegado do condado dias após o assassinato. As pessoas começaram a questionar se estava apto para o posto. A Divisão de Investigação do Alabama foi chamado para investigar o assassinato, mas não obteve mais sucesso que as autoridades locais na resolução do crime. A população de Monroeville estava ansiosa. Comércios locais ofereceram recompensas de milhares de dólares para quem fornecesse informações que levassem a alguma prisão. A venda de armas, que sempre foi sólida, aumentou.

∽

Enquanto isso, Walter estava às voltas com seus próprios problemas. Há semanas tentava terminar seu relacionamento com Karen Kelly. As audiências de guarda dos filhos e o escândalo público pesavam sobre ela, começara a usar drogas e parecia desmoronar. Aproximou-se de Ralph Myers, um homem branco de rosto seriamente desfigurado com uma longa lista de antecedentes criminais que parecia o símbolo perfeito da queda de Kelly. Ralph era um parceiro improvável para Kelly, mas ela estava em um declínio tão acentuado que nenhuma de suas atitudes fazia qualquer sentido para seus amigos e sua família. Essa relação levou Karen ao fundo do poço, para além do escândalo e do uso de drogas, direto para um comportamento verdadeiramente criminoso. Juntos, eles se envolveram com tráfico de drogas e no assassinato de Vickie Lynn Pittman, uma jovem do condado vizinho de Escambia.

A polícia teve um êxito rápido na investigação do assassinato de Pittman e logo concluiu que Ralph Myers estava envolvido. Quando a polícia interrogou Ralph, descobriram um homem tão psicologicamente complicado quanto era fisicamente desfigurado. Ele era emotivo, frágil e ansiava por atenção — sua única defesa eficaz era sua capacidade de manipulação e de indução ao erro. Ralph acreditava que tudo que dizia tinha que ser épico, escandaloso e elaborado. Quando criança, vivendo com uma família de acolhimento, sofreu queimaduras horríveis em um incêndio. As queimaduras marcaram e desfiguraram tanto seu rosto e seu pescoço que precisou fazer diversas cirurgias para recuperar seu funcionamento básico. Acostumou-se com os estranhos que encaravam suas cicatrizes com expressões de dor em seus rostos. Ele era um pária trágico que vivia à margem da sociedade, mas tentava compensar essa situação fingindo ter um conhecimento secreto de todo tipo de mistério.

Depois de inicialmente negar qualquer envolvimento direto no assassinato de Pittman, Myers admitiu que pudesse talvez ter desempenhado um papel involuntário, mas rapidamente colocou a culpa pelo assassinato em si em personalidades locais mais interessantes. Primeiro acusou um negro de má reputação chamado Isaac Dailey, mas a polícia rapidamente descobriu que Dailey estava na cadeia na noite do crime. Myers então confessou ter inventado a história porque o verdadeiro assassino era ninguém menos que o delegado eleito de um condado vizinho.

Por mais estarrecedora que fosse a alegação, agentes da Divisão de Investigação do Alabama pareceram levá-la a sério. Fizeram mais perguntas a Ralph, mas quanto mais ele falava, menos crível parecia sua história. Os agentes começaram a desconfiar que Myers era o único assassino e estava tentando desesperadamente implicar outras pessoas para minimizar sua culpabilidade.

Embora a morte de Vickie Pittman fosse notícia, não se comparava ao persistente mistério que envolvia a morte de Ronda Morrison. Vickie vinha de uma família branca pobre e muitos de seus parentes estavam presos. Ela não desfrutava do mesmo status de Ronda. O assassinato de Morrison permaneceu no centro das atenções de todos durante meses.

Ralph Myers era analfabeto, mas sabia que o caso Morrison era que estava preocupando as autoridades policiais. Quando percebeu que suas alegações contra o delegado não levariam a nada, mudou novamente sua história e contou aos investigadores que se envolveu no assassinato de Vickie Pittman junto com Karen Kelly e seu namorado negro, Walter McMillian. Mas não foi só isso.

CAPÍTULO UM

Ele também contou à polícia que McMillian era o responsável pelo assassinato de Ronda Morrison. Essa declaração atraiu toda a atenção dos agentes da lei.

Logo ficou claro que Walter McMillian nunca tinha visto Ralph Myers, muito menos cometido dois assassinatos junto com ele. Para provar que os dois estavam de conluio, um agente da Divisão de Investigação do Alabama pediu que Myers se encontrasse com McMillian em uma loja enquanto agentes monitoravam a interação dos dois. Já fazia muitos meses que Ronda Morrison tinha sido assassinada.

Assim que Myers entrou na loja, não conseguiu identificar Walter McMillian no meio de diversos negros que também estavam lá (precisou pedir ao dono da loja que lhe apontasse McMillian). Ele, então, entregou um bilhete para McMillian supostamente escrito por Karen Kelly. De acordo com testemunhas, Walter pareceu confuso tanto com relação a Myers, um homem que ele nunca havia visto, quanto ao bilhete. Walter jogou o bilhete fora e voltou a fazer o que estava fazendo. Ele deu pouca atenção àquele estranho encontro.

Os agentes da Divisão de Investigação do Alabama que estavam monitorando o encontro não tinham nada em mãos que indicasse qualquer relação entre Myers e McMillian, e provas suficientes de que os dois homens nunca haviam se encontrado. Ainda assim, persistiram na teoria a respeito de McMillian. O tempo estava passando — sete meses, nessa altura — e toda a comunidade sentia medo e raiva. Precisavam desesperadamente que alguém fosse preso.

O delegado do Condado de Monroe, Tom Tate, não tinha muita experiência na aplicação de leis penais. De acordo com sua própria descrição, ele era "muito local" e tinha um imenso orgulho de nunca ter se afastado demais de Monroeville. Agora, com quatro meses no cargo de delegado, se deparava com um assassinato aparentemente insolúvel e uma enorme pressão pública. Quando Myers contou à polícia a respeito da relação de McMillian com Karen Kelly, é provável que o vergonhoso caso inter-racial já fosse do conhecimento de Tate por causa das audiências de guarda dos Kelly que havia gerado tanto falatório. Mas não havia provas contra McMillian — nenhuma prova a não ser o fato de que ele era um homem afro-americano envolvido em um caso inter-racial de adultério, o que significava que era imprudente e possivelmente perigoso, mesmo que não tivesse nenhum antecedente criminal e gozasse de boa reputação. Talvez isso fosse prova suficiente.

CAPÍTULO DOIS
LEVANTE-SE

Depois de passar o primeiro ano e meio da minha carreira de advogado dormindo no sofá da sala de Steve Bright em Atlanta, estava na hora de ter meu próprio apartamento. Quando comecei a trabalhar em Atlanta, nossa equipe estava se virando para lidar com uma crise atrás da outra. Imediatamente me jogaram nas disputas judiciais com prazos apertados e não tive tempo de procurar um lugar para morar — e pouco sobrava do meu salário anual de US$14.000,00 para pagar aluguel — então Steve gentilmente me acolheu. O fato de morar no pequeno apartamento de Steve em Grant Park me deu a chance de lhe fazer incessantes perguntas a respeito das questões complexas e dos desafios que nossos casos e clientes apresentavam. A cada dia dissecávamos questões grandes e pequenas desde a manhã até a meia-noite. Eu adorava. Mas quando um colega de faculdade, Charles Bliss, se mudou para Atlanta para trabalhar na Sociedade de Assistência Judiciária de Atlanta, percebemos que se juntássemos nossos parcos salários, poderíamos pagar o aluguel de um apartamento de baixo custo. Charlie e eu entramos juntos na Faculdade de Direito de Harvard e moramos no mesmo dormitório em nosso primeiro ano. Ele era um jovem branco da Carolina do Norte que parecia compartilhar da minha confusão a respeito do que estávamos vivenciando na faculdade de direito. Com frequência, nos refugiávamos no ginásio para jogar basquete e tentar entender o que se passava.

Charlie e eu encontramos um apartamento perto do Parque Inman. Depois de um ano, o aumento no preço do aluguel nos forçou a sair dali. Mudamos para Virginia Highlands, onde ficamos por um ano até que outro aumento no aluguel nos levou para Midtown Atlanta. O apartamento de dois quartos que dividimos em Midtown era o melhor lugar no melhor bairro que

CAPÍTULO DOIS

tínhamos encontrado até então. Por causa do crescente volume de ações sob minha responsabilidade no Alabama, eu não ficava muito tempo em casa.

Meu novo projeto legal para representar pessoas no corredor da morte no Alabama começava a tomar forma. Minha esperança era tirar o projeto do papel no Alabama e finalmente voltar a morar em Atlanta. Minha pauta de novos casos de pena capital no Alabama significava que eu gastava uma quantidade insana de horas dirigindo para lá e para cá, entre o Alabama e Atlanta, enquanto simultaneamente tentava resolver diversos casos que eu havia protocolado em vários estados do Sul a respeito das condições dos presídios.

As condições de confinamento dos prisioneiros estavam piorando em todos os lugares. Nos anos 1970, os tumultos no Presídio de Attica atraíram atenção nacional para os terríveis abusos cometidos nas prisões. A tomada de Attica pelos prisioneiros possibilitou que o país tomasse conhecimento das práticas cruéis dentro dos presídios, tal como o confinamento em solitárias, onde os prisioneiros ficam isolados em um espaço confinado durante semanas ou meses. Em alguns presídios, os prisioneiros eram colocados em "suadouros", buracos ou caixas do tamanho de um caixão colocados em algum lugar onde o detento fosse obrigado a suportar um calor extremo durante dias ou semanas. Alguns prisioneiros eram torturados com aguilhões elétricos como punição por violarem o regulamento do presídio. Os detentos de algumas prisões eram acorrentados a "barras para atrelar cavalos", com os braços amarrados acima da cabeça em uma posição dolorosa na qual eram forçados a permanecer por horas. A prática, que só foi declarada inconstitucional em 2002, era uma das perigosas punições impostas à população carcerária. Uma péssima alimentação e condições de vida pavorosas estavam por toda parte.

A morte de quarenta e duas pessoas ao final do impasse em Attica expôs o perigo dos abusos e das condições desumanas das prisões. O aumento do interesse também resultou em diversas decisões judiciais da Suprema Corte que asseguraram aos prisioneiros garantias básicas ao devido processo legal. Temendo a violência, diversos estados implementaram reformas para eliminar as práticas mais abusivas. Mas, uma década depois, o rápido crescimento da população carcerária inevitavelmente ocasionou a deterioração das condições de confinamento.

Recebíamos muitas cartas de prisioneiros que continuavam a reclamar das terríveis condições. Os prisioneiros contavam que ainda apanhavam dos agentes correcionais e eram submetidos a humilhações em berlindas[6] e outras punições degradantes. Um número alarmante de casos de prisioneiros encontrados mortos nas celas chegava ao nosso escritório.

Eu estava trabalhando em vários desses casos, inclusive um em Gadsden, Alabama, em que os guardas da cadeia alegavam que um negro de trinta e nove anos tinha morrido de causas naturais depois de ser preso por uma infração de trânsito. Sua família afirmava que ele havia apanhado da polícia e dos guardas da cadeia que ainda lhe negaram seu inalador e seu remédio de asma embora ele houvesse implorado. Passei bastante tempo com a família de Lourida Ruffin durante seu luto e ouvi relatos de como ele era um pai amoroso, como era gentil e como as pessoas haviam acreditado em coisas a seu respeito que não eram verdade. Com um metro e noventa e seis de altura e cento e treze quilos, seu aspecto podia ser um pouco intimidador, mas sua esposa e sua mãe insistiam que ele era doce e gentil.

A polícia de Gadsden parou o Sr. Ruffin uma noite porque disseram que seu carro estava desgovernado. A polícia descobriu que sua carteira de motorista havia vencido algumas semanas antes, por isso ele foi detido. Quando chegou à cadeia municipal com muitos hematomas e sangrando, o Sr. Ruffin contou aos outros detentos que tinha levado uma surra e precisava desesperadamente de seu inalador e de seu remédio de asma. Quando comecei a investigar o caso, os detentos me contaram que viram guardas batendo no Sr. Ruffin antes de o levarem para uma cela de isolamento. Muitas horas depois, eles viram a equipe médica remover seu corpo da cela em uma maca.

Apesar das reformas da década de 1970 e início dos anos 1980, a morte de detentos em cadeias e presídios ainda era um problema grave. Suicídio, violência entre prisioneiros, tratamento médico inadequado, maus-tratos e violência por parte dos guardas custam a vida de centenas de prisioneiros todos os anos.

Logo recebi outras denúncias de pessoas da comunidade de Gadsden. Os pais de um adolescente negro, morto a tiros pela polícia, me disseram que seu filho tinha sido parado por causa de uma infração de trânsito leve ao ultrapassar um sinal vermelho. Seu jovem filho tinha acabado de começar a dirigir e ficou muito nervoso quando o policial se aproximou. A família afirmava que ele se abaixou para pegar sua novíssima carteira de motorista

---

[6] Placa de madeira na qual a vítima é presa pelos braços e pescoço. (N. da T.)

CAPÍTULO DOIS

na sua sacola de ginástica que costumava ficar no chão do carro. A polícia alegou que ele ia pegar uma arma — nunca se encontrou nenhuma arma — e o adolescente foi morto a tiros sentado dentro de seu carro. O guarda que atirou disse que o rapaz agiu ameaçadoramente e se movera de repente, de forma hostil. Os pais do menino me contaram que seu filho *era*, em geral, uma pessoa nervosa e se assustava facilmente, mas também era obediente e nunca machucaria ninguém. Era muito religioso, um bom aluno e dispunha de uma reputação que possibilitava que a família convencesse líderes de direitos civis a pressionar para que sua morte fosse investigada. Seus pedidos chegaram ao nosso escritório e eu estava analisando o caso juntamente com os casos das cadeias e presídios.

Decifrar o direito civil e penal do Alabama enquanto administrava casos de pena capital em diversos outros estados me manteve muito ocupado. A disputa judicial adicional sobre as condições prisionais significava muitas horas atrás do volante, além de muitas outras trabalhando sem parar. Meu desgastado Honda Civic 1975 lutava bravamente para acompanhar o ritmo. O rádio havia parado de funcionar um ano antes, só dava sinal de vida se eu caísse num buraco ou parasse de uma forma tão brusca a ponto de sacudir o carro violentamente causando algum tipo de contato.

Depois de passar três horas dirigindo, tendo saído cedo de Gadsden, fui direto para o escritório. Novamente já era quase meia-noite quando saí do escritório para ir para casa. Entrei no carro e para minha felicidade o rádio ligou assim que dei a partida. Em pouco mais de três anos trabalhando como advogado, tinha me transformado naquele tipo de pessoa para quem acontecimentos pequenos como esse podem fazer uma enorme diferença no meu quociente de alegria. Naquela noite, já tão tarde, não só meu rádio estava funcionando, mas a estação também estava fazendo uma retrospectiva de *Sly and the Family Stone*. Cresci escutando Sly e quando dei por mim estava deslizando alegremente pelas ruas de Atlanta ao som de músicas como *Dance to the Music*, *Everybody Is a Star* e *Family Affair*.

Nosso apartamento em Midtown Atlanta ficava em uma densa rua residencial. Algumas noites eu tinha que estacionar meio quarteirão adiante ou até mesmo na rua seguinte. Mas nessa noite tive sorte: estacionei meu chacoalhante Civic a poucos passos de distância da nossa porta enquanto Sly começava a cantar *Hot Fun in the Summertime*. Era tarde e eu precisava dormir, mas o momento estava bom demais para deixar passar, então permaneci no carro ouvindo a música. Cada vez que uma música terminava eu dizia para mim mesmo que devia ir para casa, mas aí outra música irresistível começava e eu não conseguia sair do carro. Estava ouvindo e cantando *Stand!*, o hino de Sly que torna a alma leve, com seu maravilhoso final de tema gospel, quando vi as luzes piscantes de um carro de polícia se aproximando. Eu estava estacionado perto do nosso apartamento, então pensei que os policiais passariam direto por mim a caminho de alguma missão urgente. Quando eles pararam seis metros à minha frente, me perguntei o que estaria acontecendo.

A parte da rua em que morávamos era de mão única. Meu carro estava estacionado na mão correta, o carro da polícia vinha na contramão. Notei, pela primeira vez, que não era um carro de patrulha comum, mas um carro da SWAT[7] de Atlanta. Havia um holofote preso ao teto do carro e os policiais o apontaram para mim. Só então me ocorreu que eles podiam estar ali por minha causa, mas não conseguia imaginar por quê. Eu estava estacionado há cerca de quinze minutos escutando Sly. Só um dos meus alto-falantes estava funcionando e não muito bem. Eu sabia que não dava para ouvir a música do lado de fora do carro.

Os policias ficaram dentro do carro com a luz apontada para mim por cerca de um minuto. Desliguei o rádio antes de *Stand!* acabar. No banco do carro estavam os arquivos do caso de Lourida Ruffin e do jovem que havia sido morto a tiros em Gadsden. Finalmente dois policiais saíram do carro. Imediatamente notei que eles não usavam o uniforme padrão da polícia de Atlanta. Em vez disso, estavam ameaçadoramente vestidos no estilo militar, botas pretas e calças e coletes pretos.

Decidi sair do carro e ir para casa. Embora me olhassem fixamente, eu ainda tinha esperança de que estivessem ali por algo não relacionado a mim. Ou, caso estivessem preocupados de que houvesse algo de errado comigo, imaginei que mostraria a eles que estava tudo bem. Com certeza nunca me passou pela cabeça que sair do carro era errado ou perigoso.

Assim que abri a porta do carro e saí, o policial que se dirigia para o meu carro sacou a arma e apontou para mim. Devo ter feito uma expressão de total perplexidade.

---

[7] SWAT (*Special Weapons and Tactics*) é um grupo de elite da polícia dos Estados Unidos especializado em tarefas de alto risco. (N. da T.)

CAPÍTULO DOIS

Meu primeiro instinto foi sair correndo. Logo decidi que isso não seria muito inteligente. Depois pensei por um instante que talvez eles não fossem policiais de verdade.

— Se você se mexer, estouro a sua cabeça! ... o policial gritou essas palavras, mas eu não conseguia entender seu significado, era a primeira vez na minha vida que alguém me apontava uma arma.

— Mãos pra cima! — O policial era um homem branco mais ou menos da minha altura. No escuro, eu só conseguia ver seu uniforme preto e sua arma apontada para mim.

Levantei as mãos e percebi que ele estava nervoso. Não me lembro de ter decidido falar, só me lembro das palavras saindo:

— Tá tudo bem. Tudo bem.

Tenho certeza de que meu tom era de medo porque eu estava apavorado. Continuei repetindo as palavras sem parar.

— Tá tudo bem, tá tudo bem. — Finalmente eu disse: — Eu moro aqui, esse é o meu apartamento.

Olhei para o policial que apontava a arma para a minha cabeça a menos de cinco metros de distância. Pensei ter visto sua mão tremer.

Continuei falando da forma mais calma possível:

— Tá tudo bem, tá tudo bem.

O segundo policial, que não tinha sacado a arma, veio na minha direção lenta e cautelosamente. Subiu na calçada, deu a volta por trás do meu carro e se aproximou pelas minhas costas enquanto o outro policial continuava apontando a arma para mim. Ele agarrou os meus braços e me empurrou contra a traseira do carro. O outro policial então abaixou a arma.

— O que você está fazendo aqui fora? — disse o segundo policial, que parecia mais velho que o que havia sacado a arma. Seu tom era de raiva.

— Eu moro aqui. Me mudei para aquela casa ali em frente poucos meses atrás. Meu colega está lá. Vocês podem perguntar para ele. — Odiava parecer tão apavorado e também a forma como minha voz tremia.

— O que você está fazendo na rua?

— Estava só ouvindo rádio. — Ele colocou minhas mãos em cima do carro e dobrou meu corpo por cima da traseira. O forte holofote do carro da SWAT ainda apontava para mim. Notei que algumas pessoas no quarteirão acenderam as luzes e espiavam pela porta da frente de suas casas. A casa ao lado da nossa acordou e um homem e uma mulher brancos de meia-idade saíram e olharam fixamente para mim, dobrado por cima do carro.

O policial que estava me segurando pediu minha carteira de motorista, mas não me deixava mexer os braços para pegá-la. Disse para ele que estava no meu bolso de trás e ele tirou minha carteira de dentro da minha calça. O outro policial estava agora dentro do meu carro olhando meus papéis. Eu sabia que não havia justa causa para entrar no meu veículo e que estava fazendo uma busca ilegal. Eu estava a ponto de dizer alguma coisa quando o vi abrir o porta-luvas. Abrir objetos em um carro estacionado era tão inacreditavelmente ilegal que percebi que ele não estava nem um pouco preocupado com regras, então, seria inútil falar o que quer que fosse.

Não havia nada de interessante no meu carro. Não havia drogas, álcool, nem mesmo tabaco. Eu mantinha um saco gigante de M&Ms de amendoim e chicletes Bazooka no porta-luvas para ajudar a afastar a fome quando não tinha tempo de almoçar. O saco de M&Ms estava quase vazio e o policial o examinou cuidadosamente. Enfiou o nariz dentro dele antes de jogá-lo de volta no lugar onde estava. Eu não iria mais comer aqueles M&Ms.

Eu não morava em nosso novo endereço há tempo suficiente para ter uma carteira de motorista nova, então o endereço na minha carteira era diferente do novo local. Não havia nenhuma exigência legal que obrigasse a atualizar a carteira de motorista, mas foi o suficiente para o policial me manter ali por mais dez minutos enquanto voltou ao seu carro para fazer uma busca a meu respeito. Meus vizinhos foram ficando mais corajosos à medida que a situação se arrastava. Embora fosse tarde, as pessoas começaram a sair de suas casas para assistir. Dava para ouvi-los conversando sobre os roubos na vizinhança. Uma mulher branca de mais idade falava particularmente alto e exigia que eu fosse interrogado sobre alguns pertences seus que tinham sumido.

— Pergunta para ele do meu rádio e meu aspirador!

Outra senhora perguntou sobre seu gato que não aparecia em casa há três dias. Eu continuava esperando que as luzes do meu apartamento se acendessem e Charlie viesse me ajudar. Ele estava namorando uma mulher que também trabalhava com Assistência Legal e vinha passando bastante tempo na casa dela. Me ocorreu que talvez ele não estivesse em casa.

Finalmente o guarda voltou e falou para seu parceiro: — Não há nada contra ele. — Seu tom era de decepção.

CAPÍTULO DOIS

Recobrei minha coragem e tirei as mãos de cima do carro.
— Isso tudo é tão errado. Eu moro aqui. Vocês não deviam ter feito isso. Por que vocês fizeram isso?
O policial mais velho franziu a testa e olhou para mim.
— Alguém ligou falando de uma pessoa suspeita que podia ser um ladrão. Tem havido muitos roubos a casas neste bairro. — Então, abriu um sorriso.
— Vamos deixar você ir embora. Você devia estar feliz — ele disse.

Com isso, eles se afastaram, entraram em sua viatura e foram embora. Os vizinhos olharam para mim mais uma vez antes de se recolherem em suas casas. Eu não conseguia decidir se devia correr para casa para que vissem que eu morava ali ou esperar até que todos tivessem ido embora para que ninguém ficasse sabendo onde o "criminoso suspeito" morava. Decidi esperar.

Juntei meus papéis, que o policial tinha espalhado pelo carro todo e na calçada. Triste, joguei meu saco de M&Ms numa lata de lixo na rua e fui para casa. Senti um grande alívio quando vi que Charlie estava lá. Acordei-o para contar a história para ele.

— Eles nem pediram desculpas — eu repetia. Charlie estava tão indignado quanto eu, mas logo voltou a dormir. Eu não consegui dormir nada.

Na manhã seguinte contei o incidente para Steve. Ele ficou furioso e insistiu que eu fosse ao Departamento de Polícia de Atlanta para dar queixa. Algumas pessoas no escritório disseram que, na minha queixa, eu deveria explicar que eu era advogado de direitos civis e trabalhava com casos de má--conduta policial. Eu achava que ninguém deveria precisar desse tipo de credencial para denunciar má-conduta de policiais.

Comecei a escrever minha denúncia determinado a não revelar que eu era advogado. Quando repassei todo o incidente na minha cabeça, o que mais me incomodou foi o momento em que o policial sacou a arma e eu pensei em sair correndo. Eu era um advogado de vinte e oito anos que já tinha trabalhado em casos de má-conduta policial. Tive o bom senso de falar com calma com o policial quando ele ameaçou atirar em mim. Quando pensei no que eu teria feito aos dezesseis anos ou dezenove ou mesmo vinte e quatro, fiquei assustado por perceber que *eu* talvez tivesse saído correndo. Quanto mais eu pensava nisso, mais preocupado ficava com os negros, meninos e adultos, naquele bairro. Eles sabiam que não era para sair correndo? Sabiam que deviam manter a calma e dizer "Tá tudo bem"?

Detalhei todas as minhas preocupações. Encontrei dados da Divisão de Estatística do Departamento de Justiça que mostravam que a probabilidade de homens negros serem mortos pela polícia era oito vezes maior que a de brancos. Ao final do século 20, o índice de uso de arma de fogo por parte da polícia melhoraria e a probabilidade de homens de cor serem mortos por autoridades policiais era "apenas" quatro vezes maior, mas o problema se agravaria quando alguns estados aprovaram leis *Stand Your Ground* — Defenda seu Espaço — autorizando cidadãos armados a também usar força letal.

Continuei escrevendo meu relatório para o Departamento de Polícia de Atlanta e quando vi já tinha escrito quase nove páginas descrevendo tudo de errado que tinha acontecido. Detalhei em duas páginas a busca totalmente ilegal do veículo e a ausência de justa causa. Citei inclusive uma meia-dúzia de casos. Li toda a denúncia novamente e percebi que havia feito tudo menos dizer "sou advogado".

Registrei minha queixa no departamento de polícia e tentei esquecer o incidente, mas não consegui. Continuava pensando no que tinha acontecido. Comecei a me sentir envergonhado por não ter me controlado melhor durante a abordagem. Não falei para os policiais que eu era advogado nem informei a eles que o que estavam fazendo era ilegal. Eu deveria ter falado mais coisas para eles? Apesar do trabalho que eu já tinha feito dando assistência a pessoas no corredor da morte, questionei minha real capacidade de fazer coisas verdadeiramente difíceis. Comecei até a pensar duas vezes a respeito da ida para o Alabama para abrir um escritório de advocacia. Não conseguia parar de pensar sobre o risco que os jovens correm quando são parados pela polícia.

Minha denúncia chegou até o processo de avaliação do Departamento de Polícia de Atlanta. A cada duas semanas, mais ou menos, eu recebia uma carta explicando que as autoridades policiais não tinham feito nada de errado e que o trabalho da polícia é muito difícil. Recorri em vão a instâncias superiores contra esses indeferimentos. Por fim, solicitei uma reunião com o chefe de polícia e os policiais que me abordaram. Esse pedido foi negado, mas o chefe adjunto me recebeu. Eu queria um pedido de desculpas e havia sugerido que fosse feito um treinamento para evitar incidentes semelhantes. O chefe adjunto assentia educadamente enquanto eu explicava o que tinha acontecido. Quando terminei, ele me pediu desculpas, mas desconfiei que ele só queria que eu fosse embora. Prometeu que os policiais seriam obrigados a fazer algum "dever de casa extra sobre relações com a comunidade". Aquilo não me pareceu suficiente.

O volume de ações sob minha responsabilidade crescia desesperadamente. Os advogados de defesa da Cadeia Municipal de Gadsden finalmente reconheceram que os direitos do Sr. Ruffin haviam sido violados e que seus remédios contra asma lhe haviam sido negados de maneira ilegal. Conseguimos um acordo decente para a família do Sr. Ruffin de forma que ao menos recebessem alguma ajuda financeira. Entreguei os outros casos de má-conduta policial para outros advogados porque minha pauta de penas de morte estava sobrecarregada.

Eu não tinha tempo para entrar em guerra com a Polícia de Atlanta com alguns de meus clientes diante de uma execução. Ainda assim, não conseguia parar de pensar como aquela situação era perigosa e injusta e no fato de que eu não tinha feito nada de errado. E se eu tivesse drogas no meu carro? Eu teria sido preso e então teria que convencer meu advogado a acreditar em mim quando lhe explicasse que a polícia tinha entrado em meu carro de forma ilegal. O advogado que me representasse levaria a sério esse argumento? O juiz acreditaria que eu não tinha feito nada de errado? Eles acreditariam em alguém que fosse exatamente como eu, mas que, por acaso, não fosse advogado? Em alguém como eu que estivesse desempregado ou tivesse algum antecedente criminal?

Decidi conversar com grupos de jovens, igrejas e organizações comunitárias sobre os problemas que a presunção de culpa atribuída aos pobres e às pessoas de cor suscitavam. Falei em reuniões locais e tentei sensibilizar as pessoas a respeito da necessidade de insistir na obrigação que as autoridades policiais têm de prestar contas de seus atos. Argumentei que a polícia podia melhorar a segurança pública sem cometer abusos. Mesmo quando estava no Alabama, eu arranjava tempo para essas conversas em eventos comunitários sempre que alguém me pedia.

Eu estava em um condado rural pobre no Alabama depois de mais uma viagem para consultar os autos de um caso de pena capital quando fui convidado para falar em uma pequena igreja afro-americana. Somente cerca de vinte pessoas compareceram. Um dos líderes comunitários me apresentou e eu fui para a frente da igreja. Comecei a falar sobre pena de morte, sobre o aumento dos índices de encarceramento, abuso de autoridade nas prisões, atividade policial discriminatória e a necessidade de reformas. Em um dado momento, decidi falar sobre meu encontro com a polícia em Atlanta e me dei conta de que estava me emocionando. Minha voz ficou trêmula e tive que me controlar para concluir meus comentários.

Durante minha fala, notei um homem negro de mais idade em uma cadeira de rodas que entrou no momento exato em que íamos começar. Tinha cerca de setenta anos e usava um terno marrom já gasto. O cabelo grisalho era curto com tufos rebeldes aqui e ali. Olhava para mim com muita atenção durante toda minha apresentação, mas não demonstrou nenhuma emoção ou reação na maior parte do tempo. A forma como me encarava era aflitiva. Um menino de cerca de doze anos empurrara sua cadeira de rodas para dentro da igreja, provavelmente seu neto ou algum parente. Notei que o homem de tempos em tempos pedia para o menino pegar alguma coisa para ele. Ele fazia um sinal com a cabeça, sem dizer nada, e o menino parecia saber que o homem queria um leque ou o hinário.

Quando acabei de falar, o grupo cantou um hino para finalizar a sessão. O homem mais velho não cantou, mas fechou os olhos e recostou em sua cadeira. Ao final do programa, as pessoas vieram falar comigo, a maioria foi muito gentil e demonstrou gratidão por eu ter me prontificado a ir lá falar com eles. Vários jovens negros apertaram minha mão. Fiquei satisfeito de ver que as pessoas demonstravam dar valor às minhas informações. O homem na cadeira de rodas aguardava no fundo da igreja. Continuava me encarando. Quando todos já tinham ido embora, ele fez um sinal com a cabeça para o menino, que rapidamente o trouxe até mim.

A expressão no rosto do homem não se modificou à medida que se aproximava. Parou diante de mim, inclinou o corpo para a frente e disse de forma vigorosa: — Você sabe o que está fazendo? — Ele estava sério, não estava sorrindo.

A pergunta me desconcertou. Não sabia exatamente o que ele estava perguntando nem se estava sendo hostil. Eu não sabia o que dizer. Ele então levantou o dedo e apontando para mim perguntou novamente: — Você sabe o que está fazendo?

Tentei sorrir para amenizar a situação, mas eu estava completamente atordoado. — Acho que sim...

Ele me interrompeu e disse bem alto:

— Vou te dizer o que você está fazendo. Você está levantando a bandeira da justiça! — A expressão em seu rosto era de arrebatamento. Ele falou novamente de maneira enfática: — Você precisa levantar a bandeira da justiça. Voltou a se recostar na cadeira e eu parei de sorrir. Algo no que ele disse me despertou. Respondi baixinho: — Sim, senhor.

Inclinou-se para a frente mais uma vez e disse com a voz rouca:

— Você tem que continuar levantando a bandeira da justiça. — Gesticulou e depois de um longo tempo falou novamente — Levantar a bandeira da justiça.

Recostou-se e no espaço de um segundo parecia estar cansado e sem fôlego. Olhou para mim com simpatia e fez um gesto para que eu me aproximasse. Cheguei mais perto e ele me puxou pelo braço e se inclinou para a frente. Falou com uma voz muito baixa, quase um sussurro, mas com um fervor inesquecível.

— Está vendo essa cicatriz na minha cabeça? — Inclinou a cabeça para me mostrar. — Ganhei essa cicatriz no Condado de Greene, no Alabama, tentando me cadastrar para votar em 1964. Está vendo essa cicatriz aqui do lado da minha cabeça? — Ele virou a cabeça para a esquerda e vi uma cicatriz de dez centímetros logo acima de sua orelha direita. — Ganhei essa cicatriz no Mississippi lutando por direitos civis.

A voz dele ficou mais forte. Apertou meu braço com mais força e abaixou um pouco mais a cabeça.

— Está vendo essa marca? — Havia um círculo escuro na base de seu crânio. — Ganhei essa marca em Birmingham depois da Cruzada das Crianças.

Recostou-se e olhou no fundo dos meus olhos.

— As pessoas pensam que estas são as minhas cicatrizes, meus cortes e marcas.

Pela primeira vez percebi que seus olhos estavam molhados de lágrimas. Colocou as mãos na cabeça.

— Essas não são as minhas cicatrizes, meus cortes e marcas. São minhas medalhas de honra.

Olhou fixamente para mim por um longo tempo, enxugou os olhos e fez um sinal com a cabeça para o menino, que empurrou sua cadeira para irem embora.

Fiquei ali com um nó na garganta, olhando para ele.

Depois de alguns instantes, percebi que havia chegado a hora de abrir o escritório do Alabama.

CAPÍTULO TRÊS
PROVAÇÕES E ATRIBULAÇÕES

Depois de meses de frustração, fracasso e um crescente escárnio público, o Xerife Thomas Tate, o investigador chefe da Divisão de Investigação do Alabama, Simon Benson e o investigador da promotoria de justiça, Larry Ikner, decidiram prender Walter McMillian tendo como base as alegações de Ralph Myers. Eles não tinham feito muitas investigações a respeito de McMillian, então decidiram prendê-lo usando uma pretensa acusação enquanto construíam o caso. Myers alegou estar morrendo de medo de McMillian. Um dos policiais insinuou a Myers que McMillian poderia ter abusado sexualmente dele. A ideia era tão provocadora e explosiva que Myers imediatamente percebeu sua utilidade e melancolicamente a reconheceu como verdade. A legislação do Alabama havia criminalizado o sexo sem fins de procriação, então as autoridades planejavam prender McMillian por sodomia.

No dia 7 de junho de 1987, o Xerife Tate liderou um exército de mais de uma dúzia de policiais até uma estradinha do interior que eles sabiam que Walter usaria na volta do trabalho. Os policiais pararam a caminhonete de Walter e sacaram suas armas, forçando Walter a sair do veículo e então o cercaram. Tate lhe disse que ele estava preso. Quando Walter transtornado perguntou ao xerife o que ele havia feito, o xerife lhe disse que ele estava sendo acusado de sodomia. Confuso com o termo, Walter disse ao xerife que não sabia o significado daquela palavra. Quando o xerife explicou a acusação em termos simples, Walter não acreditou no que estava ouvindo e não conseguiu conter o riso. Tate considerou isso uma provocação e despejou sobre Walter uma enxurrada de ofensas raciais e ameaças. Durante anos Walter relatou que a única coisa que ouviu no momento de sua prisão, repetidamente, foi a palavra crioulo. "Seu crioulo isso", "seu crioulo aquilo", seguidos de insultos e ameaças de linchamento.

— Nós vamos impedir que vocês fiquem andando por aí com essas garotas brancas, seus crioulos. Eu devia levar você daqui e te enforcar como fizemos com aquele crioulo em Mobile — Tate supostamente disse a Walter.

O xerife se referia ao linchamento de um jovem afro-americano chamado Michael Donald em Mobile, a cerca de cem quilômetros ao sul. Uma noite, Donald caminhava da loja para casa, horas depois da anulação do julgamento de um negro acusado de atirar em um policial branco. Muitas pessoas brancas ficaram chocadas com o veredito e culparam os afro-americanos que foram autorizados a fazer parte do júri pela anulação do julgamento. Depois de queimarem uma cruz no gramado do tribunal, um grupo de homens brancos enfurecidos, membros da Ku Klux Klan, foram em busca de alguém para punir. Encontraram Donald quando ele caminhava para casa e o atacaram. Depois de espancar barbaramente o jovem negro, o enforcaram em uma árvore próxima, onde seu corpo já sem vida foi descoberto muitas horas depois.

A polícia local ignorou as flagrantes evidências de que a morte havia sido um crime de ódio e levantaram a hipótese de que Donald estaria envolvido em tráfico de drogas, o que sua mãe negou categoricamente. Revoltados com a falta de interesse das autoridades locais no caso, a comunidade negra e os ativistas de direitos civis convenceram o Departamento de Justiça dos Estados Unidos a se envolver. Dois anos depois, três homens brancos foram presos e os detalhes do linchamento finalmente vieram a público.

Já haviam se passado três anos desde as prisões, mas quando Tate e os outros policiais começaram a fazer ameaças de linchamento, Walter ficou apavorado. Ele também ficou confuso. Diziam que ele estava sendo preso por estuprar outro homem, mas lançavam perguntas sobre a morte de Ronda Morrison. Walter negou veementemente ambas as alegações. Quando ficou claro que não obteriam nenhuma ajuda de Walter para construir um caso contra ele, o trancafiaram e prosseguiram com as investigações.

∼

Quando Ted Pearson, promotor de justiça do Condado de Monroe, ouviu pela primeira vez as provas que seus investigadores tinham contra Walter McMillian, deve ter ficado desapontado. A história de Ralph Myers sobre o crime era bem estapafúrdia, pois seu talento para floreios dramáticos tornavam as alegações mais básicas desnecessariamente complicadas.

PROVOCAÇÕES E ATRIBULAÇÕES

Aqui está o relato de Myers sobre o assassinato de Ronda Morrison: No dia do assassinato, Myers estava abastecendo quando Walter McMillian o viu no posto de gasolina e, apontando uma arma para ele, o forçou a entrar na caminhonete de Walter e dirigir até Monroeville. Até aquele dia, Myers não conhecia Walter. Já na caminhonete, Walter disse a Myers que precisava que ele dirigisse porque o braço de Walter estava machucado. Myers protestou, mas não teve escolha. Walter orientou Myers para que o levasse até a lavanderia *Jackson Cleaners* no centro de Monroeville e lhe disse para esperar na caminhonete enquanto McMillian entrava sozinho. Depois de uma longa espera, Myers dirigiu até uma mercearia na mesma rua para comprar cigarros. Ele voltou dez minutos depois. Após outra longa espera, Myers finalmente viu McMillian sair da loja e retornar à caminhonete. Ao entrar na caminhonete, ele admitiu ter matado a atendente da loja. Myers então levou McMillian de volta ao posto de gasolina para que Myers pudesse buscar seu veículo. Antes de Myers sair, Walter ameaçou matá-lo caso ele algum dia contasse a alguém o que havia visto ou feito.

Resumindo, um afro-americano planeja um latrocínio no coração de Monroeville e, em plena luz do dia, para num posto de gasolina e aleatoriamente escolhe um homem branco para ser seu cúmplice, pedindo a ele que o leve de carro na ida e na volta da cena do crime porque seu braço estava machucado, mesmo ele tendo sido capaz de dirigir por conta própria até o posto de gasolina onde encontrou Myers e também dirigir sua caminhonete de volta para casa após deixar Myers no posto de gasolina.

As autoridades sabiam que a história de Myers seria muito difícil de provar, então prenderam Walter por sodomia, o que serviu para chocar a comunidade e demonizar McMillian ainda mais o que deu à polícia uma oportunidade de trazer a caminhonete de Walter até a cadeia para que Bill Hooks, um informante da cadeia, pudesse vê-la.

Bill Hooks era um jovem negro com uma má-reputação de dedo-duro da cadeia. Ele estava na prisão municipal há vários dias acusado de roubo quando McMillian foi preso. Prometeram a Hooks libertá-lo da prisão e lhe dar uma recompensa em dinheiro se ele conseguisse associar a caminhonete de McMillian ao assassinato de Morrison. Entusiasmado, Hooks disse aos investigadores que havia passado de carro pela *Jackson Cleaners* perto da hora do crime e viu uma caminhonete arrancar da lavanderia com dois homens dentro. Na prisão, Hooks identificou positivamente a caminhonete de Walter como aquela que havia visto na lavanderia cerca de seis meses antes.

CAPÍTULO TRÊS

Essa segunda testemunha deu às autoridades o que eles precisavam para acusar Walter McMillian de homicídio passível de pena de morte no assassinato a tiros de Ronda Morrison.

~

Quando o indiciamento foi anunciado, a comunidade ficou alegre e aliviada que alguém tivesse sido denunciado. O Xerife Tate, o promotor de justiça e outras autoridades que haviam se tornado alvo de críticas foram aplaudidos. A falta de uma prisão havia desestabilizado a vida em Monroeville e agora as coisas poderiam se acalmar.

As pessoas que conheciam Walter tinham dificuldade de acreditar que ele pudesse ser responsável por um assassinato brutal. Ele também não tinha nenhum histórico de violência ou crime. Para a maioria das pessoas que o conheciam, assalto era algo que simplesmente não fazia sentido para um homem que trabalhava tanto quanto Walter.

Os moradores negros disseram ao Xerife Tate que ele havia prendido o homem errado. Tate ainda não tinha feito investigações a respeito de McMillian, sua vida ou seu histórico, nem mesmo seu paradeiro no dia do assassinato. Ele sabia do romance com Karen Kelly e tinha ouvido rumores, suspeitas de que a independência de Walter deveria significar que estava vendendo drogas. Dada sua ânsia de fazer uma prisão, isso pareceu ser o suficiente para Tate aceitar as alegações de Myers. Como se verificou mais tarde, no dia do assassinato, estavam preparando peixe frito na casa de Walter. Membros da família de Walter passaram o dia na frente da casa, vendendo comida às pessoas que passavam. A irmã de Walter, Evelyn Smith, era pastora da igreja local, ela e a família de vez em quando arrecadavam dinheiro para a igreja vendendo comida na beira da estrada. Como a casa de Walter ficava mais perto da estrada principal, eles frequentemente faziam as vendas no seu jardim da frente. Havia pelo menos uma dúzia de paroquianos com Walter e a família na sua casa durante toda a manhã do dia em que Ronda Morrison foi assassinada.

Naquele dia Walter não tinha nenhum trabalho agendado. Ele havia decidido trocar a transmissão da sua caminhonete e chamou seu amigo mecânico, Jimmy Hunter, para ajudá-lo. Às 9h30 da manhã, os dois homens já haviam desmontado a caminhonete de Walter, removendo completamente a transmissão. Às 11h, seus parentes já tinham chegado e começado a fritar os

PROVOCAÇÕES E ATRIBULAÇÕES

peixes e preparar outras comidas para vender. Alguns membros da igreja só chegaram mais tarde.

— Irmã, nós teríamos chegado há muito tempo, mas o trânsito em Monroeville estava completamente parado. Carros da polícia e caminhões dos bombeiros, parece que algo ruim aconteceu na lavanderia. — Evelyn Smith lembrou de ter ouvido um dos membros da igreja dizer.

A polícia relatou que o assassinato de Morrison aconteceu por volta das 10h15 da manhã, a mais ou menos dezessete quilômetros da casa de McMillian, no mesmo horário em que doze membros da igreja estavam na casa de Walter vendendo comida, enquanto Walter e Jimmy trabalhavam na sua caminhonete. No início da tarde, Ernest Welch, um homem branco a quem os moradores negros chamavam de "o cara dos móveis" porque trabalhava para uma loja local de móveis, chegou para cobrar uma compra da mãe de Walter feita a credito. Welch contou ao pessoal reunido na casa que sua sobrinha havia sido assassinada na *Jackson Cleaners* naquela manhã. Eles conversaram com Welch sobre a estarrecedora notícia por algum tempo.

Considerando os membros da igreja, a família de Walter e as pessoas que estavam constantemente parando na casa para comprar sanduíches, dezenas de pessoas confirmaram que Walter não poderia ter cometido o assassinato. Esse grupo incluía um policial que parou na casa para comprar um sanduíche e anotou nos seus registros policiais que havia comprado comida na casa de McMillian com Walter e um monte de gente da igreja presentes.

Com base no seu conhecimento pessoal do paradeiro de Walter na hora do assassinato de Morrison, membros da família, membros da igreja, pastores negros e outras pessoas, todos apelaram ao Xerife Tate para que soltasse McMillian. Tate não iria fazer isso. Levou-se tempo demais preparando aquela prisão para agora admitir mais um fracasso. Depois de algum debate, o promotor de justiça, o xerife e o investigador da Divisão de Investigação do Alabama concordaram em manter a acusação contra McMillian.

O álibi de Walter não era o único problema das autoridades. Ralph Myers começou a reconsiderar suas alegações contra McMillian. Ele também estava sendo indiciado pelo assassinato de Morrison. Haviam lhe prometido que não pegaria pena de morte e teria um tratamento especial em troca de seu depoimento, mas aos poucos ele se dava conta de que admitir envolvimento em um assassinato de grande repercussão com o qual, na verdade, ele não tinha nada a ver, provavelmente não era muito inteligente.

CAPÍTULO TRÊS

Alguns dias antes de se tornar pública a denúncia de McMillian por homicídio passível de pena de morte, Myers chamou os investigadores da polícia e disse que suas alegações contra McMillian não eram verdadeiras. Nessa altura, Tate e os investigadores tinham muito pouco interesse no desmentido de Myers. Em vez disso, decidiram pressionar Myers a produzir mais detalhes que incriminassem McMillian. Quando Myers argumentou que não tinha mais detalhes porque, bem, a história não era verdadeira, os investigadores não toleraram. Não ficou claro quem decidiu colocar ambos, Myers e McMillian, no corredor da morte antes do julgamento para aumentar a pressão, mas era uma manobra quase sem precedentes que se mostrou muito eficiente.

É ilegal sujeitar presos provisórios, como Walter e Myers, a encarceramento que constitua punição. Os presos provisórios são geralmente mantidos em cadeias locais, onde têm mais regalias e menos restrições do que criminosos condenados que são enviados ao presídio. Colocar alguém que ainda não foi julgado em um presídio reservado para infratores condenados é algo que quase nunca se faz. Colocar alguém que ainda não foi condenado no corredor da morte é igualmente incomum. Até os outros prisioneiros do corredor da morte ficaram chocados. O corredor da morte é o encarceramento penal mais restrito que se permite. Os presos são trancados sozinhos em pequenas celas durante vinte e três horas por dia. Os detentos condenados têm poucas oportunidades para se exercitar ou receber visitas e são mantidos a uma distância perturbadoramente próxima da cadeira elétrica.

O Xerife Tate levou Walter para o Centro Penitenciário Holman, um trajeto curto até Atmore, no Alabama. Antes da viagem, o xerife mais uma vez ameaçou Walter com insultos raciais e planos assustadores. Não ficou claro como Tate conseguiu persuadir o diretor do presídio a alojar dois presos que não haviam sido julgados no corredor da morte, embora Tate conhecesse pessoas na prisão da época em que era agente de condicional. A transferência de Myers e McMillian da cadeia municipal para o corredor da morte aconteceu em 1º de agosto de 1987, a menos de um mês da data marcada para a execução de Wayne Ritter.

∽

Quando Walter McMillian chegou no corredor da morte do Alabama, apenas dez anos após a moderna pena de morte ser reinstituída, toda uma comunidade de homens condenados esperava por ele. A maioria dos cento e poucos presos do corredor da morte que haviam recebido sentença de execução no Alabama desde que a pena capital foi reinstituída em 1975 era de negros, embora, para a surpresa de Walter, quase 40 por cento deles eram brancos. Todos eram pobres e todos lhe perguntaram por que ele estava lá.

Na unidade do corredor da morte do Alabama, os presos condenados são alojados em edifícios de concreto sem janelas, reconhecidamente quentes e desconfortáveis. Cada detento do corredor da morte é colocado em uma cela de dois metros e meio por um metro e meio com uma porta de metal, um vaso sanitário e uma cama de aço. As temperaturas em agosto frequentemente chegavam aos 38 graus durante dias e, algumas vezes, por semanas seguidas. Os presos capturavam ratos, aranhas venenosas e cobras que encontravam dentro da prisão para passar o tempo e para cuidar deles. Isolados e afastados, a maioria dos presos recebia poucas visitas e ainda menos regalias.

A existência em Holman era centrada na cadeira elétrica do Alabama. A enorme cadeira de madeira foi construída nos anos 1930 e os detentos a haviam pintado de amarelo antes de fixar as cintas de couro e os eletrodos. Eles a chamavam de *"Yellow Mama"*. As execuções em Holman foram retomadas apenas alguns anos antes da chegada de Walter. John Evans e Arthur Jones haviam sido eletrocutados recentemente na câmara de execução de Holman. Russ Canan, um advogado do Comitê de Defesa de Prisioneiros do Sul em Atlanta, havia se voluntariado para representar Evans. Evans filmou o que mais tarde se tornaria um especial para crianças, exibido após o horário de aula, no qual ele compartilhava sua história de vida com os alunos e os aconselhava a evitar os erros que ele havia cometido.

Após a justiça se recusar a suspender a execução de Evans depois de múltiplos recursos, Canan foi à prisão para testemunhar a execução a pedido de Evans. Foi pior do que Russ poderia jamais imaginar. Mais tarde, ele protocolou uma declaração juramentada, cuidadosamente revisada, descrevendo todo o abominável procedimento:

> Às 20h30 o primeiro choque elétrico de 1.900 volts passou pelo corpo do Sr. Evans. Durou trinta segundos. Faíscas e chamas irromperam dos eletrodos amarrados à perna esquerda do Sr. Evans. Todo seu corpo batia contra as cintas que o mantinham preso à cadeira elétrica e seu punho se cerrou permanentemente. O eletrodo aparentemente explodiu da cinta que o mantinha posicionado. Uma grande nuvem

de fumaça acinzentada e fagulhas escapavam por debaixo do capuz que cobria o rosto do Sr. Evans. Um fedor sufocante de carne e roupa queimadas começou a impregnar a sala de testemunhas. Dois médicos examinaram o Sr. Evans e declararam que ele não estava morto.

O eletrodo da perna esquerda foi recolocado. Às 20h30 [sic] aplicaram um segundo choque elétrico de trinta segundos no Sr. Evans. O fedor de carne queimada era nauseante. Mais fumaça emanou de sua perna e sua cabeça. Mais uma vez, os médicos examinaram o Sr. Evans. Os médicos declararam que seu coração ainda batia e que ainda estava vivo.

Naquele momento, pedi ao oficial de execução penal, que se comunicava por telefone com o Governador George Wallace, que concedesse clemência com base no fato de que o Sr. Evans estava sendo submetido a uma punição cruel e tão fora dos padrões. O pedido de clemência foi negado.

Às 20h40, um terceiro choque elétrico, de trinta segundos de duração, passou pelo corpo do Sr. Evans. Às 20h44, os médicos atestaram sua morte. A execução de John Evans levou quatorze minutos.

~

Walter McMillian não sabia de nada disso antes de chegar a Holman. Mas com outra execução se aproximando rapidamente, os presos condenados constantemente falavam sobre a cadeira elétrica quando Walter chegou. Durante as três primeiras semanas no corredor da morte do Alabama, a abominável execução de John Evans era praticamente a única coisa de que ele ouvia falar.

O turbilhão surreal das semanas anteriores havia deixado Walter arrasado. Depois de viver a vida inteira livre e sem amarras impostas por nada nem ninguém, ele se viu confinado e ameaçado de uma maneira que jamais poderia ter imaginado. A raiva intensa dos policiais que o prenderam e os insultos raciais e ameaças dos guardas que não sabiam nada sobre ele eram chocantes. Ele viu nas pessoas que o prenderam e trataram do seu caso no tribunal, até mesmo em outros detentos da prisão, um desprezo que ele nunca havia sentido antes. Sempre fora uma pessoa querida por todos que se dava bem com praticamente todo mundo. Ele acreditava genuinamente que as acusações contra ele haviam sido um grave mal-entendido e que assim que os policiais falassem com sua família para confirmar seu álibi, ele seria solto em poucos dias. Quando os dias se transformaram em semanas, Walter começou a afundar num profundo desespero. Sua família lhe garantia que logo a polícia o soltaria, mas nada acontecia.

Seu corpo reagiu ao choque da situação. Tendo fumado a vida toda, Walter tentou fumar para acalmar os nervos, mas em Holman a experiência de fumar foi nauseante e ele parou imediatamente. Durante vários dias, não conseguia sentir o gosto de nada que comia. Não conseguia se orientar nem se acalmar. Quando despertava a cada manhã, sentia-se normal por alguns minutos e em seguida afundava no horror ao relembrar onde estava. Os agentes penitenciários tinham raspado sua cabeça e todos os pelos do seu rosto. Ao olhar-se no espelho, ele não se reconhecia.

As cadeias municipais onde Walter havia ficado preso antes de ser transferido eram horríveis. Mas a pequena e quente cela no corredor da morte de Holman era muito pior. Ele estava acostumado a trabalhar ao ar livre, em meio a árvores com o aroma fresco dos pinheiros na brisa suave. Agora se pegava olhando para as paredes sombrias do corredor da morte. Um medo e uma angústia diferentes de tudo que já havia vivido tomaram conta de Walter.

Os presos do corredor da morte estavam sempre lhe aconselhando, mas ele não tinha como saber em quem acreditar. O juiz havia designado um advogado para representá-lo, um homem branco em quem Walter não confiava. Sua família arrecadou dinheiro para contratar os únicos advogados criminalistas negros da região, J. L. Chestnut e Bruce Boynton de Selma. Chestnut era veemente e havia feito bastante pela comunidade negra para fazer cumprir os direitos civis. Amelia Boynton Robinson, mãe de Boynton, era uma ativista lendária. O próprio Boynton também tinha uma sólida qualificação em relação a direitos civis.

Apesar da experiência de ambos, Chestnut e Boynton não conseguiram convencer as autoridades locais a soltar Walter e não puderam evitar sua transferência para Holman. A única coisa que talvez tenham conseguido contratando advogados de fora foi irritar as autoridades do Condado de Monroe ainda mais. No trajeto para Holman, Tate estava furioso por McMillian ter envolvido advogados de fora, debochou de Walter por pensar que isso faria alguma diferença. Apesar do dinheiro para a contratação de Chestnut e Boynton ter sido arrecadado por membros da família através de doações à igreja e empréstimos obtidos com a penhora de seus modestos bens, as autoridades locais interpretaram isso como prova de que Walter tinha uma fonte secreta de recursos e uma vida dupla — era a confirmação de que ele não era o negro inocente que fingia ser.

Walter tentou se adaptar a Holman, mas as coisas só pioravam. Com a data de uma execução se aproximando, as pessoas no corredor da morte estavam agitadas e com raiva. Outros presos haviam aconselhado Walter a tomar uma atitude e registrar uma queixa no âmbito federal, já que ele não poderia ser legalmente mantido no corredor da morte. Como Walter, que mal podia ler ou escrever, não conseguiu dar entrada nas várias petições, mandados, pedidos e ações judiciais que os presos o haviam aconselhado a ajuizar, eles decidiram que Walter estava naquela situação por sua própria culpa.

— Lute por você. Não confie no seu advogado. Eles não podem te colocar no corredor da morte se você não foi condenado. — Walter ouvia isso repetidamente, mas não fazia ideia de como protocolar uma petição no tribunal por conta própria.

— Tinha dias que eu não conseguia respirar — Walter recordou mais tarde. — Nunca tinha passado por nada igual na minha vida. Eu estava no meio de todos aqueles assassinos e mesmo assim às vezes parecia que eles eram os únicos que estavam tentando me ajudar. Eu rezava, lia a Bíblia e eu estaria mentindo se dissesse pra você que não me sentia assustado, apavorado todos os dias.

Ralph Myers não estava se saindo melhor. Ele também foi denunciado por homicídio passível de pena de morte no caso de Ronda Morrison e sua recusa em continuar colaborando com as autoridades o levou para o corredor da morte também. Myers foi colocado em um andar diferente para evitar contato com McMillian. Qualquer vantagem que imaginasse obter dizendo que sabia algo sobre o assassinato de Morrison havia claramente desaparecido. Ele estava deprimido e afundando cada vez mais numa crise emocional. Desde que se queimou quando criança, sempre teve medo de fogo, calor e lugares apertados. À medida que os presos falavam mais e mais sobre os detalhes da execução de Evans e sobre a iminente execução de Wayne Ritter, Myers ficava mais e mais perturbado.

Na noite da execução de Ritter, Myers estava em plena crise, aos prantos em sua cela. Há uma tradição no corredor da morte do Alabama: na hora da execução, os presos condenados batem suas canecas nas portas das celas como forma de protesto. À meia noite, enquanto os outros presos batiam suas canecas sem parar, Myers se encolheu no chão, no canto de sua cela, hiperventilando e se contraindo a cada batida que ouvia. Quando o fedor de carne queimada, que muitos no corredor alegaram poder sentir durante a execução, adentrou sua cela, Myers desmoronou. Ligou para Tate na manhã seguinte e disse que falaria qualquer coisa que ele quisesse se o tirasse do corredor da morte.

No início, Tate justificou manter Myers e McMillian no corredor da morte por questões de segurança. Mas Tate pegou Myers imediatamente e o trouxe de volta à cadeia municipal no dia seguinte à execução de Ritter. Não parecia que Tate havia discutido com ninguém a decisão de tirar Myers do corredor da morte. Normalmente, a Secretaria Penitenciária do Alabama não poderia colocar pessoas no corredor da morte ou tirá-los de lá sem uma ordem do tribunal ou petições legais. Certamente nenhum diretor de presídio poderia fazer isso por conta própria. Mas nada no processo de acusação contra Walter McMillian estava se desenrolando de maneira normal.

Depois que saiu do corredor da morte e voltou ao Condado de Monroe, Myers confirmou suas acusações iniciais contra McMillian. Com Myers de volta como testemunha principal e Bill Hooks pronto para dizer que viu a caminhonete de Walter na cena do crime, o promotor de justiça achou que poderia dar continuidade ao processo de acusação contra McMillian. O caso estava marcado para julgamento em fevereiro de 1988.

Ted Pearson era promotor de justiça há cerca de vinte anos. Ele e sua família viviam no Sul do Alabama há gerações. Conhecia bem os costumes locais, valores, tradições fazendo bom uso disso no tribunal. Ele estava envelhecendo e tinha planos de se aposentar em breve, mas detestava o fato de seu gabinete ter sido criticado pelo fracasso em solucionar o assassinato de Morrison mais rapidamente. Pearson estava determinado a deixar o cargo com uma vitória e provavelmente encarou o processo de acusação contra Walter McMillian como um dos casos mais importantes de sua carreira.

Em 1987, todos os quarenta promotores de justiça eleitos no Alabama eram brancos, apesar de existirem dezesseis condados majoritariamente negros no estado. Quando os afro-americanos começaram a exercer seu direito de voto nos anos 1970, alguns promotores e juízes ficaram seriamente preocupados quanto às possíveis dificuldades de se reelegerem em função do perfil demográfico racial. Os legisladores haviam se aliado nos condados para manter a maioria branca nos circuitos judiciais que incluíam os condados de maioria negra. Ainda assim, Pearson tinha que ficar mais atento com relação aos interesses dos residentes negros do que no início de sua carreira, mesmo que essa atenção não tivesse se traduzido em nenhuma mudança substancial durante seu mandato.

Assim como Tate, Pearson tinha ouvido muitos residentes negros afirmarem que acreditavam na inocência de Walter McMillian. Mas Pearson estava confiante de que poderia obter um veredito de culpado apesar dos depoimentos duvidosos de Ralph Myers, Bill Hooks e das fortes desconfianças da comunidade negra. Sua única preocupação constante pode ter sido em relação a um caso recente da Corte Suprema dos Estados Unidos que ameaçava um antigo artifício utilizado em julgamentos criminais de grande repercussão no Sul: o júri inteiramente composto por brancos.

∽

Quando um crime grave ia a julgamento no Condado de Monroe, cuja população era quarenta por cento negra, não era incomum que os promotores excluíssem todos os afro-americanos do júri. Na realidade, vinte anos depois do movimento de direitos civis, o júri continuou sendo uma instituição em grande medida intocada pelos requisitos legais de integração racial e diversidade. Nos anos 1880, a Suprema Corte decidiu, no caso *Strauder contra West Virginia*, que a exclusão de negros do serviço de júri era inconstitucional, mas os júris se mantiveram inteiramente brancos por muitas décadas. Em 1945, a Suprema Corte manteve uma lei do Texas que limitava o número de jurados negros a apenas um por caso. Nos estados do *Deep South*[8], as listas de potenciais jurados eram feitas a partir das listas de eleitores, as quais excluíam afro-americanos. Depois que a Lei dos Direitos de Voto foi aprovada, funcionários do tribunal e juízes ainda mantiveram as listas de jurados predominante brancas através de várias táticas desenvolvidas para minar a lei. As comissões de júri locais usavam exigências legais dispondo que jurados deveriam ser "inteligentes e idôneos" para excluir afro-americanos e mulheres.

Nos anos 1970, a Suprema Corte decidiu que a sub-representação de minorias raciais e mulheres na lista de potenciais jurados era inconstitucional, o que, em algumas comunidades, ao menos fez com que negros fossem

---

[8] Dá-se o nome *Deep South* (Sul Profundo) a uma sub-região cultural e geográfica dos Estados Unidos que essencialmente formada por cinco estados: Carolina do Sul, Geórgia, Alabama, Mississippi e Louisiana. (N. da T.)

PROVOCAÇÕES E ATRIBULAÇÕES

convocados para se apresentar ao tribunal para uma possível seleção como jurados (ainda que não fossem selecionados). No entanto, a Corte havia reiteradamente deixado claro que a Constituição não estabelecia que minorias raciais e mulheres efetivamente servissem nos júris — ela apenas proibia a exclusão de jurados com base em raça e gênero.

Para muitos afro-americanos, o uso inteiramente arbitrário de recusas imotivadas de jurados na seleção de um corpo de jurados de doze pessoas permaneceu como uma séria barreira para servir num júri. Em meados dos anos 1960, a Corte decidiu que recusas imotivadas de jurados feitas de forma racialmente discriminatória era inconstitucional, mas os órgãos judiciais criaram padrões comprobatórios tão rígidos para provar o viés racial que ninguém havia conseguido contestar as recusas imotivadas de jurados em doze anos. A prática de recusa de todos ou quase todos os potenciais jurados afro-americanos continuou praticamente inalterada depois da decisão da Corte.

Dessa forma, réus como Walter McMillian, até mesmo em condados com 40 ou 50 por cento de negros, frequentemente se viam diante de um júri inteiramente branco, especialmente em casos de pena de morte. Já em 1986, a Suprema Corte decidiu no caso *Batson contra Kentucky* que promotores poderiam ser questionados mais diretamente sobre o uso de recusas imotivadas de jurados de maneira racialmente discriminatória, dando esperanças aos réus negros — e forçando promotores a encontrar maneiras mais criativas de excluir jurados negros.

Walter foi aprendendo um pouco sobre esse histórico com o passar dos meses. Todos no corredor da morte queriam aconselhá-lo, e todos tinham uma história para contar. A novidade de um réu de crime passível de pena capital no corredor da morte antes do julgamento pareceu motivar outros presos a falar nos ouvidos de Walter todos os dias. Walter tentava escutar educadamente, mas já havia decidido deixar que seus advogados "advogassem". Isso não significava que não estava muito preocupado com o que ouvia do pessoal no corredor, especialmente sobre raça e o tipo de júri que enfrentaria.

Praticamente todos no corredor da morte haviam sido julgados por um júri inteiramente ou quase inteiramente branco. O preso do corredor da morte Jesse Morrison contou a Walter que seu promotor no Condado de Barbour tinha usado vinte e uma das vinte e duas possíveis recusas imotivadas de jurados para excluir todas as pessoas negras da lista para compor o júri. Vernon Madison de Mobile disse que o promotor

CAPÍTULO TRÊS

recusou todas as dez pessoas negras qualificadas para servir como jurados no seu caso. Willie Tabb do Condado de Lamar, Willie Williams do Condado de Houston, Claude Raines do Condado de Jefferson, Gregory Acres do Condado de Montgomery e Neil Owens do Condado de Russell estavam entre os muitos negros no corredor da morte que haviam sido julgados por júris inteiramente compostos de brancos depois que os promotores recusaram todos os potenciais jurados afro-americanos. Earl McGahee havia sido julgado por um júri inteiramente branco no Condado de Dallas, apesar da população do condado ser 60 por cento afro-americana. No caso de Albert Jefferson, o promotor havia organizado uma lista de potenciais jurados convocados pelo tribunal separando-os em quatro grupos de cerca de vinte e cinco pessoas cada, identificadas como "fortes", "médios", "fracos" e "negros". Todas as vinte e seis pessoas negras da lista de potenciais jurados estavam na lista denominada "negros" e os promotores excluíram todos. Alguns prisioneiros brancos condenados, entre eles Joe Duncan, Grady Bankhead e Colon Guthrie, contaram histórias semelhantes.

O promotor de justiça Ted Pearson tinha que se preocupar com a nova decisão de Batson. Ele sabia que advogados veteranos de direitos civis como Chestnut e Boynton não hesitariam em impugnar uma seleção de júri racialmente discriminatória, ainda que não estivesse muito apreensivo com a possibilidade de que o Juiz Robert E. Lee Key levasse tais objeções a sério. Mas a extraordinária publicidade que envolvia o assassinato de Morrison deu a Pearson uma outra ideia.

Em casos de grande repercussão, não é incomum que os advogados de defesa entrem com um pedido de desaforamento — a transferência do caso do condado onde o crime ocorreu para outro condado onde há menos publicidade antecedendo o julgamento e menos tendência à condenação. As petições quase nunca são acolhidas, mas de vez em quando um tribunal de apelação considera que o clima em um condado é tão prejudicial que o julgamento deve ser transferido. No Alabama, pedir a transferência de foro era basicamente um ato inútil. Os tribunais do Alabama quase nunca haviam revertido uma condenação com base na recusa do juiz de transferir o foro.

Quando o tribunal marcou uma audiência para outubro de 1987 para julgar as petições anteriores ao julgamento do caso de Walter, Chestnut e Boynton compareceram sem nenhuma expectativa de que suas petições fossem acolhidas. Estavam mais focados na preparação para o julgamento, cujo início havia sido marcado para fevereiro de 1988. A audiência para julgar as petições anteriores ao julgamento era uma formalidade.

Chestnut e Boynton apresentaram seu pedido de desaforamento. Pearson se levantou e disse que dada a cobertura excepcional precedendo o julgamento do assassinato de Morrison, ele concordava com a transferência do julgamento. O juiz Key assentiu favoravelmente. Chestnut, que conhecia bem os tribunais do Alabama, tinha certeza de que algo ruim estava para acontecer. Também estava certo de que o juiz e o promotor estavam mancomunados.

— O pedido de desaforamento feito pelo réu foi acolhido — o juiz decidiu.

Quando o juiz sugeriu que o caso fosse transferido para um condado vizinho de maneira que as testemunhas não tivessem que viajar para longe, Chestnut se manteve esperançoso. Quase todos os condados adjacentes tinham uma população afro-americana razoavelmente grande: o Condado de Wilcox era 72 por cento negro; Conecuh era 46 por cento negro; o Condado de Clarke era 45 por cento negro; Butler, 42 por cento; Escambia era 32 por cento negro. Apenas o abastado Condado de Baldwin ao sul, com suas belas praias do Golfo do México, era atípico, com uma população afro-americana de apenas 9 por cento.

O juiz levou muito pouco tempo para decidir para onde o julgamento deveria ser transferido.

— Vamos para o Condado de Baldwin.

Chestnut e Boynton imediatamente reclamaram, mas o juiz os lembrou que foram eles que haviam feito o pedido. Quando tentaram retirar o pedido, o juiz disse que não poderia autorizar um julgamento numa comunidade onde tantas pessoas já haviam formado opiniões sobre o acusado. O caso seria julgado em Bay Minette, a sede do Condado de Baldwin.

A transferência de foro foi desastrosa para Walter. Chestnut e Boynton sabiam que haveria muito poucos jurados negros, se é que haveria algum. Também tinham noção de que apesar dos jurados do Condado de Baldwin estarem menos ligados pessoalmente a Ronda Morrison e sua família, era um condado extremamente conservador que fizera ainda menos progressos do que seus vizinhos em deixar para trás a política racial de Jim Crow.

Dado o que havia escutado de outros presos do corredor da morte sobre júris inteiramente brancos, Walter também ficou preocupado com a transferência de foro. Mas ainda tinha fé no seguinte fato: ninguém poderia escutar as provas e acreditar que ele havia cometido este crime. Ele simplesmente

CAPÍTULO TRÊS

não acreditava que um júri, branco ou negro, pudesse condená-lo com base naquela história disparatada contada por Ralph Myers, principalmente com seu álibi inquestionável corroborado por quase uma dúzia de testemunhas.

O julgamento de fevereiro foi adiado. Mais uma vez, Ralph Myers estava reconsiderando. Depois de meses na cadeia municipal, longe do corredor da morte, Myers novamente percebeu que não queria implicar a si mesmo em um assassinato que ele não havia cometido. Esperou até a manhã marcada para o início do julgamento para dizer aos investigadores que não poderia testemunhar porque o que eles queriam que ele dissesse não era verdade. Tentou barganhar um tratamento mais favorável, mas decidiu que não estava disposto a aceitar nenhum tipo de punição por um assassinato que não havia cometido.

A recusa de Myers em cooperar o levou de volta ao corredor da morte. De volta a Holman, não demorou muito para que começasse novamente a exibir sinais de grave sofrimento emocional e psicológico. Passadas algumas semanas, as autoridades penitenciárias ficaram tão preocupadas que o mandaram para o hospital psiquiátrico estadual. O Hospital Penitenciário Taylor Hardin em Tuscaloosa fazia todo trabalho de diagnóstico e avaliação para os tribunais, lidando com pessoas acusadas de crimes que poderiam ser incapazes de ser julgadas devido a doenças mentais. O hospital era frequentemente criticado por advogados de defesa por quase nunca detectar sérias incapacidades mentais que pudessem impedir que réus fossem a julgamento.

A estadia de Myers em Taylor Hardin fez muito pouco para mudar sua difícil situação. Ele esperava ser transferido de volta para a cadeia municipal depois de sua temporada de trinta dias no hospital, mas, em vez disso, foi levado de volta para o corredor da morte. Percebendo que não poderia fugir da situação que havia criado para si próprio, Myers disse aos investigadores que estava pronto para testemunhar contra McMillian.

Uma nova data de julgamento foi marcada para agosto de 1988. Walter já estava no corredor da morte há mais de um ano. Por mais que tivesse tentado se adaptar, não podia aceitar o pesadelo no qual sua vida havia se transformado. Ainda que estivesse nervoso, estava convencido de que voltaria para casa em fevereiro, data marcada para o primeiro julgamento. Seus advogados pareciam satisfeitos com as dificuldades que Myers vinha enfrentando e disseram a Walter que o fato de o julgamento ter sido adiado porque Myers havia se recusado a testemunhar era um bom sinal.

Mas isso significava para Walter mais seis meses no corredor da morte e ele não conseguia ver nada de animador nisso. Quando finalmente o transferiram para a Prisão Municipal de Baldwin em Bay Minette para o julgamento de agosto, Walter deixou o corredor da morte confiante de que jamais retornaria. Ele tinha feito amizade com vários homens no corredor e ficou surpreso ao perceber como se sentia dividido por deixá-los, sabendo o que iriam encarar em breve. Ainda assim, quando o chamaram para o escritório de transferência, não demorou nem um pouco para juntar suas coisas e entrar no furgão da penitenciária para ir embora.

~

Uma semana depois, Walter estava no furgão da penitenciária com argolas de ferro apertando seus tornozelos e correntes fortemente amarradas em torno de sua cintura. Podia sentir seus pés começando a inchar porque a circulação estava bloqueada pelo metal que quase perfurava sua pele. As algemas estavam muito apertadas e ele estava ficando excepcionalmente irritado.

— Por que vocês apertaram tanto essas correntes?

Os dois agentes do Condado de Baldwin que o pegaram no presídio na semana anterior não haviam sido amigáveis na viagem do corredor da morte até o tribunal. Agora que ele tinha sido condenado por um homicídio passível de pena de morte, eles agiam de forma ostensivamente agressiva. Um deles pareceu rir ao responder à pergunta de Walter.

— As correntes 'tão do mesmo jeito que 'tavam quando a gente te buscou. Só parece que tá mais apertado porque agora a gente te pegou.

— Vocês têm que afrouxar isso, cara, não posso ir no carro assim.

— Não vai rolar, então é melhor você parar de pensar nisso.

Walter de repente reconheceu o homem. No fim do julgamento quando o júri o declarou culpado, sua família e muitas das pessoas negras que tinham assistido ao julgamento ficaram perplexas, sem conseguir acreditar. O Xerife Tate alegou que Johnny, o filho de vinte e quatro anos de Walter, teria dito: "Alguém vai pagar pelo que fizeram com meu pai". Tate pediu que os agentes de segurança do tribunal prendessem Johnny. Houve uma briga. Walter viu os agentes forçarem seu filho contra o chão e o algemarem. Quanto mais ele olhava para os dois agentes que o levavam de volta para o corredor da morte, mais convencido ficava de que um deles havia investido contra seu filho.

CAPÍTULO TRÊS

O furgão começou a se mover. Eles não diziam a Walter para onde ele estava indo, mas logo que pegaram a estrada ficou claro que o estavam levando de volta para o corredor da morte. Ele havia ficado aflito e angustiado no dia de sua prisão, mas tinha certeza de que seria solto em breve. Ficou frustrado quando os dias se transformaram em semanas na cadeia municipal. Ficou deprimido e apavorado quando o levaram para o corredor da morte antes do julgamento, antes de ser condenado por qualquer crime e as semanas se transformando em meses. Mas quando o júri quase inteiramente branco o declarou culpado, depois de quinze meses esperando por justiça, Walter ficou chocado, paralisado. Agora sentia que estava voltando à vida, mas tudo que conseguia sentir era uma raiva violenta. Os agentes o estavam levando para o corredor da morte e conversavam sobre uma exposição de armas à qual planejavam ir. Walter percebeu que havia sido tolo de dar o benefício da dúvida a todo mundo. Ele sabia que Tate era cruel e mau-caráter, mas partiu do princípio de que os outros estavam apenas obedecendo ordens. Agora ele sentia algo que só poderia ser descrito como fúria.

— Ei, eu vou processar todos vocês!

Ele sabia que estava gritando e que isso não faria nenhuma diferença.

— Eu vou processar todos vocês — repetia. — Os policiais não prestavam nenhuma atenção.

— Afrouxa essas correntes. Afrouxa essas correntes.

Ele não se lembrava da última vez em que havia perdido o controle, mas se sentia desmoronando. Com algum esforçou, se calou. Lembranças do julgamento voltavam à sua mente. Tinha sido curto, metódico e impessoal. A seleção do júri durou poucas horas. Pearson usou as recusas imotivadas de jurados para excluir todos exceto um dos vários afro-americanos que haviam sido convocados para servir no júri. Seus advogados protestaram, mas o juiz negou sumariamente suas objeções. O Estado colocou Myers no banco de testemunhas para contar sua história absurda de que Walter o forçara a dirigir até a *Jackson Cleaners* por conta de seu braço machucado. Essa versão incluía Myers entrando na lavanderia onde teria visto Walter ao lado do corpo de Ronda Morrison. Bizarramente, ele também alegou que uma terceira pessoa estava presente e envolvida no assassinato, um misterioso homem branco de cabelo grisalho que estava claramente no comando do crime e instruiu Walter a matar Myers também, mas Walter não tinha mais balas.

Walter achou o depoimento tão disparatado que não conseguia acreditar que as pessoas o estivessem levando a sério. Por que ninguém estava rindo? Quando Chestnut fez as reperguntas a Myers ficou claro que a testemunha estava mentindo. Quando Chestnut terminou, Walter tinha certeza de que o Estado iria simplesmente declarar que haviam cometido um erro. Em vez disso, o promotor trouxe Myers de volta para repetir suas acusações como se a falta de lógica e as contradições de seu depoimento fossem completamente irrelevantes, como se repetir suas mentiras inúmeras vezes nesse lugar tranquilo as transformassem em verdades.

Bill Hooks testemunhou que havia visto a caminhonete de Walter sair da lavanderia na hora do assassinato e que reconheceu a caminhonete porque ela havia sido "rebaixada". Walter imediatamente sussurrou para seus advogados que ele só rebaixou a caminhonete vários meses depois do assassinato de Morrison. Seus advogados não fizeram muito com essa informação, o que deixou Walter desapontado. Em seguida, outro homem branco do qual Walter nunca ouvira falar, Joe Hightower, sentou no banco de testemunhas e disse que também tinha visto a caminhonete na lavanderia.

Havia uma dúzia de pessoas que poderiam falar sobre o dia do peixe frito na casa de Walter e afirmar que ele estava em casa quando Ronda Morrison foi morta. Seus advogados chamaram apenas três delas. Todos pareciam estar com pressa de terminar logo o julgamento e Walter não conseguia entender isso. O Estado então chamou um homem branco, Ernest Welch, que disse ser o "homem dos móveis" que havia estado na casa de McMillian para fazer uma cobrança no dia do peixe frito, mas que não foi nesse mesmo dia que Ronda Morrison foi assassinada. Ele disse se lembrar melhor do que qualquer um quando ela foi assassinada porque era seu tio. Disse que tinha ficado tão arrasado que foi à residência de McMillian para cobrar o dinheiro num dia diferente.

Os advogados fizeram suas considerações, o júri se retirou e menos de três horas depois eles voltaram para a sala de audiência. Com uma expressão impassível, um a um, declararam Walter McMillian culpado.

CAPÍTULO QUATRO
THE OLD RUGGED CROSS [9]

Em fevereiro de 1989, Eva Ansley e eu abrimos nosso centro jurídico sem fins lucrativos em Tuscaloosa, dedicado a oferecer serviços jurídicos gratuitos de qualidade para homens e mulheres no corredor da morte no Alabama. Nunca achamos que seria fácil, mas acabou sendo mais difícil do que imaginávamos.

Nos primeiros meses de funcionamento, nosso primeiro diretor se demitiu, a Faculdade de Direito da Universidade do Alabama onde instalamos o escritório retirou seu apoio e sua oferta de espaço. Descobrimos como é difícil encontrar advogados dispostos a vir para o Alabama e trabalhar em horário integral em casos de pena capital por menos de US$25.000,00 por ano.

Os obstáculos se multiplicavam rapidamente. Nossos pedidos de financiamento ao poder legislativo eram negados e precisávamos conseguir a mesma quantidade de dólares federais. Após diversas reuniões desanimadoras com nosso conselho, ficou claro que não tínhamos nenhum apoio do estado para nosso projeto. Líderes da ordem dos advogados estadual estavam comprometidos com o sucesso da nossa empreitada — alguns porque achavam inaceitável que prisioneiros condenados não conseguissem obter assistência jurídica, outros porque queriam mais execuções num ritmo mais acelerado. Achavam que a falta de aconselhamento estava atrasando o cumprimento delas. Naquele momento percebemos que teríamos que fazer tudo sozinhos e levantar o dinheiro por conta própria. Eva e eu nos reorganizamos e decidimos recomeçar em Montgomery, a capital do estado. O projeto viria a ser batizado de *Equal Justice Initiative*[10], EJI.

---

[9] *Mockingbird* é um pássaro canoro americano de cauda longa da família dos Mimídeos, conhecido por imitar o canto e os chamados de outros pássaros. (N. da T.)

[10] Iniciativa de Justiça Igualitária. (N. da T.)

CAPÍTULO QUATRO

Encontrei um prédio pequeno perto do centro de Montgomery e, no verão de 1989, assinamos o contrato de locação. O prédio era um bom começo: uma casa de dois andares em estilo neogrego construído em 1882, perto do distrito histórico chamado *Old Alabama Town*. A casa era amarela e tinha uma varanda charmosa na entrada que a tornava receptiva e acolhedora — um belo contraste com os temíveis tribunais, salas de espera institucionais e paredes das prisões que definiam em grande parte a vida dos familiares dos nossos clientes. O escritório era frio no inverno, era quase impossível manter os esquilos fora do sótão, não havia eletricidade suficiente para usar a copiadora e a máquina de café ao mesmo tempo sem queimar um fusível. Mas desde o início parecia nossa casa e também um local de trabalho — e, considerando a quantidade de horas que passaríamos ali, sempre foi um pouco de cada coisa.

Eva assumiu as tarefas administrativas do nosso novo projeto, que eram bastante complicadas já que os dólares federais vinham com todo tipo de relatórios complexos e exigências contábeis. Eva era destemida, inteligente e conseguiu resolver tudo, possibilitando que alguns dólares pingassem. Contratamos uma recepcionista e tentamos encontrar um jeito de sobreviver. Assim que fui trabalhar no Comitê de Defesa de Prisioneiros do Sul, comecei a fazer captação de recursos, então eu tinha alguma experiência em pedir dinheiro para financiar nosso trabalho. Tinha certeza que haveria uma maneira de levantar o suficiente para que o novo escritório do Alabama atendesse às exigências mínimas de financiamento federal correspondente. Só precisávamos de um pouco de tempo — algo que definitivamente não teríamos, como viemos a descobrir.

Uma enxurrada de datas de execução nos aguardavam. Entre a aprovação do novo estatuto do Alabama sobre pena de morte em 1975 e o final de 1988, só houve três execuções no Alabama. Mas em 1989, impulsionado por uma modificação no tratamento dado pela Suprema Corte às apelações contra penas de morte e uma mudança nos ventos políticos, a procuradoria geral começou a se empenhar de forma vigorosa para executar prisioneiros condenados. Ao final de 1989, o número de pessoas executadas pelo estado do Alabama havia dobrado.

Meses antes da inauguração do nosso centro, comecei a visitar o corredor da morte do Alabama todos os meses, saindo de Atlanta para ver alguns clientes novos, incluindo Walter McMillian. Todos eram gratos pela nossa ajuda, mas conforme a primavera de 1989 se aproximava, todos faziam o mesmo pedido ao final dos nossos encontros: ajude o Michael Lindsey.

A execução de Lindsey estava marcada para maio de 1989. Depois, me pediriam para ajudar Horace Dunkins, cuja execução estava marcada para julho de 1989. Com pesar, eu falava das limitações de recursos e tempo, contando para eles como estávamos enlouquecidos tentando abrir o novo escritório e fazê-lo funcionar. Embora dissessem que compreendiam a situação, todos sentiam-se claramente angustiados por estar recebendo assistência jurídica enquanto outros homens lidavam com execuções cada vez mais próximas.

Lindsey e Dunkins tinham advogados voluntários que haviam pedido minha ajuda pois não estavam dando conta. O advogado de Lindsey, David Bagwell, era um respeitado advogado cível de Mobile: ele tinha trabalhado no caso de Wayne Ritter, que foi executado um ano antes. Essa experiência deixou Bagwell desiludido e furioso. Escreveu uma carta contundente publicada na revista da ordem dos advogados do estado onde jurava "nunca mais assumir um caso de pena capital, mesmo que me expulsem da ordem por causa de minha recusa" e instava outros advogados cíveis a não assumirem casos de pena capital. As queixas públicas de Bagwell dificultaram a nomeação de outros advogados cíveis para apelações de última instância em casos de pena capital, não que os juízes estivessem especialmente interessados nisso. Mas a carta também produziu outros resultados. Prisioneiros tomaram conhecimento dela e falaram a seu respeito entre si, principalmente sobre um comentário arrepiante escondido no lamento de Bagwell: "em geral sou favorável à pena de morte porque cães raivosos devem morrer". Os prisioneiros passaram a confiar ainda menos nos advogados, mesmo naqueles que afirmavam que os ajudariam.

Quando outros de nossos clientes pediram insistentemente que ajudássemos Michael Lindsey, cuja execução se aproximava rapidamente, decidimos fazer tudo que fosse possível. Tentamos argumentar a respeito de uma reviravolta interessante no caso: o júri não havia nem mesmo decidido se Michael Lindsey deveria ser executado ou não.

Lindsey foi sentenciado à prisão perpétua sem condicional pelo júri, mas o juiz "anulou" a sentença e impôs a pena de morte por conta própria. Penas de morte provenientes de "anulação do juiz" eram uma anomalia, mesmo em 1989. Em quase todos os estados, eram os júris que decidiam entre pena de morte e prisão perpétua sem condicional. Se o júri impunha ou rejeitava a pena de morte, essa era a sentença definitiva. Somente a Flórida e o Alabama permitiam que a decisão do júri fosse anulada pelo juiz — e a Flórida depois

CAPÍTULO QUATRO

restringiu a prática de tal forma que a limitou drasticamente. Mas ainda é essa a lei no Alabama, onde os juízes fazem uso desse poder quase que exclusivamente para transformar sentenças de prisão perpétua em pena de morte, embora também tenham autorização para reduzir vereditos de pena de morte para prisão perpétua se assim o desejarem. Desde 1976, juízes no Alabama já anularam os vereditos do júri em casos de pena capital cento e onze vezes. Em noventa e um por cento desses casos, os juízes substituíram vereditos de prisão perpétua para sentenças de morte.

Essa prática se complicou ainda mais por causa da natureza cada vez mais competitiva das eleições judiciais no estado. O Alabama elege todos os seus juízes em eleições partidárias extremamente competitivas, sendo um dos seis únicos estados a fazer isso (trinta e dois estados têm algum tipo de eleição judicial não partidária). As eleições atraem doações de campanha do meio empresarial em busca de reformas da lei sobre responsabilidade civil ou de advogados de julgamento que querem proteger grandes veredictos cíveis, mas como a maioria dos eleitores nessas regiões não tem instrução, as campanhas invariavelmente se concentram em crime e punição. Os juízes competem para mostrar quem é o mais durão de todos no combate ao crime. As pessoas que financiam essas eleições não têm praticamente nenhuma preocupação com a menor diferença que possa haver entre os candidatos no que diz respeito ao crime, mas as punições angariam votos. As anulações dos juízes são uma ferramenta política incrivelmente forte. Nenhum juiz quer ter que lidar com propagandas de ataque que realcem os horrendos detalhes de um caso de assassinato em que o juiz não impôs pena máxima. Visto assim, não é surpresa nenhuma que a quantidade de anulações aumente em anos de eleição.

Escrevemos uma carta para o governador do Alabama, Guy Hunt, pedindo que suspendesse a execução de Lindsey com base no fato de que o júri, a quem foi dado o poder de julgá-lo, havia decidido contra a pena de morte. O Governador Hunt rapidamente negou nosso pedido de clemência, declarando que não "iria contra os desejos da comunidade expressos pelo júri de que o Sr. Lindsey fosse executado", embora tivéssemos enfatizado que os representantes da comunidade — o júri. Tinham feito o exato oposto, haviam claramente escolhido poupar a vida de Lindsey. Não fez diferença. Por mais estranha que seja essa prática, a Suprema Corte manteve a anulação judicial em um caso anterior na Flórida, o que nos deixou sem base constitucional para impedir a execução de Michael Lindsey. Ele foi eletrocutado no dia 26 de maio de 1989.

Imediatamente depois de Lindsey, estávamos diante da data de execução de Horace Dunkins. Mais uma vez, tentamos ajudar de todas as formas possíveis, embora o tempo estivesse se esgotando rapidamente e houvesse pouca esperança. O Sr. Dunkins era portador de deficiência intelectual e o juiz descobriu que ele tinha "retardo mental" a partir de seu histórico escolar e de exames prévios. Poucos meses antes do agendamento de sua execução, a Suprema Corte decidiu manter a prática de execução de "retardados mentais". Treze anos depois, no caso *Atkins versus Virginia*, a Corte reconheceu que executar pessoas com deficiência intelectual é uma punição cruel, incomum e baniu a prática por ser inconstitucional. Para muitos deficientes condenados como Horace Dunkins, a proibição chegou tarde demais.

A família Dunkins ligava com frequência, tentando entender o que poderia ser feito nesses poucos dias antes da execução, mas não havia muitas opções. Quando ficou claro que não havia jeito de suspender a execução, a família voltou sua atenção para o que aconteceria com o corpo do Sr. Dunkins depois de sua morte. Eles pareciam especialmente preocupados, por motivos religiosos, em impedir que o estado fizesse uma autópsia no corpo de seu filho. A data da execução chegou: Horace Dunkins foi morto em uma execução desastrada que virou notícia em rede nacional. As autoridades correcionais prenderam os eletrodos na cadeira de forma errada, então somente uma parte da carga elétrica foi descarregada no corpo do Sr. Dunkins quando a cadeira elétrica foi acionada. Após diversos minutos de agonia, a cadeira foi desligada, mas o Sr. Dunkins ainda estava vivo, inconsciente, mas respirando. As autoridades aguardaram muitos minutos mais "para o corpo resfriar" antes de perceberem que os eletrodos não haviam sido conectados da forma correta. Fizeram modificações e eletrocutaram o Sr. Dunkins novamente, e dessa vez funcionou. Eles o mataram. Na sequência dessa cruel e malfeita execução, o estado fez uma autópsia — agindo contra os repetidos pedidos da família.

Recebi uma ligação do desconsolado pai do Sr. Dunkins depois da execução. Ele disse:

— Podiam ter matado ele, mesmo que o julgamento não tenha sido justo e que ele não merecesse morrer, mas não tinham o direito de mexer com o corpo e a alma dele também. Queremos abrir um processo.

Demos alguma assistência para o advogado voluntário que cuidava do caso e o processo foi protocolado, embora não houvesse muita esperança. Houve alguns depoimentos, mas o pedido não foi julgado. A ação cível não conseguiu diminuir o ritmo do Estado do Alabama, que seguiu em frente de forma agressiva com mais datas de execução.

∽

Fizemos a mudança para o nosso novo escritório em Montgomery sob a influência dessas duas execuções. Os homens no corredor da morte estavam mais agitados e assustados do que nunca. Quando Herbert Richardson recebeu a notícia de que sua execução tinha sido marcada para 18 de agosto, me telefonou do corredor da morte:

— Sr. Stevenson, aqui é Herbert Richardson e acabei de receber a notícia de que o estado planeja me executar no dia 18 de agosto. Preciso da sua ajuda. Por favor não me diz não. Sei que o senhor tá ajudando alguns caras e que vocês "tão" abrindo um escritório, então me ajuda por favor.

Respondi:

— Sinto muito sobre a execução. As coisas estão muito complicadas esse verão. O que o seu advogado voluntário diz? — Eu ainda estava tentando encontrar a melhor maneira de falar com os condenados sobre como deveriam reagir à notícia da data de execução. Eu queria dizer algo reconfortante como "não se preocupe", mas é óbvio que esse seria um pedido insólito para se fazer a alguém — a notícia de uma execução com data marcada nada mais é que inimaginavelmente preocupante. "Sinto muito" também não parecia adequado, mas costumava ser a melhor coisa que eu conseguia pensar.

— Não tenho um advogado voluntário, Sr. Stevenson. Não tenho ninguém. Meu advogado voluntário disse que não podia fazer mais nada pra me ajudar um ano atrás. Preciso da *sua* ajuda.

Nós ainda não tínhamos computadores nem livros de direito. Eu não tinha outros advogados trabalhando comigo. Eu havia contratado um ex-colega da Faculdade de Direito de Harvard que concordou em se juntar a nós; ele deixou sua casa em Boston e se mudou para o Alabama. Eu estava animadíssimo de finalmente ter alguém para me ajudar. Ele estava em Montgomery há alguns dias quando tive que sair da cidade e fazer uma viagem para arrecadar fundos. Quando voltei, ele tinha ido embora. Deixou um bilhete explicando que não havia se dado conta de como seria difícil para ele morar no Alabama. Não tinha nem uma semana que ele estava lá.

Tentar impedir uma execução significava trabalhar dezoito horas por dia sem parar durante um mês, tentando desesperadamente obter uma ordem de suspensão de um tribunal. Somente um empenho total e absoluto traria algum resultado. Ainda assim seria extremamente improvável que conseguíssemos impedir a execução. Como não consegui pensar em nada para dizer para preencher o silêncio, Richardson continuou:

— Sr. Stevenson, eu tenho trinta dias. Por favor, diga que o senhor vai me ajudar.

Eu não sabia o que fazer além de dizer a verdade.

— Sr. Richardson, sinto muitíssimo, mas eu ainda não tenho livros, pessoal, computadores, nem nada do que precisamos para pegar novos casos. Nem advogados eu contratei. Estou tentando organizar as coisas ...

— Mas eu já tenho uma data de execução. O senhor tem que me representar. Qual o sentido de todas essas outras coisas se você não ajudar pessoas como eu? — Eu podia ouvir sua respiração ficando irregular.

— Eles vão me matar.

— Entendo o que você está dizendo e estou tentando descobrir um jeito de ajudar. Já estamos tão além do limite... — Eu não sabia o que dizer e um longo silêncio se instalou. Eu podia ouvir sua respiração pesada no telefone, conseguia imaginar o tamanho de sua frustração. Estava me preparando para ouvi-lo dizer alguma coisa irritada ou amarga, pronto para absorver sua fúria mais do que compreensível. Mas aí o telefone de repente ficou mudo. Ele havia desligado.

Aquele telefonema me deixou perturbado o resto do dia. A noite não consegui dormir, minhas medíocres objeções burocráticas diante do desespero daquele homem e do silêncio de sua resposta me assombravam.

No dia seguinte ele voltou a ligar, para meu alívio.

— Sr. Stevenson, me desculpe, mas o senhor tem que me representar. Não preciso que o senhor me diga que vai conseguir impedir essa execução, não preciso que fale que vai conseguir a suspensão. Mas eu ainda tenho vinte e nove dias e não sei se vou conseguir aguentar se não tiver um mínimo de esperança. Me diz que o senhor vai fazer alguma coisa e deixa eu ter alguma esperança.

Era impossível para mim dizer não, então eu disse sim.

— Não sei se tem alguma coisa que possamos fazer para impedir isso, do jeito que as coisas estão — eu lhe disse de forma grave. — Mas vamos tentar.

— Se o senhor puder fazer alguma coisa, qualquer coisa... vou ficar muito grato.

CAPÍTULO QUATRO

Herbert Richardson era um veterano da Guerra do Vietnam traumatizado e marcado pelas experiências aterrorizantes que viveu em condições brutais. Ele se alistou no Exército em 1964 aos dezoito anos, numa época em que os Estados Unidos estavam fortemente envolvidos em combates. Foi alocado para o 11º Grupo de Aviação, 1ª Divisão de Cavalaria e enviado para Camp Radcliff em An Khe, Vietnam. O acampamento ficava perto de Pleiku, uma área conhecida por combates extremamente pesados na metade da década de 1960. Herbert sobreviveu a missões arriscadas em que viu amigos serem mortos ou ficarem gravemente feridos. Em uma dessas missões, todo o seu pelotão foi morto em uma emboscada e ele ficou seriamente ferido. Recobrou a consciência coberto com o sangue de seus companheiros, estava desorientado e não conseguia se mover. Não demorou muito para que tivesse um colapso mental. Tentou o suicídio depois de sofrer com dores de cabeça lancinantes. Apesar das inúmeras recomendações dos oficiais de comando para que uma avaliação psiquiátrica fosse realizada, ele permaneceu em combate por sete meses até que suas "crises de choro" e seu "retraimento mudo" resultaram em uma dispensa honrosa em dezembro de 1966. Não é nenhuma surpresa que seus traumas tenham voltado junto com ele para o Brooklyn, Nova York. Já em casa, tinha pesadelos, sofria de dores de cabeça debilitantes e às vezes saía correndo de casa gritando "*Incoming!*"[11]. Casou-se e teve filhos, mas seu transtorno de estresse pós-traumático continuou comprometendo sua habilidade de controlar seu comportamento. Acabou indo parar em um hospital para veteranos na cidade de Nova York, onde teve uma recuperação, lenta e difícil, das dores agudas que sentia na cabeça associadas aos seus ferimentos de guerra.

Herbert se tornou um dos milhares de veteranos de guerra que acabam indo para a cadeia ou para a prisão depois de cumprirem seu serviço militar. Um dos problemas pós-guerra menos discutidos no país é a frequência com que ex-combatentes trazem com eles seus traumas de guerra e são presos depois que voltam para suas comunidades. Em meados da década de 1980, quase vinte por cento das pessoas em cadeias e presídios nos Estados Unidos tinham prestado serviço militar. Embora esse número tenha diminuído

---

[11] *Incoming* é a palavra usada por soldados americanos em combate quando ouvem o som de projéteis sendo lançados em sua direção. (N. da T.)

THE OLD RUGGED CROSS

nos anos 1990 quando as sombras da Guerra do Vietnam começaram a se dissipar, ela voltou a crescer em consequência dos conflitos militares no Iraque e no Afeganistão.

O tratamento que Herbert recebeu no hospital para veteranos em Nova York aos poucos possibilitou que ele se recuperasse. Lá ele conheceu uma enfermeira, nascida em Dothan, Alabama, que cuidava dele com bondade e compaixão, fazendo-o sentir-se bem e esperançoso pela primeira vez, talvez em toda a sua vida. Quando ela estava por perto, ele se sentia vivo e acreditava que tudo ficaria bem. Ela salvou a vida dele. Quando ela voltou para o Alabama, Herbert também foi.

Tentou ser seu namorado e até lhe disse que queria se casar com ela. A princípio ela resistiu porque sabia que Herbert ainda sofria as consequências do tempo que passou em combate, mas acabou cedendo. Tiveram um breve relacionamento íntimo. Herbert nunca tinha sido tão feliz. Começou a agir de forma extremamente protetora em relação à sua namorada. Mas ela começou a perceber que sua atenção desesperada e incansável era mais uma necessidade obsessiva do que amor. Ela tentou terminar o relacionamento. Depois de meses de tentativas frustradas de se distanciar de Herbert, ela finalmente exigiu que ele se afastasse.

Mas em vez disso, Herbert se mudou para mais perto de sua casa em Dothan, o que a deixou mais apreensiva. As coisas chegaram ao ponto de ela proibir que ele a visse, falasse com ela ou se aproximasse dela. Herbert tinha certeza de que ela só estava confusa e que mais cedo ou mais tarde, voltaria para ele. Iludia-se por causa de sua obsessão: sua lógica e seu raciocínio se corromperam, tornaram-se irracionais e cada vez mais perigosos.

Herbert não era tolo — na verdade, era bem inteligente e tinha uma aptidão especial para eletrônica e mecânica, além de um grande coração. Mas ele ainda estava se recuperando do trauma de guerra e de alguns traumas graves anteriores à sua experiência militar. Sua mãe morreu quando ele tinha três anos. Antes de se alistar ele teve problemas com drogas e álcool. Os horrores da guerra acrescentaram uma nova camada de sofrimento a uma psique já prejudicada.

Ele teve uma ideia para reconquistar a namorada. Chegou à conclusão de que se ela se sentisse ameaçada, voltaria para ele para se sentir protegida. Arquitetou um plano tragicamente equivocado: construiria uma pequena bomba e a deixaria na varanda da frente da casa dela. Ele então detonaria a bomba, correria para socorrê-la e salvá-la, aí então viveriam felizes para sempre. Isso representava um uso irresponsável de explosivos que não seria sensato em uma zona de combate, muito menos em um bairro pobre de população negra em Dothan, Alabama. Certa manhã, Herbert terminou de confeccionar sua bomba e a colocou na varanda de sua ex-namorada. A sobrinha da moça e outra menina saíram da casa e viram o inusitado pacote.

A estranha bolsa com um relógio atraiu a sobrinha de dez anos de idade e ela pegou o artefato. Sacudiu o relógio para ver se fazia tique-taque, o que provocou uma violenta explosão. A criança morreu instantaneamente e sua amiga de doze anos, que estava de pé ao seu lado, ficou traumatizada. Herbert conhecia as duas crianças. Em sua comunidade, as crianças estavam sempre perambulando pelas ruas em busca do que fazer. Herbert adorava crianças e as convidava para entrarem em seu quintal, pagava para que fizessem pequenas tarefas e conversava com elas. Começou a preparar cereais e cozinhar para as crianças que passavam por ali. As duas meninas já tinham vindo à sua casa para tomar café da manhã.

Herbert, que observava a casa do outro lado da rua, ficou destroçado. Seu plano era correr para ajudar sua namorada quando a bomba explodisse para reafirmar sua intenção de protegê-la e mantê-la a salvo. Quando a menina pegou a bomba e ela detonou, Herbert atravessou a rua correndo e viu-se cercado de vizinhos desolados.

Não demorou muito para que a polícia prendesse alguém. Encontraram canos e outros materiais para fabricação de bombas no carro de Herbert e no quintal de sua casa. Como as vítimas eram negras e pobres, esse não era o tipo de caso normalmente julgado como crime passível de pena capital, mas Herbert não era dali. O fato de ele ser um forasteiro, proveniente do Norte, combinado à natureza do crime, aparentemente provocou uma repulsa ainda maior nas autoridades. Colocar uma bomba em qualquer lugar de Dothan, mesmo em uma parte pobre da cidade, era uma ameaça diferente da "típica" violência doméstica. O promotor argumentou que Herbert não era apenas uma pessoa tragicamente equivocada e irresponsável: ele era perverso. O Estado pediu pena de morte. Depois de recusar todos os possíveis jurados negros, em um condado cuja população é formada por vinte e oito por cento de negros, em sua argumentação final, o promotor disse para o júri inteiramente composto por brancos que era correto condenar Herbert pois ele era "ligado aos Muçulmanos Negros da Cidade de Nova York" e não merecia nenhuma compaixão.

A lei do Alabama referente à pena capital exige que qualquer crime passível de pena de morte seja intencional, mas era evidente que Herbert não tinha intenção de matar a menina. O Estado decidiu invocar uma teoria sem precedentes de "transferência de intenção" para que o crime pudesse ser punível com a pena de morte. Mas Herbert não tinha intenção de matar *ninguém*. Herbert foi orientado a negar qualquer culpabilidade, mas por fim afirmou que se tratava de um crime fruto de sua irresponsabilidade e insensatez, mas não um crime capital, o que significava que poderia ser punido com prisão perpétua, mas não com pena de morte.

Durante o julgamento, o advogado de defesa nomeado para o caso não apresentou nenhuma prova a respeito do *background* de Herbert, seu serviço militar, seu trauma de guerra, sua relação com a vítima, sua obsessão pela namorada — nada. Naquela época, a lei do Alabama limitava a US$1.000,00 o valor pago aos advogados nomeados pelo tribunal para que preparassem suas defesas, então o advogado não gastou praticamente tempo nenhum com o caso. O julgamento durou um pouco mais de um dia e o juiz rapidamente condenou Herbert à morte.

Logo após a declaração da sentença de pena de morte, o advogado de Herbert, que mais tarde foi expulso da ordem por seu fraco desempenho em outros casos, disse para Herbert que não via razão para apelar contra a condenação ou contra a pena imposta porque o julgamento fora o mais justo que se poderia esperar. Herbert lembrou a ele que tinha sido condenado à morte. Por mais improváveis que fossem suas possibilidades, ele queria recorrer, mas seu advogado não apresentou nenhum recurso.

Herbert ficou no corredor da morte por onze anos, até que chegou a hora de enfrentar a *"Yellow Mama"*. Um advogado voluntário contestou as alegações de dolo em uma apelação desesperada, mas não obteve sucesso. A execução de Herbert estava marcada para o dia 18 de agosto, a apenas três semanas dali.

Depois do telefonema de Herbert, protocolei uma enxurrada de pedidos de suspensão em diversos tribunais. Eu sabia que as chances de conseguir impedir a execução eram remotas. No final da década de 1980, a Suprema Corte dos EUA mostrava-se cada vez mais intolerante em contestações a penas capitais. Ao autorizar novamente a pena de morte em meados da década de 1970, a Corte havia justificado sua decisão prometendo que todos os procedimentos estariam sujeitos a um maior escrutínio e ao cumprimento meticuloso da lei, mas em seguida começou a recuar com relação aos procedimentos de reexame

CAPÍTULO QUATRO

existentes. As decisões da Corte se tornaram cada vez mais hostis aos prisioneiros do corredor da morte e menos comprometidas com a noção de que "morte é diferente"[12], o que exigia reexames mais cuidadosos.

A Corte decidiu barrar pedidos de revisão de *habeas corpus* federais se não fossem primeiramente apresentados a juízes estaduais. Os juízes federais foram então proibidos de considerar novas provas a menos que fossem apresentadas primeiro a juízes estaduais. A Corte começou a insistir que os juízes federais confirmassem as decisões dos juízes estaduais com mais frequência, o que propiciava mais indulgência com relação a erros e falhas nos procedimentos de casos passíveis de pena capital.

Nos anos 1980, a Corte rejeitou uma impugnação constitucional à imposição de pena de morte a menores de idade, manteve a pena de morte para deficientes com "retardo mental" e, num parecer amplamente criticado, declarou não haver violação constitucional nas extremas disparidades raciais que eram vistas em praticamente todas as jurisdições em que havia pena de morte.

Ao final daquela década, alguns desembargadores criticavam abertamente as revisões de casos de pena de morte. O Juiz Presidente William Rehnquist insistia na imposição de restrições a apelações contra sentenças de morte e aos intermináveis esforços dos advogados para barrar execuções. "Vamos logo com isso", foi essa sua famosa declaração em um evento da ordem dos advogados em 1988. Finalização e não justiça, era a nova prioridade na ciência do direito no que tange à pena de morte.

∼

Duas semanas depois da minha primeira conversa com Herbert Richardson, eu estava desesperado tentando suspender a execução. Embora o processo estivesse muito adiantado, tive esperança de que pudéssemos conseguir a suspensão quando vi alguns aspectos contundentes no caso de Herbert. Embora sua culpa não estivesse em questão, havia razões convincentes para acreditar que seu caso não deveria ter sido julgado como passível de pena capital, para além da ausência de intenção específica de matar. E mesmo desconsiderando essa parte, havia fortes indícios de que a pena de morte

---

[12] *"Death is different"* é um princípio expresso pela Suprema Corte que diz que, para tirar a vida de uma pessoa, o estado precisa ser extremamente meticuloso com relação aos procedimentos de julgamento. A expressão tem sido utilizada inclusive para estabelecer jurisprudência em casos de pena capital. (N. da T.)

não deveria ter sido decretada por causa do trauma, do serviço militar e das dificuldades da infância de Herbert. Nenhum desses atenuantes foi apresentado durante o julgamento e deveriam ter sido. A pena de morte só pode ser imposta com justiça depois que todas as razões que possam demonstrar que a morte talvez não seja a sentença adequada sejam consideradas com muita cautela e não foi isso que aconteceu no caso de Herbert. Cada vez mais eu me convencia que Herbert se via diante de uma execução porque era um alvo fácil. Ele não obteve ajuda e foi facilmente condenado por um sistema que foi negligente com relação às exigências legais específicas da pena capital. A ideia de que Herbert não estaria no corredor da morte, com sua execução marcada para dali a duas semanas, caso tivesse recebido a ajuda certa na hora certa era algo que me atormentava profundamente.

    Solicitei a vários juízes que suspendessem a execução de Herbert por causa de seu advogado ineficiente, do preconceito racial durante o julgamento, dos comentários do promotor propositalmente provocadores e pelo fato de que os atenuantes não foram apresentados. Todos eles diziam, "Tarde demais". Conseguimos uma audiência às pressas no tribunal de Dothan, onde tentei apresentar provas de que a bomba construída por Herbert tinha sido projetada para detonar em um momento predeterminado. Encontrei um especialista para depor que se tratava de uma bomba-relógio e não se destinava a matar caso fosse manipulada. Eu sabia que o juiz provavelmente concluiria que essa prova deveria ter sido apresentada durante o julgamento ou nos procedimentos prévios, mas eu tinha esperança de conseguir convencer o juiz.

    Herbert estava no tribunal comigo e nós dois imediatamente percebemos a falta de interesse no rosto do juiz. Isso fez com que Herbert ficasse ainda mais ansioso. Ele começou a conversar comigo em voz baixa, me implorando para mandar o perito que estava depondo dizer coisas a respeito das suas intenções que estavam muito além do conhecimento do perito. Ele ficou um pouco agressivo e começou a fazer comentários em um tom que o juiz podia ouvir. Enquanto isso, o juiz continuava enfatizando que aquela prova não era nova e deveria ter sido apresentada durante o julgamento, então não poderia servir de base para a suspensão da execução. Solicitei um breve recesso para tentar acalmar Herbert.

    — Ele não está dizendo o que eu preciso que ele diga!

    Sua respiração era de pânico. Segurava a cabeça e dizia estar com uma dor lancinante.

CAPÍTULO QUATRO

— Eu não pretendia matar ninguém e ele tem que explicar isso! — gritou. Tentei reconfortá-lo.

— Sr. Richardson, já conversamos sobre isso. O perito não pode se pronunciar a respeito do seu estado mental. No depoimento ele afirmou que a bomba foi projetada para ser detonada, mas ele não pode se manifestar a respeito de sua motivação — o juiz não vai permitir e na verdade ele não tem como se pronunciar a esse respeito.

— Eles não estão nem prestando atenção no que ele está dizendo — ele disse com tristeza, esfregando as têmporas.

— Eu sei, mas lembra que esse é só o primeiro passo. Nós não estávamos esperando muito desse juiz, mas isso vai nos ajudar na apelação. Eu sei que isso é muito frustrante.

Ele me olhou com um ar de preocupação antes de suspirar resignado. Durante todo o restante da audiência, ele ficou ali, desalentado, segurando a cabeça, o que eu achei ainda mais desanimador do que quando ele estava questionando tudo e parecia perturbado.

Como eu ainda não tinha contratado advogados, não dispunha de alguém para me ajudar a manusear os documentos ou ajudar o réu durante a audiência. Ao final do procedimento, colocaram as correntes em Herbert e o levaram de volta para o corredor da morte, aborrecido, decepcionado e infeliz. Eu não me sentia muito melhor enquanto arrumava minhas coisas e me encaminhava para a saída da sala de audiência. Teria sido bom poder trocar ideias com alguém para avaliar se o que foi apresentado poderia servir de base para suspensão. Eu não tinha nenhuma expectativa de que o juiz local fosse conceder a suspensão, mas tinha esperança que um tribunal de reavaliação talvez reconhecesse que o homicídio não foi intencional e concedesse a suspensão. Havia tantas coisas acontecendo ao mesmo tempo que eu não conseguia avaliar de forma objetiva se havíamos apresentado provas suficientes para modificar a imagem do caso. Me sentia mal sobretudo por ter deixado Herbert tão angustiado.

Quando estava saindo, vi um grupo de mulheres e crianças negras sentadas juntas no fundo da sala de audiência. Sete ou oito delas me observavam com atenção. A audiência fora marcada para o fim da tarde quando não havia outros procedimentos agendados. Fiquei curioso para saber quem eram aquelas pessoas, mas honestamente, estava cansado demais para me interessar de verdade. Sorri e fiz um aceno com a cabeça num cumprimento exausto para as três mulheres que pareciam mais focadas em mim, o que elas entenderam como uma deixa para se aproximarem quando eu estava prestes a sair da sala.

A mulher que falou parecia nervosa e um tanto amedrontada. Falou de forma hesitante:

— Sou a mãe de Rena Mae, a mãe da vítima. Eles disseram que iam nos ajudar, mas não fizeram nada. MaryLynn não tá escutando direito, desde a bomba que ela não ouve direito mais e a irmã dela tá com problemas nervosos. Eu também tô. A gente queria que o senhor nos ajudasse.

Minha expressão atônita a estimulou a falar mais.

— Sei que o senhor tá ocupado. Mas é que seria muito bom se o senhor pudesse ajudar a gente.

Percebi que ela havia cautelosamente estendido a mão para mim enquanto falava e eu a segurei.

— Sinto muitíssimo que vocês não tenham recebido a ajuda prometida. Mas estou representando Herbert Richardson nesse processo — eu disse da maneira mais gentil possível.

— A gente sabe. Sei que talvez o senhor não possa fazer nada agora, mas quando isso acabar, você pode nos ajudar? Disseram que a gente ia receber algum dinheiro pra assistência médica e ajuda pra audição da minha filha.

Uma jovem havia se aproximado da mulher silenciosamente e a abraçado enquanto ela falava comigo. Embora ela provavelmente tivesse vinte e poucos anos, agia como uma criança muito pequena em todos os outros aspectos. Inclinou a cabeça na direção de sua mãe como faria uma criança muito mais nova e olhou para mim com tristeza. Outra mulher se aproximou e falou de forma um tanto desafiadora.

— Sou tia dela — ela disse. — Não somos a favor de matar pessoas.

Eu não tinha muita certeza do que ela queria dizer, mas olhei para ela e respondi:

— É, eu também não sou a favor de matar pessoas.

A tia pareceu relaxar um pouco.

— Esse luto todo é difícil. Não podemos torcer por aquele homem que você está tentando ajudar, mas não queremos ter que lamentar a morte dele também. Não devia ter mais nenhuma morte depois de tudo isso.

— Não sei o que eu posso fazer para ajudar vocês, mas eu quero ajudar, sim. Por favor, me procurem depois do dia 18 de agosto e eu vejo o que consigo descobrir.

CAPÍTULO QUATRO

A tia então me perguntou se poderia pedir para o filho escrever para mim porque ele estava na prisão e precisava de um advogado. Ela suspirou aliviada quando lhe entreguei meu cartão. Quando saímos do tribunal, nos despedimos de maneira solene.

— Vamos rezar por você — disse a tia ao irem embora.

No caminho para o carro, pensei em pedir que elas dissessem alguma coisa para o promotor e para os advogados do estado sobre o fato de que não desejavam que o Sr. Richardson fosse executado, embora estivesse bem claro que o Estado não estava agindo em benefício dessas vítimas. A sala de audiência estava repleta de advogados estaduais e outras autoridades que assistiram à audiência, mas eles já tinham debandado há muito tempo sem nem ao menos dirigir a palavra a qualquer uma dessas almas tão sofridas de pé ali no fundo da sala. Pensar que eu era a maior esperança daquelas mulheres era uma trágica ironia que me deixou assombrado.

Quando cheguei a Montgomery, soube que o juiz havia negado nosso pedido de suspensão da execução. Decidiu que nossas provas eram "inoportunas", o que significava que ele não iria considerá-las. Com menos de uma semana para a execução, os dias seguintes se resumiram a protocolar uma petição atrás da outra. Por fim, na véspera da execução, protocolei um pedido de reexame e uma petição de suspensão da execução na Suprema Corte dos EUA. Mesmo em casos de pena de morte, a Corte concede reexame a um pequeno percentual de casos protocolados. Um pedido de *certiorari* — ordem expedida pelo tribunal superior determinando que a instância inferior faça subir os autos de um processo para reexame — raramente é deferido, mas eu sempre soube que a Suprema Corte era nossa melhor chance de conseguir a suspensão da execução. Mesmo quando tribunais de primeira instância concediam a suspensão, o Estado recorria, então quase sempre era a Suprema Corte que dava o parecer final para permitir que uma execução fosse levada a cabo ou não.

A execução estava marcada para as 00h01min do dia 18 de agosto. Eu finalmente acabara de redigir a petição e a enviara por fax para a Corte tarde da noite no dia 16 de agosto e passei a manhã seguinte em meu escritório em Montgomery, aguardando ansiosamente a decisão da Corte. Tentei me ocupar lendo os autos de outros casos, inclusive o de Walter McMillian. Não esperava uma resposta da Corte antes de meio-dia, mas isso não me impediu de olhar fixamente para o telefone durante toda a manhã. Cada vez que o telefone tocava, minha pulsação se acelerava. Eva e Doris, nossa recepcionista, sabiam que eu aguardava ansiosamente aquele telefonema. Havíamos enviado um extenso pedido de clemência para o governador com declarações de parentes e fotografias coloridas, mas eu não esperava nenhum tipo de retorno. O pedido descrevia em detalhes o serviço militar de Herbert e explicava por que militares veteranos que sofriam de transtorno de estresse pós-traumático merecem compaixão.

Eu não estava muito esperançoso. Michael Lindsey tinha sido sentenciado à prisão perpétua pelo júri e em vez disso foi executado, Horace Dunkins tinha problemas mentais e o governador não poupou sua vida também. Herbert provavelmente seria considerado ainda menos digno de compaixão.

Falei regularmente com Herbert pelo telefone durante o dia para informá-lo de que não havia nenhuma notícia. Eu não poderia confiar que a prisão daria o recado para ele se a Corte tomasse uma decisão, então pedi que ligasse para mim a cada duas horas. Fosse a notícia qual fosse, eu queria que ele a recebesse de alguém que se importava com ele.

Herbert havia conhecido uma mulher de Mobile com quem trocou cartas ao longo dos anos. Eles tinham decidido se casar uma semana antes da execução. Herbert não tinha dinheiro nenhum, nada a oferecer para ela caso fosse executado. Mas ele era veterano de guerra, então seus herdeiros teriam direito a uma bandeira dos Estados Unidos após sua morte. Ele indicou sua nova esposa para receber a bandeira. Nos dias que antecederam a execução, Herbert parecia mais preocupado com sua bandeira do que com sua iminente execução. A toda hora me pedia para verificar com o governo como a bandeira seria entregue e me pressionava para obter um compromisso por escrito.

A família de sua nova esposa tinha concordado em passar as últimas horas antes da execução junto com Herbert. A prisão autorizava os familiares a permanecer até as 22 horas, quando começariam a preparar o condenado para a execução. Eu ainda estava no escritório esperando alguma resposta da Suprema Corte. Quando o relógio passou das 17 horas sem nenhuma notícia, me permiti cautelosamente a alimentar alguma esperança. Se a Corte não tivesse se sentido incomodada por nada do que apresentamos, minha expectativa era de que nos informassem mais cedo de sua decisão a respeito de nosso pedido de suspensão. Então, quanto mais tempo se passava, mais animado eu me sentia. Às 18 horas eu andava para lá e para cá em meu pequeno escritório, nervoso, pensando no que a Corte poderia estar debatendo tão perto do horário da execução. Eva e nossa nova investigadora, Brenda

CAPÍTULO QUATRO

Lewis, aguardavam comigo. Finalmente, um pouco antes das 19 horas, o telefone tocou. O escrivão da Corte estava na linha.

— Sr. Stevenson, estou ligando para informar que a Corte acabou de expedir uma ordem para o Caso número 89-5395. O pedido de suspensão da execução e o mandado de *certiorari* foram indeferidos. Enviaremos cópias da ordem por fax para seu escritório em breve.

E com isso a conversa terminou. Quando desliguei, a única coisa que eu conseguia pensar era para que eu precisaria de uma cópia da ordem? Para quem o escrivão achava que eu deveria mostrá-la? Em poucas horas, Herbert estaria morto. Não haveria mais recursos, mais relatórios para guardar. Não sei bem por que esses estranhos detalhes me afligiam. Talvez fosse menos devastador pensar nos absurdos processuais da decisão da Corte do que pensar no seu significado. Eu tinha prometido a Herbert que ficaria com ele durante a execução. Demorei alguns minutos para perceber que eu precisava ser rápido para conseguir chegar à prisão que ficava a duas horas de distância de onde eu estava.

Entrei no carro e corri para Atmore. Enquanto dirigia pela rodovia interestadual a caminho do presídio, notei os longos raios de sol recuando embora o calor do verão do Alabama persistisse. Quando cheguei ao presídio, já estava escuro. Do lado de fora da prisão, havia dezenas de homens armados na traseira de caminhões enfileirados no longo caminho que levava ao estacionamento da prisão. Eram policiais estaduais, policiais locais, xerifes adjuntos e um grupo que parecia fazer parte da Guarda Nacional. Não sei por que o Estado achou que precisava de uma tropa para proteger a entrada da prisão na noite de uma execução. Era surreal ver todos aqueles homens armados reunidos, já perto da meia-noite, para garantir que uma vida seria extinta sem incidentes. Achei fascinante que alguém tenha pensado que poderia haver algum tipo de resistência armada e violenta contra a execução programada de um negro indigente.

Entrei na prisão e vi uma mulher branca de mais idade — a agente penitenciária responsável pelo local de visitação. Eu era um frequentador assíduo do corredor da morte para onde ia pelo menos uma vez por mês para me encontrar com novos clientes, então ela me via com frequência, mas nunca tinha sido particularmente simpática. Naquela noite ela se aproximou de mim com uma cordialidade e familiaridade incomuns. Achei que iria me abraçar.

Homens de terno e gravata perambulavam no saguão e me olharam desconfiados quando entrei na sala de visitação um pouco depois das nove da noite. A área de visitação em Holman é uma ampla sala redonda cercada de vidro para que os guardas possam olhar para dentro de qualquer lugar. Há doze mesas com cadeiras para os familiares que vêm nos dias de visitação, normalmente agendadas duas ou três vezes por mês. Durante a semana em que há uma execução, somente o prisioneiro condenado cuja morte está agendada tem permissão para receber seus familiares.

Quando entrei na sala de visitação, a família tinha menos de uma hora para ficar com Herbert. Ele estava mais calmo do que nunca. Sorriu para mim quando entrei e me abraçou.

— Ei, pessoal, esse é o meu advogado.

Ele disse isso com um orgulho que me surpreendeu e me emocionou.

— Olá — eu disse. O braço de Herbert ainda estava no meu ombro. Eu queria dizer algo reconfortante, mas não consegui pensar em nada antes de Herbert falar de novo.

— Eu disse pro pessoal da prisão que quero que todos os meus bens sejam distribuídos exatamente do jeito que eu falei ou o meu advogado vai processar vocês até que todo mundo tenha que trabalhar pra ele. — Ele deu uma risadinha e todos riram também.

Conheci a mulher de Herbert e a família dela, passei os quarenta e cinco minutos seguintes com um olho no relógio, sabendo que às 22 horas os guardas levariam Herbert embora e nunca mais o veríamos com vida. Herbert tentava trazer leveza à situação. Contou para a família como havia me convencido a pegar seu caso e se gabava dizendo que eu só representava pessoas inteligentes e encantadoras.

— Na época do julgamento ele era jovem demais pra me representar, mas se ele estivesse lá eu agora não estaria no corredor da morte — ele disse com um sorriso, mas eu estava começando a ficar abalado.

Eu estava muito impressionado de ver o quanto ele se esforçava para fazer com que todos à sua volta se sentissem melhor com relação à sua morte. Nunca o tinha visto tão animado e amável. Sua família e eu sorrimos, demos risadas, mas todos nós sentimos a tensão daquele momento. Sua esposa foi ficando cada vez mais chorosa à medida que os minutos passavam. Um pouco antes das 22 horas, o encarregado da Secretaria Penitenciária do Alabama, o diretor e diversos outros homens de terno gesticularam para a agente de visitação. Ela entrou na sala suavemente e disse com pesar:

— Está na hora, pessoal. Temos que terminar a visita. Podem se despedir.

CAPÍTULO QUATRO

Observei os homens no corredor — claramente esperavam que a agente fizesse algo mais decisivo e eficiente. Queriam que as coisas transcorressem de acordo com o planejado e estavam evidentemente prontos para seguir para o próximo estágio a fim de preparar a execução. Uma das autoridades estaduais se aproximou da agente quando ela saiu da sala e apontou para o relógio de pulso. Dentro da sala, a esposa de Herbert caiu em prantos. Colocou os braços ao redor do pescoço dele e se recusava a soltá-lo. Depois de alguns minutos, seu choro se transformou num gemido, angustiado e desesperado.

As autoridades no saguão ficavam mais e mais impacientes; gesticulavam para a agente de visitação, que havia entrado na sala novamente.

— Me desculpem — disse da maneira mais firme que conseguiu. — Mas vocês precisam sair agora.

Ela olhou para mim e eu desviei meu olhar. A esposa de Herbert caiu em prantos novamente. Sua irmã e outros familiares começaram a chorar também. A esposa de Herbert o apertou ainda mais forte. Eu não havia pensado em como esse momento seria difícil. Era surreal de uma forma que eu não podia imaginar. Em um segundo uma avalanche de tristeza e tragédia assolou todos nós e eu comecei a ficar preocupado pensando que seria impossível fazer essa família se afastar de Herbert.

As autoridades agora estavam irritadas. Olhei através do vidro e vi o diretor passar um rádio para que mais guardas viessem até ali. Alguém fez um gesto para que a agente voltasse para a sala e tirasse os familiares de lá. Ouvi-os dizendo a ela para que não saísse da sala sem a família. A agente estava muito nervosa. Apesar de seu uniforme, ela sempre me parecera um pouco fora de lugar naquele presídio e agora parecia especialmente desconfortável. Certa vez ela havia se aproximado de mim para dizer que seu neto queria ser advogado e que ela esperava que ele de fato seguisse essa carreira. Ela olhava ao redor da sala aflita e então veio até mim. Seus olhos estavam cheios de lágrimas e ela me olhou desesperada.

— Por favor, por favor, me ajude a tirar essas pessoas daqui, por favor.

Comecei a ficar preocupado que as coisas pudessem ficar feias, mas não conseguia pensar no que fazer. Parecia inacreditável que eles achassem que as pessoas pudessem calmamente abandonar alguém que amavam para que essa pessoa fosse executada. Eu queria evitar que as coisas saíssem de controle, mas me sentia incapaz de fazer qualquer coisa.

Nessa altura, a esposa de Herbert tinha começado a dizer em voz alta:

— Eu não vou te abandonar.

~

Herbert tinha feito um pedido curioso na semana anterior à execução. Ele disse que se fosse executado da forma planejada, queria que eu pedisse para a prisão tocar a gravação de um hino, *The Old Rugged Cross*, quando ele estivesse se encaminhando para a cadeira elétrica. Eu tinha ficado um pouco constrangido ao fazer o pedido às autoridades do presídio, mas para meu total espanto eles concordaram.

Lembrei que quando eu era criança, sempre tocavam esse hino em momentos tristes e solenes na igreja, em domingos de Comunhão e na Sexta-Feira Santa. Era um hino triste como poucos que eu já tinha ouvido. Não sei bem por que, mas comecei a entoá-lo quando vi mais guardas uniformizados entrando no vestíbulo do lado de fora da sala de visitação. Parecia ser algo que poderia ajudar. Mas ajudar a quê?

Depois de alguns instantes, a família se juntou a mim. Fui até a esposa de Herbert que ainda o abraçava forte e soluçava baixinho. Sussurrei para ela:

— Temos que deixar ele ir.

Herbert viu os guardas se enfileirando do lado de fora, se afastou dela devagar e me pediu para tirá-la da sala.

A esposa de Herbert se agarrou em mim e soluçava descontroladamente enquanto eu a levava para fora da sala de visitação. Sua família veio atrás de nós chorando. A cena era de cortar o coração e eu queria chorar. Mas em vez disso continuei entoando o hino.

A prisão tinha tomado providências para que eu fosse para a sala de execução em aproximadamente uma hora para ficar com Herbert. Embora eu já tivesse trabalhado em diversos casos de pena de morte com clientes que tinham execuções agendadas, eu nunca tinha presenciado uma execução. Nos casos em que eu havia atuado no aconselhamento jurídico para os condenados quando estava na Geórgia, sempre conseguimos suspender as execuções. Fui ficando ansioso ao pensar que iria testemunhar o espetáculo de um homem sendo eletrocutado, queimado até a morte diante de mim. Tinha me concentrado tanto em obter a suspensão e mais tarde no que diria para Herbert quando chegasse à prisão, que não tinha verdadeiramente pensado sobre testemunhar a execução. Eu não queria mais ficar ali para ver isso, mas não queria abandonar Herbert. Deixá-lo numa sala sozinho com pessoas que queriam vê-lo morto me fez perceber que eu não podia recuar. De repente a sala ficou inacreditavelmente quente, como se não houvesse ar dentro dela. A agente de visitação se aproximou depois que acompanhei a família para fora da sala e sussurrou no meu ouvido: — Obrigada. — Fiquei incomodado por ela me ver como seu aliado e não soube o que dizer.

Faltando menos de trinta minutos para a execução, me levaram para a cela ao lado da câmara de execução na parte de trás do presídio onde Herbert estava sendo mantido até que chegasse a hora de colocá-lo na cadeira elétrica. Os pelos de seu corpo tinham sido raspados para possibilitar uma execução "limpa". O estado não havia feito nada para modificar a cadeira elétrica desde a desastrosa execução de Evans. Pensei na atabalhoada execução de Horace Dunkins no mês anterior e fiquei ainda mais angustiado. Tinha tentado ler a respeito do que deve acontecer em uma execução, pois eu tinha uma ideia equivocada de que poderia intervir caso fizessem alguma coisa de maneira incorreta.

Herbert ficou muito mais emocionado ao me ver do que quando estava na sala de visitação. Parecia abalado, estava claramente perturbado. Deve ter sido humilhante ter seus pelos raspados como parte da preparação para a execução. Ele parecia preocupado. Quando entrei na câmara, agarrou minhas mãos e perguntou se podíamos rezar e nós rezamos. Quando terminamos, seu rosto assumiu uma expressão distante e ele se virou para mim.

— Obrigado, cara. Sei que isso também não é fácil pra você, mas tô muito grato por ficar ao meu lado.

Sorri e o abracei. Seu rosto murchou com uma tristeza incomensurável.

— Hoje foi um dia muito estranho, Bryan, estranho mesmo. A maioria das pessoas que tá se sentindo bem não passa o dia todo pensando que esse é seu último dia de vida e com a certeza de que vão ser mortas. É diferente de estar no Vietnam... muito mais estranho.

Fez um aceno com a cabeça para todas as autoridades que se aglomeravam agitadas.

— Foi estranho pra eles também. O dia todo as pessoas me perguntavam, "O que eu posso fazer pra ajudar?" Quando acordei hoje de manhã, eles vinham e falavam, "Podemos trazer seu café-da-manhã?" Ao meio-dia vieram, "Podemos trazer seu almoço?" O dia todo, "O que podemos fazer pra ajudar?" Hoje à noite, "O que você quer comer, como podemos ajudar?", "Precisa de selos pras suas cartas?", "Quer água?", "Quer café?", "Quer o telefone?", "Como podemos te ajudar?".

Herbert suspirou e virou o rosto.

— Foi muito estranho, Bryan. Mais gente me perguntou o que podia fazer pra me ajudar nas últimas quatorze horas da minha vida do que perguntaram esses anos todos. — Olhou para mim e seu rosto se contorceu em confusão.

Dei um último longo abraço em Herbert, mas estava pensando no que ele havia dito. Pensei em todas as provas que os juízes nunca avaliaram sobre sua infância. Estava pensando sobre todos os traumas e as dificuldades que trouxe com ele do Vietnam. Não consegui deixar de me perguntar, onde estavam essas pessoas quando ele realmente precisou delas? Onde estavam todas essas pessoas tão prestativas quando Herbert tinha três anos e a mãe dele morreu? Onde estavam quando ele tinha sete anos e tentava se recuperar de agressões físicas que sofreu? Onde eles estavam quando ele era adolescente e lutava contra as drogas e o álcool? Onde estavam quando ele voltou do Vietnam traumatizado e incapacitado?

Vi o toca-fitas que havia sido colocado no corredor e observei um guarda trazer uma fita cassete. A melodia triste de *The Old Rugged Cross* começou a tocar enquanto afastavam Herbert de mim.

~

Havia uma sensação de vergonha a respeito da execução de Herbert da qual eu não conseguia me libertar. Todo mundo que eu vi na prisão parecia cercado de uma nuvem de arrependimento e remorso. Os guardas se muniram de energia para levar a execução adiante com determinação e firmeza, mas mesmo eles demonstravam um desconforto extremo e um tanto de vergonha. Talvez fosse imaginação minha, mas parecia que todos reconheciam que o que estava acontecendo era errado. Pensamentos abstratos a respeito de pena capital eram uma coisa, mas os detalhes envolvidos no assassinato sistemático de uma pessoa que não representava uma ameaça era algo completamente diferente.

Não conseguia parar de pensar nisso na viagem para casa. Pensei em Herbert, em como ele queria desesperadamente a bandeira americana a que tinha direito por ter servido ao exército no Vietnam. Pensei em sua família e na família da vítima, na tragédia que aquele crime tinha trazido para suas vidas. Pensei na agente de visitação, nos agentes da Secretaria Penitenciária, nos homens que eram pagos para raspar o corpo de Herbert para que ele pudesse ser morto de forma mais eficiente. Pensei nos guardas

CAPÍTULO QUATRO

que o amarraram na cadeira. Continuava pensando que ninguém podia realmente acreditar que aquilo era uma coisa boa a se fazer nem que era algo necessário.

No dia seguinte havia matérias nos jornais sobre a execução. Algumas autoridades estaduais expressaram satisfação e empolgação porque uma execução tinha acontecido, mas eu sabia que nenhum deles teve que lidar com os detalhes envolvidos no ato de matar Herbert. Em debates a respeito da pena de morte, comecei a argumentar que nunca pensaríamos que seria humano pagar alguém para estuprar uma pessoa condenada por estupro ou abuso sexual ou assédio. Entretanto, nos sentíamos à vontade matando pessoas que matam, em parte porque achamos que podemos fazer isso de uma forma que não compromete nossa própria humanidade como estuprar ou abusar sexualmente de alguém o faria. Não conseguia parar de pensar que não gastamos muito tempo refletindo a respeito dos detalhes envolvidos no ato de matar uma pessoa.

Voltei para o escritório no dia seguinte com minhas energias renovadas. Peguei os relatórios dos meus outros casos e atualizei os planos sobre a melhor forma de ajudar cada cliente a maximizar as chances de evitar uma execução. Com o tempo reconheci que toda a minha revigorada determinação não mudou muita coisa — eu estava apenas tentando me resignar aos fatos da morte de Herbert. De qualquer forma o exercício me dava algum conforto. Me senti mais determinado a recrutar novos funcionários e obter recursos que pudessem cobrir os crescentes desafios envolvidos em dar assistência jurídica para pessoas condenadas. Eva e eu conversamos a respeito de algumas pessoas que tinham demonstrado interesse em se juntar a nós. Havia a possibilidade de conseguirmos um novo apoio financeiro de uma fundação. Naquela tarde finalmente recebemos os equipamentos que tínhamos encomendado para o escritório. No final do dia, me convenci de que as coisas iam melhorar, embora o peso de tudo aquilo me parecesse um novo fardo.

CAPÍTULO CINCO
SOBRE O RETORNO DE JOÃO

— Teria sido tão mais fácil se ele estivesse lá sozinho no bosque caçando quando aquela garota foi assassinada. — A irmã mais velha de Walter McMillian, Armelia Hand, fez uma pausa enquanto o grupo no pequeno trailer exclamava concordando. Sentei num sofá, olhando para as quase duas dúzias de familiares que me encaravam enquanto Armelia falava.

— Pelo menos assim nós entenderíamos como poderia ser possível ele ter feito isso. — Ela parou e olhou para o chão da sala onde estávamos reunidos.

— Mas como estávamos ao lado dele aquela manhã toda... sabemos onde ele estava... sabemos o que estava fazendo! — As pessoas murmuravam concordando enquanto seu tom de voz ficava mais alto e mais alterado. Era o tipo de testemunho mudo, de sofrimento e angústia, que eu ouvia o tempo todo enquanto crescia numa pequena igreja rural de negros.

— Quase todo mundo aqui estava ao lado dele, falando com ele, rindo com ele, comendo com ele. Aí a polícia vem, meses depois, diz que ele matou alguém a quilômetros de distância na mesma hora em que estávamos ao lado dele. E então levam ele quando todo mundo sabe que é mentira.

Agora ela se esforçava para falar. Suas mãos tremiam e a emoção na voz dificultava que as palavras saíssem.

— Nós estávamos com ele aqui o dia todo! O que a gente deve fazer, Sr. Stevenson? Nos diga, o que a gente deve fazer com isso?

Seu rosto se contraiu de dor.

— Eu sinto como se tivesse sido condenada também.

O grupo reagia a cada declaração com gritos: "Sim!" e "É isso mesmo!"

— Eu sinto como se eles tivessem me colocado no corredor da morte também. O que a gente diz pra essas crianças pra conseguir fazer elas ficarem

CAPÍTULO CINCO

longe de problemas quando você pode estar na sua própria casa, cuidando da sua vida, rodeado por toda a família e, ainda assim, eles te jogam nas costas um assassinato que você não cometeu e te mandam pro corredor da morte?

Sentei com meu terno no sofá abarrotado, olhando para um rosto cheio de sofrimento. Não esperava ter uma reunião tão intensa quando cheguei. As pessoas estavam desesperadas querendo respostas e tentavam se conformar com uma situação que não fazia nenhum sentido. Eu estava me esforçando para pensar em algo apropriado para dizer quando uma mulher mais jovem falou.

— Johnny D nunca poderia ter feito isso de jeito nenhum, a gente estando com ele ou não — ela disse, usando o apelido que a família e os amigos tinham dado a Walter. — Ele simplesmente não é assim.

A jovem era sobrinha de Walter. Ela continuou a refutar a própria ideia de que Walter precisaria de um álibi, o que parecia gerar apoio do grupo.

Fiquei aliviado de terem tirado a pressão de mim por um momento, já que a numerosa família de Walter parecia estar se encaminhando para um debate sobre se o caráter de Walter tornaria um álibi desnecessário, ou se não seria até um insulto. O dia fora longo. Eu não tinha mais certeza da hora, mas sabia que era bem tarde e estava começando a ficar sem energia. Mais cedo naquele mesmo dia, eu havia passado várias horas muito intensas no corredor da morte, revisando a transcrição do julgamento com Walter. Antes de me encontrar com Walter, tinha ficado algum tempo com outros novos clientes do corredor. Seus processos estavam inativos e não havia prazos se aproximando, mas eu não os via desde a execução de Richardson e eles estavam ansiosos para conversar.

Agora que os autos do caso de Walter estavam completos, os recursos de apelação deveriam ser submetidos logo e o tempo era crucial. Eu deveria ter retornado para Montgomery direto do presídio, mas a família de Walter queria me encontrar e como estavam a menos de uma hora do presídio, eu havia prometido ir a Monroeville.

∼

A esposa de Walter, Minnie Belle McMillian e sua filha, Jackie, esperavam pacientemente quando eu parei o carro na frente da deteriorada casa dos McMillians em Repton, pequena cidade à beira da estrada principal que leva a Monroeville. Walter havia me dito que eu saberia que estava perto quando passasse por um conjunto de lojas de bebidas na fronteira entre os condados de Conecuh e Monroe. O Condado de Monroe é um "condado de lei seca", onde é proibido vender bebidas alcóolicas. Para a comodidade dos cidadãos sedentos de álcool, várias lojas de bebidas, vendidas somente em pacotes ou caixas fechadas, marcavam a divisa com o Condado de Conecuh. A casa de Walter ficava a apenas alguns quilômetros da divisa do condado.

Aproximei-me da entrada e fiquei surpreso com o profundo estado de abandono, esta era a casa de uma família pobre. A varanda da frente estava apoiada em três blocos de concreto empilhados precariamente embaixo do piso de madeira que já mostrava sinais de apodrecimento. As venezianas de madeira azul das janelas precisavam desesperadamente de uma pintura e o único acesso à casa era uma escada improvisada que não se conectava à estrutura. O quintal estava cheio de peças abandonadas de carros, pedaços de móveis quebrados e outros detritos. Antes de sair do carro, decidi colocar meu paletó gasto, apesar de ter percebido mais cedo que faltavam alguns botões nas duas mangas.

Minnie veio à porta da frente e se desculpou pela aparência do quintal enquanto eu subia cuidadosamente até a varanda. Ela me convidou educadamente para entrar e notei uma mulher de vinte e poucos anos sempre atrás dela.

— Deixa eu preparar alguma coisa pro senhor comer. O senhor passou o dia todo na prisão — ela disse. Minnie parecia cansada, mas de resto tinha a aparência paciente e forte que eu havia imaginado com base nas descrições de Walter e nos meus próprios palpites pelas nossas conversas por telefone. Como o Estado tinha incluído o romance de Walter com Karen Kelly no processo, o julgamento havia sido particularmente difícil para Minnie. Mas ela parecia estar aguentando firme.

— Ah, não, obrigado. Eu agradeço, mas não precisa. Walter e eu comemos alguma coisa no pátio de visitação.

— Eles não têm nada naquele pátio do presídio, só salgadinhos e refrigerantes. Deixa eu cozinhar alguma coisa boa pro senhor.

— É muita gentileza, eu agradeço, mas estou bem, de verdade. Sei que você também trabalhou o dia todo.

— Bom, é verdade, eu faço turnos de doze horas na fábrica. Aquela gente não quer nem saber da sua vida, das suas doenças, seus nervos, seus hóspedes e, com certeza, não querem saber dos seus problemas de família.

Ela não soava amarga nem revoltada, apenas triste. Caminhou na minha direção, gentilmente entrelaçou seu braço no meu e me levou lentamente para dentro da casa. Nos sentamos no sofá da sala de estar amontoada de coisas. Pilhas de papel e roupas em cima de cadeiras de tipos diferentes, os brinquedos dos netos espalhados pelo chão. Minnie se sentou ao meu lado, quase se recostando em mim, enquanto continuava a falar suavemente.

— As pessoas do trabalho falam que você tem que estar lá e aí você tem que ir. Tô tentando fazer ela terminar os estudos e não é fácil. — Apontou para a filha Jackie com a cabeça e ela lançou um olhar compreensivo para a mãe. Jackie cruzou a sala e se sentou perto de nós. Walter e Minnie haviam mencionado seus filhos Jackie, Johnny e "Boot", inúmeras vezes. O nome de Jackie era sempre seguido de "ela está na faculdade". Eu tinha começado a pensar nela como Jackie "Ela Está na Faculdade" McMillian. Todos os filhos tinham vinte e poucos anos, mas ainda eram muito chegados e atenciosos com a mãe.

Conversei com elas sobre a minha visita a Walter. Minnie não ia à prisão há vários meses e parecia agradecida por eu ter passado algum tempo lá. Revisei os procedimentos de recursos com elas e falei sobre os próximos passos do processo. Elas confirmaram o álibi de Walter e me atualizaram quanto aos rumores a respeito do processo que circulavam na cidade naquele momento.

— Eu acho que quem fez isso foi aquele velho, Miles Jackson — Minnie falou enfaticamente.

— Eu acho que foi o novo dono, Rick Blair — Jackie disse. — Todo mundo sabe que encontraram pele de um homem branco embaixo das unhas da garota porque ela lutou com a pessoa que matou ela.

— Bem, nós vamos chegar à verdade — eu disse. Tentei soar confiante, mas diante do que havia lido na transcrição do julgamento, achava muito pouco provável que a polícia entregasse suas provas para mim ou me deixasse ver os arquivos e materiais coletados na cena do crime. Até mesmo na transcrição, os agentes da polícia que tinham investigado Walter pareciam desprezar as leis. Esses policiais colocaram Walter no corredor da morte enquanto ele ainda era um preso provisório. Eu temia que eles não seguissem escrupulosamente os requisitos legais que determinavam que entregassem todas as provas que poderiam eximir Walter e ajudar a provar sua inocência.

Conversamos por bem mais do que uma hora — ou melhor, elas falaram enquanto eu ouvi. Era possível notar o quanto os últimos dezoito meses, desde a prisão de Walter, haviam sido traumatizantes.

— O julgamento foi o pior — disse Minnie. — Eles simplesmente ignoraram o que nós falamos pra eles sobre Johnny D estar em casa. Ninguém me explicou por que fizeram isso. Por que fizeram isso? — Ela olhou para mim como se realmente esperasse que eu pudesse lhe dar uma resposta.

— Este julgamento foi construído com mentiras — eu disse. Fui cauteloso ao expressar opiniões assim tão fortes à família de Walter porque não tinha investigado o caso o suficiente para ter certeza de que não havia mais provas para condenar Walter. Mas a leitura dos autos do julgamento tinha me indignado e agora sentia aquela raiva voltando, não apenas quanto à injustiça feita com Walter, mas também sobre a forma como isso havia causado imenso sofrimento a toda a comunidade. Todos na comunidade negra e pobre que falavam comigo sobre o caso expressavam seu desconsolo. Este gigantesco erro judicial havia impregnado toda a comunidade de aflição e desesperança e foi difícil me manter calmo e frio.

— Uma mentira após a outra — continuei. — As pessoas foram alimentadas com tantas mentiras que na hora que vocês começaram a falar a verdade, era mais fácil simplesmente acreditar que eram vocês que estavam mentindo. Só de ler os autos do julgamento eu já fiquei irritado, então eu posso imaginar como vocês todos se sentem.

O telefone tocou e Jackie saltou para atender. Ela voltou alguns minutos depois.

— Eddie disse que as pessoas estão ficando impacientes. Eles querem saber quando ele vai chegar.

Minnie se levantou e alisou o vestido com as mãos.

— Bom, é melhor a gente ir logo pra lá. Eles 'tão esperando quase o dia inteiro pelo senhor.

Quando fiz uma cara confusa, Minnie sorriu.

— Ah, eu disse pro resto da família que levaríamos o senhor lá porque é muito difícil encontrar o lugar onde eles moram se você nunca foi lá antes. As irmãs dele, sobrinhos, sobrinhas e outras pessoas querem te conhecer. — Tentei não deixar transparecer minha inquietação, mas estava ficando preocupado com a hora.

Nos apertamos no meu Corolla de duas portas, que estava cheio de papéis, transcrições de julgamentos e autos do tribunal.

— O senhor provavelmente gasta seu dinheiro com outras coisas — Jackie fez uma piadinha enquanto saíamos.

— É, ternos caros são a minha prioridade no momento — respondi.

— Não tem nada de errado com seu terno ou seu carro — Minnie falou, me protegendo.

CAPÍTULO CINCO

~

Segui suas orientações no caminho, levantando poeira na estrada cheia de curvas inacreditáveis por uma área de muita vegetação. A escuridão caiu e a estrada ziguezagueava em meio a uma floresta densa por vários quilômetros até chegar a uma pequena ponte com espaço para apenas um carro passar. Ela parecia frágil e instável, então diminuí a velocidade até parar.

— Tá tudo bem. Não tem chovido muito e é só quando chove que é realmente um problema — disse Minnie.

— Que tipo de problema? — Eu não queria parecer assustado, mas estávamos no meio do nada e, com o breu da noite, não dava para saber se havia um pântano, um córrego ou um pequeno rio embaixo da ponte.

— Não vai acontecer nada. O pessoal passa por aqui todos os dias — Jackie comentou.

Teria sido muito constrangedor dar meia volta, então passei devagar pela ponte e fiquei aliviado quando chegamos ao outro lado. Continuei por mais um quilômetro e meio até que a floresta começou a dar espaço para os trailers, algumas pequenas casas e finalmente toda uma comunidade escondida no bosque.

Subimos uma colina até chegarmos a uma casa-trailer que brilhava na escuridão onde moravam familiares de Walter. Diante da humilde e modesta casa havia uma pequena fogueira dentro de um barril e seis ou sete crianças pequenas, que brincavam do lado de fora, correram para dentro quando viram nosso carro estacionando. Quando descemos do carro, um homem alto saiu da casa. Caminhou na nossa direção e abraçou Minnie e Jackie antes de apertar minha mão.

— Tá todo mundo esperando o senhor — ele me disse. — Eu sei que o senhor provavelmente tem um monte de trabalho pra fazer, mas nós realmente agradecemos por ter vindo aqui se encontrar com a gente. Eu sou o Giles, sobrinho do Walter.

Giles me acompanhou até o trailer e abriu a porta para que eu passasse. A pequena casa estava lotada com mais de trinta pessoas e todos pararam de falar quando entrei. Fiquei surpreso com o tamanho do grupo, que me avaliou com o olhar e então, um por um, começaram a sorrir para mim. Nesse momento, para meu espanto, a sala irrompeu em aplausos. Fiquei atônito com o gesto. Ninguém nunca havia me aplaudido apenas por comparecer.

Havia mulheres mais velhas, mulheres mais jovens, homens da idade de Walter e homens bem mais velhos. Seus rostos estavam franzidos com um ar de ansiedade que agora já me era familiar. Quando cessaram os aplausos, comecei a falar.

— Obrigado, é muita gentileza — comecei. — Estou muito contente em conhecer todos vocês. O Sr. McMillian havia me dito que tinha uma família grande, mas eu não esperava encontrar tantos aqui. Estive com ele hoje e ele me pediu para dizer que agradece muito e se sente muito grato por permanecerem do lado dele. Espero que vocês saibam o quanto o seu apoio significa. Ele acorda todos os dias no corredor da morte e isso não é fácil. Mas ele sabe que não está sozinho. Ele fala de vocês o tempo todo.

— Sente-se, Sr. Stevenson — alguém gritou. Eu me sentei em um sofá vazio que parecia ter sido reservado para mim e Minnie se sentou ao meu lado. Todos os demais ficaram em pé, de frente para mim.

— Nós não temos dinheiro nenhum. Demos tudo pro primeiro advogado — disse um dos homens.

— Eu sei e não vou cobrar nem um centavo de ninguém. Eu trabalho para um escritório de direito sem fins lucrativos e damos assistência legal gratuita para as pessoas que representamos — respondi.

— Bom, então como o senhor paga suas contas? — perguntou uma moça. Todos riram da pergunta.

— Nós recebemos doações de fundações e de pessoas que apoiam nosso trabalho.

— Bom, o senhor traz o Johnny D pra casa e eu faço todo tipo de doação — disse outra mulher de forma marota. Todos riram e eu sorri.

Uma mulher mais velha se pronunciou. Era Armelia Hand.

— Nós não temos muito, Sr. Stevenson, mas o senhor está cuidando de uma pessoa que nós amamos. Tudo que temos é seu. Essa gente partiu nossos corações — ela disse.

Comecei a responder às perguntas e a escutar os comentários e depoimentos sobre Walter, a cidade, raça, a polícia, o julgamento e a maneira como toda a família estava sendo tratada agora pelas pessoas da comunidade. As horas se passaram e eu sabia que provavelmente já tinha exaurido as possibilidades de obter qualquer informação útil da família de Walter, mas as pessoas ainda queriam falar. Parecia que expressar suas preocupações para mim lhes trazia um alívio terapêutico. Logo percebi certo otimismo em suas perguntas e comentários. Expliquei a eles os procedimentos de recursos e falei sobre quais questões já estavam claras nos autos. Fui me animando com o fato de que algumas das informações que eu lhes dava podiam acalmar sua ansiedade. Começamos a brincar e antes que eu percebesse, me senti acolhido de uma forma que me revitalizou.

Uma senhora havia me dado um copo alto com chá doce gelado quando me sentei para ouvir e responder às perguntas. Tomei o primeiro copo bem rápido porque estava um pouco nervoso (o chá estava ótimo). A mulher me viu esvaziar o copo e sorriu para mim com um olhar de grande satisfação. Ela rapidamente encheu o copo e, sem se importar se eu bebia rápido ou não, se eu bebia pouco ou muito, tomou conta do meu copo religiosamente durante toda a noite. Depois de mais de três horas, Minnie pegou minha mão e disse a todos que deveriam me deixar ir. Era quase meia-noite e eu levaria pelo menos duas horas para chegar a Montgomery. Me despedi e troquei abraços com praticamente todos na sala antes de sair na noite escura.

O mês de dezembro é raramente gelado no Sul do Alabama durante o dia, mas à noite as temperaturas caem, uma lembrança dramática de que é inverno, até mesmo no Sul. Sem um sobretudo, aumentei o aquecimento do carro para a longa jornada de volta, depois de deixar Minnie e Jackie em casa. O encontro com a família foi inspirador. Estava claro que havia muitas pessoas que se importavam profundamente com Walter e, consequentemente, se importavam com o que eu fazia e como eu poderia ajudar. Mas também estava claro que estavam traumatizadas com o que havia acontecido. Muitas das pessoas que conheci não eram na verdade familiares, mas estavam presentes no dia do peixe frito — o mesmo dia do crime. Eles ficaram tão profundamente perturbados com a condenação de Walter que, quando souberam que eu iria lá, também sentiram necessidade de comparecer. Todos precisavam de um espaço para compartilhar sua dor e perplexidade.

Em 1903, W.E.B. Du Bois incluiu na sua obra de referência "As Almas da Gente Negra" um conto brilhante, mas assombroso. Pensei nesse conto, "Sobre o Retorno de João", no meu trajeto para casa. Na história de Du Bois, um jovem negro da costa da Geórgia é mandado para uma escola que forma professores negros a centenas de quilômetros. Toda a comunidade negra onde ele nasceu tinha arrecadado o dinheiro para suas mensalidades. A comunidade investe em João para que ele possa um dia voltar e dar aulas para crianças afro-americanas proibidas de frequentar a escola pública. Descontraído e chegado a uma diversão, João quase é reprovado em sua nova escola até que reflete a respeito da confiança que havia sido depositada nele e a vergonha que passaria se regressasse sem se formar. Com foco renovado, sóbrio e fortemente comprometido com seu sucesso, ele se gradua com menção honrosa e retorna à sua comunidade com o intuito de mudar as coisas.

João convence o juiz branco que controla a cidade a deixar que ele abra uma escola para crianças negras. Seus estudos o haviam fortalecido e ele agora tinha opiniões firmes sobre liberdade racial e igualdade, o que gerou problemas para ele e para a comunidade negra. O juiz fecha a escola quando descobre o que João estava ensinando. João caminha para casa depois que a escola fecha, sentindo-se frustrado e desconsolado. No trajeto para casa, vê sua irmã sendo tocada pelo filho adulto do juiz e reage violentamente, golpeando o homem na cabeça com um pedaço de madeira. João continua seu caminho para casa para se despedir de sua mãe. Du Bois termina a trágica história quando o juiz furioso alcança João junto com o bando de linchamento que havia organizado.

Eu li o conto várias vezes na universidade porque me identifiquei com João por representar a esperança de toda uma comunidade. Nenhum dos meus tios ou tias tinham feito universidade, muitos não tinham terminado o ensino médio. As pessoas da minha igreja sempre me encorajaram e nunca me pediram nada em troca, mas eu sentia minha dívida se acumulando. Du Bois entendia essa dinâmica profundamente e deu vida a ela de uma maneira absolutamente fascinante. (Eu apenas esperava que meu paralelo com João não se estendesse até a parte do linchamento).

Ao dirigir para casa naquela noite depois de me encontrar com a família de Walter, pensei no conto de uma maneira inteiramente diferente. Eu nunca havia pensado no quanto a comunidade de João deve ter se sentido arrasada depois de seu linchamento. As coisas ficariam muito mais difíceis para aquelas pessoas que tinham dado tudo para ajudar João a ser professor. Para a comunidade negra sobrevivente, haveria mais obstáculos na busca de oportunidades e progresso, e muito sofrimento. Os estudos de João não trouxeram liberdade nem progresso, mas violência e tragédia. Haveria mais desconfiança, mais animosidade e mais injustiça.

A família de Walter e a maioria dos negros pobres de sua comunidade sofreram de modo semelhante com a condenação de Walter. Ainda que não tivessem ido à casa dele no dia do crime, a maior parte das pessoas negras de

CAPÍTULO CINCO

Monroeville conhecia alguém que havia estado com Walter naquele dia. A dor naquela modesta casa era tangível, eu podia senti-la. A comunidade parecia desesperada para sentir alguma esperança de justiça. Essa constatação me deixou ansioso, mas determinado.

~

Eu havia me acostumado a receber ligações de muitas pessoas a respeito do caso de Walter. A maioria era de pobres e negros, que me encorajavam e ofereciam apoio. Minha visita à família tinha gerado ainda mais ligações desse tipo. De vez em quando, uma pessoa branca para quem Walter havia trabalhado ligava para oferecer apoio, como Sam Crook. Quando Sam ligou, insistiu para que eu fosse vê-lo na próxima vez que estivesse na cidade.

— Sou um rebelde — ele disse já no fim do nosso telefonema. — Parte da divisão 117 do Exército Confederado.

— Senhor?

— Meus antepassados foram heróis dos Confederados. Herdei suas terras, seus títulos e seu orgulho. Eu amo esse condado, mas sei que o que aconteceu com Walter McMillian não tá certo.

— Bom, agradeço sua ligação.

— Você vai precisar de retaguarda, alguém que conheça essas pessoas que você vai enfrentar e eu vou te ajudar.

— Ficarei muito grato pela sua ajuda.

— E vou te dizer mais. — Ele abaixou o tom de voz. — Você acha que seu telefone está grampeado?

— Não, senhor, acho que meu telefone está limpo.

Sam subiu o tom de voz novamente.

— Bom, eu decidi que não vou deixar enforcarem ele. Vou juntar uns garotos e vamos soltar ele antes que levem ele embora. Eu simplesmente não vou ficar do lado deles e deixar matarem um homem bom por uma coisa que eu sei que ele não fez.

Sam Crook falava como quem faz proclamações grandiosas. Hesitei sobre a melhor forma de responder.

— Bom... obrigado — foi só o que consegui dizer.

Quando, mais tarde, questionei Walter sobre Sam Crook, ele sorriu.

— Já fiz muito serviço pra ele. Ele tem sido bom pra mim. É um cara interessante.

Eu via Walter a cada duas semanas naqueles primeiros meses e passei a conhecer alguns de seus hábitos. "Interessante" era o eufemismo que Walter utilizava para se referir a pessoas estranhas, pois tendo trabalhado para centenas de pessoas do condado ao longo dos anos, o que não faltou foram pessoas "interessantes". Quanto mais incomum e bizarra era a pessoa, mais "interessante" ela ficava no discurso de Walter. "Muito interessante" e "bem interessante mesmo" e por fim "bom, ele é reeeealmente interessante" eram os indicadores para figuras estranhas e ainda mais estranhas. Walter relutava em falar alguma coisa de ruim sobre qualquer pessoa. Apenas dava uma risadinha se achasse que a pessoa era estranha.

Walter foi ficando bem mais relaxado durante as visitas. Quando já estávamos mais à vontade um com o outro, ele às vezes dava uma guinada para tópicos que não tinham nada a ver com o caso. Falávamos sobre os guardas da prisão e suas experiências ao lidar com outros presos. Ele falava sobre pessoas de sua cidadezinha que achava que viriam visitá-lo, mas não tinham vindo. Nessas conversas, Walter demonstrava uma empatia impressionante. Ele passava bastante tempo imaginando o que as outras pessoas estavam pensando e sentindo que pudesse justificar seu comportamento. Imaginava que tipo de aborrecimentos os carcereiros poderiam estar enfrentando para explicar as grosserias que lhe diziam. Mencionou também como deve ser difícil visitar alguém no corredor da morte.

Nós falávamos sobre as comidas de que ele gostava, trabalhos que tinha feito quando era mais jovem. Falamos sobre raça e poder, sobre coisas engraçadas que víamos e coisas tristes que víamos. Ter uma conversa normal com alguém que não estava no corredor ou com um carcereiro fazia com que se sentisse melhor. Por isso eu sempre passava mais tempo com ele para falar sobre coisas não relacionadas ao caso. Não apenas por ele, mas por mim mesmo também.

Eu estava me esforçando tanto para fazer o projeto decolar que meu trabalho havia rapidamente se transformado na minha vida. Comecei a perceber algo de novo e agradável nos momentos que passava com os clientes quando não nos relacionávamos como advogado e cliente, mas como amigos. O caso de Walter estava se tornando o mais complicado e o que mais me tomava tempo de todos nos quais já havia trabalhado. Passar alguns momentos com ele era reconfortante, ainda que me fizesse sentir a pressão dos maus-tratos que ele sofria de uma maneira que acabou ficando cada vez mais pessoal.

CAPÍTULO CINCO

— Cara, todos esses sujeitos falam que você tá trabalhando no caso deles. Você não deve ter paz nunca — ele me disse uma vez.

— Bom, todo mundo precisa de ajuda, então estamos tentando.

Ele me olhou de um jeito estranho que eu não tinha visto antes. Acho que não estava seguro de que pudesse me dar conselhos, ele ainda não havia feito isso. Por fim, parece que disse o que estava pensando.

— Bem, você sabe que não dá pra ajudar todo mundo — ele olhou para mim com seriedade. — Você vai morrer se tentar fazer isso. — Continuou me olhando com preocupação. Eu sorri.

— Eu sei.

— Quer dizer, você tem que me ajudar. Não pode poupar nada no meu caso — ele disse sorrindo. — Espero que você enfrente todo mundo que vier pra cima da gente e me tire daqui. Derruba todo mundo, se for preciso.

— Enfrente os gigantes, mate as feras selvagens, lute com os jacarés... — brinquei.

— É isso aí, e tenha alguém pronto pra assumir a batalha se cortarem a sua cabeça, porque eu ainda vou precisar de ajuda se te derrubarem.

Quanto mais tempo eu passava com Walter, mais me convencia de que era um homem gentil, decente, com uma natureza generosa. Ele reconheceu abertamente que havia tomado decisões ruins, principalmente com relação a mulheres. Por tudo que contavam — amigos, familiares e colegas como Sam Crook — Walter geralmente tentava fazer a coisa certa. Nunca considerei o tempo que passamos juntos como um desperdício ou algo improdutivo.

Em todos os casos de pena de morte, passar tempo com os clientes é importante. Conquistar a confiança dos clientes não é necessário apenas para manejar as complexidades do litígio e lidar com o stress de uma potencial execução, é também fundamental para advogar de maneira eficaz. A vida de um cliente depende muitas vezes da habilidade de seu advogado ou sua advogada em criar uma narrativa atenuante que contextualize suas decisões erradas ou seu comportamento violento. Revelar coisas sobre o passado de alguém, que ninguém tivesse descoberto antes, coisas que poderiam ser difíceis de discutir, mas que eram fundamentais, demanda confiança. Fazer com que alguém admita ter sido vítima de abuso sexual na infância, negligência ou abandono, não acontece sem o tipo de acolhimento que leva horas e inúmeras visitas para se estabelecer. Falar sobre esportes, televisão, cultura popular ou qualquer outra coisa sobre a qual o cliente queira conversar é absolutamente acertado para se construir uma relação que possibilita um trabalho eficiente. Mas isso também cria uma conexão genuína com os clientes. E certamente foi isso que aconteceu com Walter.

Logo depois da minha primeira viagem para ver a família de Walter, recebi a ligação de um rapaz chamado Darnell Houston que disse poder provar que Walter era inocente. Sua voz tremia de nervoso, mas ele estava determinado a falar comigo. Não queria conversar por telefone, então fui até lá uma tarde para encontrá-lo. Ele morava em uma parte rural do Condado de Monroe numa área de cultivo onde sua família trabalhava desde a época da escravidão. Darnell era um jovem honesto e eu podia notar que tinha passado algum tempo se perguntando se deveria entrar em contato comigo.

Quando cheguei em sua casa, ele saiu para me cumprimentar. Era um rapaz negro por volta dos vinte anos de idade que havia aderido à moda do *Jheri curl*. Eu já tinha notado que o popular tratamento químico para tornar o cabelo dos negros mais soltos e mais fácil de manusear para fazer um penteado havia chegado a Monroeville; já tinha visto vários negros, jovens e velhos, desfilando o *look* com orgulho. O leve balançar do cabelo de Darnell contrastava com sua atitude preocupada. Logo que sentamos, ele foi direto ao ponto.

— Sr. Stevenson — ele começou —, posso provar que Walter McMillian é inocente.

— Sério?

— Bill Hooks está mentindo. Eu nem sabia que ele estava envolvido no caso até que me contaram que ele ajudou a colocar Walter McMillian no corredor da morte. Primeiro, não acreditei que Bill tivesse feito parte disso, mas aí descobri que ele testemunhou que tinha passado de carro pela lavanderia no dia que a garota foi morta e isso é mentira.

— Como você sabe?

— Nós trabalhamos juntos aquele dia inteiro. Novembro passado, nós dois trabalhamos na loja de autopeças NAPA. Eu me lembro daquele sábado quando a garota foi morta porque as ambulâncias e a polícia começaram a passar correndo pela rua. Isso durou uns trinta minutos. Eu trabalhava na cidade há alguns anos e nunca tinha visto nada como aquilo.

— Você estava trabalhando no sábado de manhã quando Ronda Morrison foi morta?

— Sim, senhor, com Bill Hooks, de umas oito da manhã até a gente fechar depois do almoço, depois que todas aquelas ambulâncias passaram pela

CAPÍTULO CINCO

nossa loja. Devia ser umas onze horas quando as sirenes começaram. O Bill tava na loja comigo trabalhando num carro. Só tem uma saída da loja e ele não saiu a manhã inteira. Se ele disse que passou de carro pela lavanderia quando aquela garota foi morta, ele tá mentindo.

Uma das coisas mais frustrantes na leitura dos autos do julgamento de Walter foram as testemunhas da Promotoria — Ralph Myers, Bill Hooks e Joe Hightower — em quem tão obviamente não dava para acreditar. Seus depoimentos eram ridiculamente inconsistentes, de uma total falta de credibilidade. A narrativa de Myers sobre seu papel no crime — Walter o sequestrando para que o levasse até a cena do crime e o trazendo de volta depois — nunca fez nenhum sentido. Hooks, uma testemunha chave contra McMillian, não parecia convincente ou confiável na transcrição: ele apenas repetiu a mesma história que havia contado à polícia sobre ter passado de carro na frente da lavanderia na hora do crime. Sua resposta a cada linha de questionamento era falar repetidamente que havia visto Walter McMillian sair da loja com uma sacola, entrar na sua caminhonete "rebaixada" e ser levado de lá por um homem branco ao volante. Ele não conseguia responder a nenhuma das perguntas de Chestnut sobre o que mais havia visto naquele dia ou o que estava fazendo no local. Apenas continuava repetindo ter visto McMillian na lavanderia. Mas a Promotoria precisava do depoimento de Hooks.

Meu plano era entrar imediatamente com uma apelação contra a condenação de Walter no Tribunal de Apelação Criminal do Alabama. O Estado havia feito tão pouco para provar a culpa de Walter que não existiam muitos méritos legais para um recurso, mas as provas contra ele eram tão pouco convincentes que eu tinha esperança que o tribunal reformasse a sentença de condenação simplesmente por ser tão questionável.

Uma vez que o caso estivesse em apelação de segunda instância, nenhuma nova prova poderia ser considerada. A hora de entrar com um pedido de novo julgamento em tribunal de primeira instância — a última chance de apresentar fatos novos antes que uma apelação se iniciasse — já havia expirado. Chestnut e Boynton, os advogados de Walter no primeiro julgamento, haviam entrado com um recurso antes de deixar o caso e o Juiz Key tinha rapidamente negado. Darnell disse que contou aos antigos advogados de Walter o que havia me contado e eles haviam mencionado isso no pedido de novo julgamento, mas ninguém levou o assunto a sério.

Em casos passíveis de pena de morte, um pedido de novo julgamento é habitual, mas raramente acolhido. Mas se o réu alegar possuir novas provas que possam levar o processo a um resultado diferente — ou que comprometam a confiabilidade do julgamento — é de praxe haver uma audiência. Depois de falar com Darnell, pensei em apresentar novamente suas alegações antes que o caso fosse para apelação de segunda instância e talvez, apenas talvez, pudéssemos persuadir as autoridades locais a retirar a denúncia contra Walter. Preparei uma petição para que o indeferimento do pedido de novo julgamento para McMillian fosse reconsiderado. Imediatamente obtive uma declaração juramentada de Darnell afirmando que o testemunho de Hooks era uma mentira. Arrisquei falar com alguns advogados locais sobre a possibilidade de o novo promotor admitir que a condenação era infundada e quem sabe apoiar um novo julgamento se houvesse novas provas contundentes.

Várias pessoas sugeriram que o novo promotor de justiça do Condado de Monroe, Tom Chapman, que havia atuado como advogado de defesa criminal, seria mais justo e mais empático com alguém condenado injustamente do que o antigo promotor, Ted Pearson. Depois do longo mandato de Pearson como Promotor de Justiça, a eleição de Chapman representava uma nova era. Ele tinha por volta de quarenta anos e havia falado a respeito de modernizar a execução da lei penal na região. Alguns disseram que era ambicioso e poderia um dia querer concorrer a um cargo estadual. Também descobri que ele tinha representado Karen Kelly em um processo anterior, sinal de sua familiaridade com o caso. Eu estava esperançoso.

Eu ainda estava avaliando como proceder quando Darnell ligou para meu escritório.

— Sr. Stevenson, o senhor tem que me ajudar. Me prenderam hoje de manhã e me levaram pra cadeia. Acabei de sair pagando uma fiança.

— O quê?

— Perguntei o que eu tinha feito. Me disseram que eu estava sendo acusado de perjúrio. — Ele parecia apavorado.

— Perjúrio? Com base no que você disse aos advogados do Sr. McMillian um ano atrás? Eles foram te interrogar ou falar com você desde que peguei seu depoimento? Era para você falar comigo se eles entrassem em contato.

— Não, senhor. Ninguém entrou em contato comigo. Eles simplesmente vieram aqui e me prenderam e disseram que eu tinha sido denunciado por perjúrio.

CAPÍTULO CINCO

Eu desliguei, chocado e furioso. Não havia precedentes de indiciamento de alguém por perjúrio sem uma investigação ou provas irrefutáveis que determinassem que um depoimento falso havia sido prestado. A polícia e os promotores descobriram que Darnell estava falando conosco e decidiram puni-lo por isso.

Alguns dias depois, liguei para o novo promotor de justiça para marcar uma reunião.

No meu trajeto para seu escritório, decidi dar a ele uma chance para explicar o que estava acontecendo, em vez de reclamar furiosamente da insanidade de indiciar alguém por perjúrio por contradizer uma testemunha de acusação do Estado. Decidi esperar até o fim da reunião para protocolar minha pilha de petições. Esse era meu primeiro encontro com alguém ligado ao processo criminal contra Walter, e eu não queria começar com uma acusação raivosa. Eu havia me permitido acreditar que as pessoas que processaram Walter estavam simplesmente equivocadas, ou eram possivelmente incompetentes. Eu sabia que alguns deles eram intolerantes e abusivos, mas acho que mantive a esperança de que pudessem ser reorientados. Indiciar Darnell era um sinal preocupante de que queriam ameaçar e intimidar as pessoas.

O tribunal do Condado de Monroe está localizado no coração do centro de Monroeville. Dirigi até a cidade, estacionei e entrei no tribunal procurando o escritório do promotor de justiça. Na minha única visita anterior ao tribunal um mês antes, fui ao escritório da escrivã para pegar arquivos e haviam me perguntado de onde eu era. Quando disse que era de Montgomery, deram início a uma aula sobre a grande importância da cidade de Monroe em função de Harper Lee e seu famoso romance. Lembro bem de como a escrivã conversou comigo.

— O senhor leu o livro? É uma história maravilhosa. Esse lugar é famoso. Transformaram o antigo tribunal num museu e quando fizeram o filme, Gregory Peck veio aqui. O senhor deveria ir lá e ficar onde o Sr. Peck ficou, quer dizer, onde Atticus Finch ficou.

Ela deu uma risadinha empolgada, embora eu imagine que diga a mesma coisa a todos os advogados de fora da cidade que chegam ali. Continuou falando com entusiasmo sobre a história até eu prometer que iria visitar o museu assim que pudesse. Desisti de explicar que estava muito ocupado trabalhando em um caso de um homem negro inocente que a comunidade estava tentando executar com base em um processo criminal racialmente discriminatório.

Nesta visita meu estado de espírito era bem diferente. A última coisa que me interessava era uma história de ficção sobre justiça. Caminhei pelo tribunal até encontrar o escritório do promotor de justiça. Me apresentei para a secretária, que me olhou de maneira desconfiada até me levar ao escritório de Chapman. Ele se levantou e veio apertar minha mão.

Chapman começou falando:

— Sr. Stevenson, muitas pessoas querem conhecê-lo. Contei a eles que o senhor estava vindo mas decidi que só nós dois deveríamos conversar. — Não me surpreendia que houvesse rumores e que as pessoas estivessem falando sobre o novo advogado de Walter. Eu havia conversado com pessoas suficientes na comunidade para saber que estariam discutindo meus esforços para defender os interesses de Walter. Eu supunha que o Juiz Key já havia me descrito como insensato e intransigente simplesmente por não querer abandonar o caso, como ele havia ordenado.

Chapman tinha estatura média, cabelos cacheados e óculos que sugeriam que não se importava de passar a impressão de que gastava seu tempo lendo e estudando. Eu havia conhecido promotores que se vestiam e se apresentavam como se preferissem estar caçando patos em vez de chefiar um escritório de direito, mas Chapman era profissional e cordial e se aproximou de mim de maneira educada. Eu suspeitava que ele começaria logo a falar sobre as preocupações de outras pessoas envolvidas na execução da lei penal e a princípio me senti encorajado porque ele parecia querer que nossa conversa fosse franca, sem desvios ou afetação.

— Bem, eu agradeço — eu disse. — Estou muito preocupado com o caso de McMillian. Li os autos e, para ser sincero, tenho sérias dúvidas sobre sua culpa e a confiabilidade de sua condenação.

— Bom, esse foi um caso importante, sem dúvida. O senhor entende que eu não tive nada a ver com o processo de acusação, não é?

— Sim, entendo.

— Este foi um dos crimes mais revoltantes na história do Condado de Monroe e seu cliente deixou muita gente verdadeiramente furiosa. As pessoas ainda estão com raiva, Sr. Stevenson. Algumas pessoas acham que nada do que possa acontecer com Walter McMillian vai ser suficientemente ruim.

Esse foi um início decepcionante, ele parecia completamente convencido da culpa de Walter. Mas mantive a pressão.

CAPÍTULO CINCO

— É, foi um crime revoltante, trágico, então a raiva é compreensível — respondi. — Mas condenar a pessoa errada não resolve nada. O que o julgamento deveria determinar é se o Sr. McMillian fez alguma coisa errada. Se o julgamento é injusto, ou se testemunhas prestaram falsos depoimentos, então não podemos realmente saber se ele é culpado ou não.

— Bem, o senhor parece ser a única pessoa no momento que acredita que o julgamento foi injusto. Como eu disse, eu não estava envolvido no processo de acusação.

Eu estava ficando irritado e Chapman provavelmente notou minha mudança de postura na cadeira. Pensei nas dezenas de pessoas negras que conheci que haviam reclamado de maneira ressentida sobre o processo de acusação contra Walter, e eu começava a pensar que Chapman era ingênuo ou intencionalmente indiferente — ou pior. Tentei, sem sucesso, não deixar transparecer minha decepção.

— Eu não sou a única pessoa que tem questionamentos a respeito deste caso, Sr. Chapman. Há toda uma comunidade que acredita na inocência de Walter McMillian, inclusive algumas dessas pessoas alegam que estavam com ele a quilômetros de distância quando o crime foi cometido. Há pessoas para quem ele trabalhou que têm certeza absoluta que ele não cometeu este crime.

— Eu conversei com algumas dessas pessoas — Chapman respondeu — e elas me apresentaram apenas opiniões não fundamentadas. Não me trouxeram nenhum fato. Olha, posso lhe garantir que ninguém está interessado em saber quem dormiu com Karen Kelly. Há provas que implicam Walter McMillian no assassinato e meu trabalho é defender esta condenação.

Ele estava ficando mais combativo e seu tom de voz estava se alterando. A maneira calma e interessada com que tinha me recebido inicialmente estava se transformando em raiva e antipatia.

— Bem, o senhor indiciou uma pessoa por perjúrio por contradizer o processo do Estado. O senhor pretende processar todas as pessoas que contestem as provas deste caso?

Minha voz agora estava se alterando exatamente da maneira que eu queria evitar, mas me senti provocado por sua atitude.

— A jurisprudência do Alabama claramente determina que denúncias de perjúrio não podem ser feitas a não ser que haja provas claras e contundentes de que o depoimento dado era falso — continuei. — Um indiciamento por perjúrio parece uma tática planejada para intimidar e desestimular as pessoas a se apresentarem com provas que contradigam o processo de acusação do Estado. A denúncia contra o Sr. Houston parece realmente inapropriada, Sr. Chapman, e legalmente indefensável.

Eu sabia que estava lhe dando um sermão e sabia que ele não estava gostando, mas queria que soubesse que iríamos defender Walter com seriedade.

— O senhor está representando Darnell Houston também?

— Sim, estou.

— Bom, não tenho certeza se o senhor pode fazer isso, Sr. Stevenson. Acho que pode haver um conflito aí — ele disse e então sua voz passou de combativa para um tom insipidamente pragmático. — Mas não se preocupe, pode ser que eu retire a denúncia de perjúrio contra Houston. Agora que o juiz negou seu pedido de reabertura do processo, não tenho nenhum interesse em prosseguir com a denúncia contra Darnell Houston. Mas quero que as pessoas saibam que se fizerem falsas declarações sobre este processo, elas serão responsabilizadas.

Eu estava confuso e um tanto atordoado.

— Do que o senhor está falando? O pedido de reconsideração foi negado?

— Sim, o juiz já indeferiu sua petição. O senhor não deve ter recebido a sua cópia da decisão judicial ainda. Ele está em Mobile agora, às vezes há problemas com os correios.

Tentei esconder minha surpresa com a decisão do juiz sobre o pedido sem sequer permitir que houvesse uma audiência.

— Então o senhor não tem nenhum interesse em investigar o que Darnell Houston está dizendo sobre a possibilidade de a principal testemunha do Estado estar mentindo? — perguntei.

— Ralph Myers é a principal testemunha do Estado.

Estava claro que Chapman tinha examinado o processo mais detalhadamente do que havia inicialmente alegado.

— Sem o testemunho de Hooks, a condenação não seria válida — eu disse, ajustando meu tom de voz. — Segundo a teoria do Estado, Myers é cúmplice e a lei do estado requer confirmação do depoimento de cúmplices, o que só pode vir de Hooks. O Sr. Houston diz que Hooks está mentindo, o que torna seu testemunho uma questão fundamental e por isso ele deveria ser ouvido no tribunal.

Eu sabia que estava certo. A lei era claríssima a esse respeito. Mas eu também sabia que estava falando com uma pessoa que não se importava com o que a lei dizia. Eu sabia que o que eu estava dizendo não convenceria Chapman, mas senti a necessidade de dizer de qualquer forma.

CAPÍTULO CINCO

Chapman se levantou. Pude perceber que estava irritado com o meu sermão e meus argumentos jurídicos, tinha certeza que ele achava que eu estava insistindo demais.

— Isso me parece uma questão que o senhor precisará levantar em um recurso, Sr. Stevenson. O senhor pode dizer ao Sr. Houston que a denúncia contra ele está sendo retirada. Posso fazer isso por vocês, mas isso é tudo.

Seu tom era condescendente e, quando me deu as costas, ficou claro que tinha encerrado a reunião e estava ansioso para me ver fora de seu escritório.

Saí de seu escritório completamente frustrado. Chapman não foi antipático nem hostil. Ainda assim, sua indiferença quanto à alegação da inocência de McMillian era difícil de aceitar. A leitura dos autos me mostrara que havia pessoas dispostas a ignorar provas, ignorar a lógica e o bom senso para condenar alguém e assegurar à comunidade que o crime havia sido solucionado e o assassino punido. Mas conversar cara a cara sobre o caso com alguém fez com que a lógica irracional que girava ao redor da condenação de Walter se tornasse muito, muito mais difícil de aceitar.

Chapman não fora o responsável pelo processo de acusação e eu tinha esperança que não fosse querer defender algo tão questionável, mas ficou claro que ele estava preso a essa narrativa assim como todos os demais que tinham se envolvido. Eu já tinha visto abuso de poder em muitos processos, mas havia algo especialmente perturbador aqui, onde não apenas um único acusado era vítima, mas também toda uma comunidade. Protocolei a minha pilha de petições não só para ter certeza de que eles retirariam a denúncia, mas para que soubessem que iríamos enfrentá-los. Ao passar pelos corredores na saída do tribunal, vi mais um cartaz da nova produção de *To Kill a Mockingbird*, o que só aumentou minha revolta.

~

Darnell tinha ficado em casa depois de pagar a fiança. Fui até sua casa para conversar sobre a reunião com o promotor de justiça. Ele ficou muito feliz em saber que a denúncia contra ele tinha sido retirada, mas ainda estava abalado com toda a experiência. Expliquei que aquilo que o Estado havia feito com ele era ilegal e que poderíamos entrar com uma ação cível contra eles, mas ele não quis nem pensar no assunto. Na verdade, eu não achava que uma ação cível fosse uma boa ideia, mas não queria que pensasse que eu não estava disposto a brigar por ele.

— Sr. Stevenson, eu só queria contar a verdade. Não posso ir pra prisão e sinceramente, esses caras me assustaram.

— Entendo — eu disse —, mas o que eles fizeram é ilegal e quero que você saiba que não fez nada de errado. Eles é que agiram de maneira muito, mas muito inapropriada. Estão tentando intimidar você.

— Bom, tá dando certo. O que eu disse pro senhor é verdade e não vou voltar atrás. Mas esses caras me perseguindo é demais pra mim.

— Bom, o juiz negou nosso pedido, então você não precisa testemunhar ou ir ao tribunal no momento. Se tiver algum outro problema com eles ou se vierem falar com você sobre isso, me avisa. Pode dizer às pessoas que sou seu advogado e mandar que me procurem, está bem?

— Tudo bem. Mas isso significa que o senhor é meu advogado?

— Sim, vou representá-lo se alguém criar problemas por causa do que você revelou. — Ele parecia um pouco mais aliviado, mas ainda estava bastante abalado quando fui embora.

Entrei no carro muito desanimado me dando conta de que se todos que tentassem nos ajudar neste caso fossem ameaçados, seria muito difícil provar a inocência de Walter. Se o processo não fosse anulado através de um recurso de primeira instância, teríamos a chance de mais tarde dar entrada em uma petição pós-condenação, precisaríamos de novas provas, novas testemunhas e fatos novos que provassem a inocência de Walter. Diante da experiência de Darnell, ficou claro que isso seria extremamente difícil. Decidi não me preocupar com isso naquele momento e foquei minha atenção no recurso. Com o pedido de reconsideração negado, o prazo para entrega das razões do recurso era de vinte e oito dias. Eu nem tinha certeza de quanto tempo havia se passado desde a decisão do juiz, já que nunca recebi a ordem judicial.

Fui para casa frustrado e preocupado. Nos meus deslocamentos entre Monroeville e Montgomery, havia me acostumado a olhar para as terras cultivadas, as plantações de algodão e as regiões montanhosas do interior; eu pensava sobre como deveria ser a vida naquele lugar décadas atrás. Agora eu não precisava imaginar. A aflição de Darnell, sua tristeza em perceber que poderiam fazer o que quisessem com ele impunemente, era extremamente desanimador. Pelo que pude ver, simplesmente não existia qualquer compromisso com o estado de direito, nenhuma responsabilização e pouca vergonha. Prender alguém por se apresentar com provas que questionavam a credibilidade de uma condenação por um homicídio passível de pena de

CAPÍTULO CINCO

morte? Quanto mais eu pensava sobre isso, mais desorientado me sentia e mais eu achava que precisava reagir. Tudo aquilo era também muito grave. Se eles prendiam pessoas por dizerem coisas inconvenientes, como reagiriam se eu os desafiasse de forma ainda mais contundente?

Enquanto deixava a cidade, vi o sol se pôr e a escuridão tomar a paisagem do condado como há séculos acontecia. As pessoas agora iriam para casa, alguns para casas muito confortáveis onde poderiam relaxar tranquilamente, seguros e orgulhosos de suas comunidades. Outros, pessoas como Darnell e a família de Walter, estariam voltando para suas casas menos confortáveis. Eles não descansariam tão tranquilamente, nem pensariam muito sobre ter orgulho de suas comunidades. Para eles, a escuridão trazia uma inquietação familiar, uma incerteza carregada de um medo constante, tão antigo quanto os assentamentos do próprio condado; um incômodo imemorial e persistente demais para merecer que se falasse sobre ele, mas penoso demais para ser esquecido. Dirigi para longe dali o mais rápido que pude.

CAPÍTULO SEIS
CONDENADOS, COM TODA CERTEZA

— Ele é só um menino.

Era tarde e eu atendi o telefone depois do horário do expediente porque todo mundo já tinha ido embora; isso estava se tornando um mau hábito. A senhora do outro lado da linha suplicava por ajuda depois de fazer uma descrição sentida e sincera de seu neto, que acabara de ser preso por assassinato.

— Ele já está preso há dois dias e não tenho como ir até lá. Estou na Virgínia e minha saúde não é muito boa. Por favor, me diga que o senhor vai fazer alguma coisa.

Hesitei antes de responder. Poucos países no mundo autorizavam a pena de morte para crianças — e os Estados Unidos eram um deles. Muitos de meus clientes no Alabama estavam no corredor da morte por crimes que eram acusados de ter cometido quando crianças de dezesseis ou dezessete anos. Muitos estados haviam modificado suas leis para facilitar que crianças fossem processadas como adultos e meus clientes iam ficando cada vez mais jovens. O Alabama tinha mais menores de idade sentenciados à morte per capita do que qualquer outro estado — ou qualquer outro país do mundo. Eu estava determinado a controlar a crescente demanda por nossos serviços pegando novos casos somente se o cliente estivesse enfrentando uma execução ou tivesse sido formalmente condenado ao corredor da morte.

Essa mulher me disse que seu neto tinha apenas quatorze anos. Embora a Suprema Corte tivesse mantido a pena de morte para menores de idade em uma decisão de 1989, um ano antes a Corte havia proibido que crianças com menos de quinze anos fossem condenadas à pena de morte. Fossem quais fossem os perigos que essa criança tivesse que enfrentar, ele não seria enviado para o corredor da morte. O neto dessa senhora talvez fosse condenado à prisão perpétua sem condicional, mas diante da quantidade avassaladora de casos de pena de morte na nossa pauta, eu não podia racionalmente pegar esse caso.

Enquanto eu pensava na melhor forma de responder ao apelo dessa mulher, ela começou a falar rapidamente, num sussurro:

— Ó, Senhor, por favor nos ajude. Guie este homem e nos proteja de todas as escolhas que não sejam as suas. Me ajude a encontrar as palavras, Senhor. Me diga o que falar, Senhor —

Não quis interromper sua oração, então esperei que terminasse.

— Senhora, não posso pegar esse caso, mas vou até a cadeia amanhã para ver seu neto. Vou ver o que posso fazer. Provavelmente não poderemos representá-lo, mas me deixe ver o que está acontecendo, e talvez possamos encontrar um advogado que possa dar assistência a vocês.

— Sr. Stevenson, estou tão grata.

Eu estava cansado e já me sentia sobrecarregado com os casos que eu tinha. E os casos com menores de idade tinham um custo emocional especialmente alto para qualquer pessoa que se envolvesse com eles. Mas eu tinha que ir ao fórum que ficava perto do condado onde esse menino estava preso, então não seria um esforço muito grande ir até lá para ver aquela criança.

Na manhã seguinte dirigi por mais de uma hora até chegar ao condado. Quando cheguei ao fórum, verifiquei os autos do caso e encontrei um longo boletim de ocorrência. Como eu era um advogado investigando o caso em nome da família, a escrivã me deixou ler os autos, mas não quis fazer uma cópia nem me deixou levá-los para fora do escritório porque envolvia um menor. O escritório da escrivã era pequeno, mas não estava muito movimentado, então me sentei em uma desconfortável cadeira de metal num canto apertado da sala para ler o relatório, que basicamente confirmava tudo que a avó tinha me contado.

Charlie tinha quatorze anos. Pesava menos de 45 quilos e media apenas 1,52 m. Ele não tinha nenhum antecedente criminal — nenhuma prisão, nenhum caso de mau comportamento na escola, nenhum delito ou comparecimento em juízo. Era um bom aluno que havia recebido diversos certificados de assiduidade integral na escola. Sua mãe o descrevia como um "ótimo menino" que sempre fazia o que ela pedia. Mas Charlie tinha, por conta própria, matado com um tiro um homem chamado George.

George era namorado da mãe de Charlie. Ela se referia à sua relação com ele como um "erro". Muitas vezes George chegava em casa bêbado e começava a agir violentamente. Houve três ocasiões ao longo de um ano e meio até a noite do crime em que George bateu tanto na mãe de Charlie que ela precisou de tratamento médico. Ela nunca terminou o relacionamento com George nem pediu a ele que fosse embora, ainda que tenha dito a diversas pessoas que sabia que devia fazer isso.

Na noite do crime, George chegou em casa muito bêbado. Charlie e sua mãe estavam jogando cartas quando ele chegou. Ele entrou gritando:

— Ei, onde você está?

A mãe de Charlie seguiu a voz de George e foi até a cozinha, onde lhe disse que ela e Charlie estavam em casa jogando cartas. Os dois adultos haviam discutido mais cedo naquela mesma noite porque ela havia lhe implorado para não sair temendo que ele voltasse para casa bêbado. Agora ela olhava para ele com raiva ao vê-lo ali de pé, fedendo a álcool. Ele olhou de volta para ela, reproduzindo seu desdém e sua repulsa e imediatamente deu-lhe um forte soco na cara. Ela não esperava que ele a agredisse de forma tão rápida e violenta — ele nunca tinha feito aquilo daquela maneira antes. Ela tombou no chão com a força do golpe.

Charlie estava de pé atrás de sua mãe e viu a cabeça dela bater na bancada de metal da cozinha quando ela caiu. George viu que Charlie estava ali e o encarou com frieza antes de passar por ele e ir para o quarto, onde Charlie o ouviu cair na cama com estardalhaço. A mãe de Charlie estava no chão, inconsciente e sangrando muito. Ele se ajoelhou ao lado dela e tentou estancar o sangramento. Havia sangue em seu rosto, mas ele jorrava de um corte feio na parte de trás da cabeça. Charlie tentava desesperadamente reanimá-la. Ele começou a chorar e, em vão, perguntava a ela o que fazer. Levantou-se e colocou toalhas de papel atrás da cabeça dela, mas não conseguiu estancar o sangramento. Desesperado, procurou o pano de prato porque achava que funcionaria melhor e viu que ele estava enrolado em volta de uma panela no fogão. A mãe de Charlie tinha feito feijão fradinho para o jantar; ele adorava feijão fradinho. Eles tinham jantado juntos antes de começarem a jogar *pinochle*, seu jogo de cartas favorito.

Charlie substituiu as toalhas de papel pelo pano de prato e entrou em pânico novamente quando viu a quantidade de sangue. Ele implorava baixinho para que sua mãe acordasse quando teve a impressão de que ela não

CAPÍTULO SEIS

estava respirando. Achou que deveria chamar uma ambulância, mas o telefone estava no quarto com George. George nunca tinha batido em Charlie, mas mesmo assim o menino tinha pavor dele. Quando era menor, sempre que ficava com medo ou se sentia ansioso, Charlie às vezes começava a tremer. O tremor quase sempre era seguido de sangramento nasal.

Sentado no chão da cozinha rodeado pelo sangue da mãe, Charlie percebeu que estava começando a tremer e em segundos o sangue começou a pingar de seu nariz. Sua mãe sempre corria para pegar alguma coisa para ajudar com o sangramento, mas agora ela estava ali deitada no chão. Ele limpou o sangue do nariz e se concentrou no fato de que precisava fazer alguma coisa. Seus tremores pararam. Sua mãe não se mexia há cerca de quinze minutos. A casa estava em silêncio. O único som que ouvia era o da respiração pesada de George no outro cômodo; em pouco tempo estava ouvindo seus roncos.

Charlie estava acariciando o cabelo de sua mãe, torcendo desesperadamente para ela abrir os olhos. O sangue que saía de sua cabeça tinha encharcado o pano de prato e se espalhava para as calças de Charlie. Charlie pensou que sua mãe podia estar morrendo ou talvez já estivesse morta. Ele tinha que chamar uma ambulância. Levantou-se, tomado de ansiedade, e se dirigiu cautelosamente para o quarto. Charlie viu George adormecido na cama e foi invadido por uma onda de ódio por aquele homem. Charlie nunca gostou dele, nunca entendeu por que sua mãe tinha permitido que viesse morar com eles. George também não gostava de Charlie; ele raramente era gentil com o menino. Mesmo quando não estava bêbado, George parecia estar sempre zangado. A mãe de Charlie tinha lhe dito que George podia ser agradável, mas Charlie nunca viu isso acontecer. Charlie sabia que a primeira esposa de George e o filho deles tinham morrido em um acidente de carro e a mãe de Charlie dizia que era por isso que ele bebia. Charlie tinha a impressão de que, nos dezoito meses em que George morou com eles, não houve nada além de violência, discussões barulhentas, empurrões e safanões, ameaças, tumulto e confusão. Sua mãe tinha parado de sorrir como fazia antes. Ela vivia nervosa e sobressaltada, e agora, ele pensou, ela estava no chão da cozinha, morta.

Charlie foi até a cômoda encostada na parede do fundo do quarto para pegar o telefone. Ele já tinha ligado para o 911 — o telefone de emergência dos Estados Unidos — antes, quando George batera em sua mãe, mas daquela vez ela o orientou a ligar e falou para ele exatamente o que dizer. Quando alcançou o telefone, Charlie não sabia bem por que simplesmente não pegou o gancho. Ele nunca conseguiu explicar direito por que abriu a gaveta da cômoda e colocou a mão por baixo das camisetas brancas que sua mãe tinha lavado em busca do revólver que ele sabia que George escondia ali. Ele ja tinha encontrado naquela gaveta, quando George uma vez lhe disse que podia usar uma camiseta da Universidade Auburn que alguém tinha lhe dado. Era pequena demais para George e grande demais para Charlie, mas ele sentira-se grato pelo presente; essa tinha sido uma das raras gentilezas de George. Dessa vez ele não recolheu a mão assustado como fizera antes. Ele pegou a arma. Nunca tinha atirado, mas sabia que conseguiria fazê-lo.

George agora roncava ritmadamente.

Charlie foi até a cama, os braços esticados para frente, apontando a arma para a cabeça de George. No momento em que Charlie pairava acima dele, o ronco parou. O quarto ficou muito, muito silencioso. E foi aí que Charlie puxou o gatilho.

O som do disparo foi muito mais alto do que Charlie esperava. A arma deu um solavanco e empurrou Charlie para trás, ele perdeu o equilíbrio e quase caiu. Olhou para George e fechou os olhos bem apertados; era horrível. Sentiu que seu corpo começava a tremer novamente. Foi então que ouviu sua mãe gemendo na cozinha. Mal podia acreditar que ela estava viva. Correu de volta para o telefone e ligou para o 911, depois se sentou ao lado da mãe e ficou ali até a polícia chegar.

~

Depois que soube de tudo isso, tive certeza de que não iriam processar Charlie como se fosse um adulto. Continuei a ler os autos e as anotações da audiência preliminar. O promotor não contestou o relato de Charlie nem o de sua mãe. Ao continuar a leitura, descobri que George era policial. Em sua longa argumentação, o promotor disse que George era um grande homem e que sua morte tinha abalado muito toda a comunidade.

— George era uma autoridade policial que servia com honra — argumentou o promotor. — É uma imensa perda para o condado e é uma tragédia que uma pessoa de bem tenha sido morta de forma tão cruel por esse jovem.

O promotor insistia que Charlie fosse julgado como adulto e declarou que pretendia pedir a punição máxima permitida pela lei. O juiz concordou que esse era um crime passível de pena de morte e que o menino deveria ser julgado como um adulto. Charlie foi imediatamente levado para a cadeia municipal destinada a adultos.

CAPÍTULO SEIS

A pequena cadeia do condado ficava em frente ao fórum. Como em muitas comunidades do Sul, o fórum era como uma âncora no quarteirão que demarcava o centro da cidade. Saí de lá e atravessei a rua para ver esse jovem rapaz na cadeia. Os guardas claramente não estavam acostumados a receber advogados de fora para visitas legais. O delegado de plantão olhou para mim desconfiado antes de me levar para dentro do prédio, onde me sentei em uma pequena sala reservada para reuniões com advogados e aguardei a vinda de Charlie. Desde o momento em que terminei de ler os autos, não conseguia parar de pensar em como esse caso era trágico — e meus pensamentos sombrios só foram interrompidos quando uma criança pequena foi empurrada para dentro da sala de visitação. O menino parecia baixo demais, magro demais e assustado demais para seus quatorze anos. Olhei para o guarda, que parecia compartilhar da minha surpresa diante daquele menino tão pequeno e tão apavorado. Pedi que retirassem as algemas. Às vezes, em cadeias como essa, os guardas resistem a retirar as algemas dos detentos, argumentando que não é seguro ou não é permitido tirar as algemas de um suspeito durante uma visita legal. A preocupação é que se a pessoa ficar irritada ou violenta, estando sem algemas será mais difícil de conter.

Esse guarda não hesitou em retirar as algemas dessa criança antes de sair da sala.

Estávamos sentados diante de uma mesa de madeira que provavelmente media 1,20m por 1,80m. Charlie estava de um lado da mesa e eu do outro. Ele estava preso há seis dias.

— Charlie, meu nome é Bryan. Sua avó me ligou e perguntou se eu poderia vir até aqui para ver você. Eu sou advogado e ajudo pessoas que estão com problemas ou são acusadas de algum crime, e eu gostaria de ajudar você.

O menino não fazia contato visual comigo. Ele era muito pequenininho, mas seus olhos eram grandes e muito bonitos. Seu cabelo era bem curto, como é comum vermos em meninos pequenos já que não requer muitos cuidados. Esse corte de cabelo fazia ele parecer ainda mais jovem do que era. Pensei ter visto tatuagens ou símbolos em seu pescoço, mas quando olhei mais de perto, percebi que eram hematomas.

— Charlie, você está bem?

Ele não tirava os olhos da parede à minha esquerda, era como se visse alguma coisa ali. Seu olhar distante era tão alarmante que eu até me virei para ver se havia algo de interessante atrás de mim, mas era apenas uma parede branca. O olhar desconectado, a tristeza em seu rosto e a total ausência de interação

— características que diversos adolescentes com quem eu havia trabalhado também demonstravam — foram as únicas coisas que me fizeram crer que ele tinha quatorze anos. Fiquei ali sentado e esperei por um longo tempo na esperança de que ele me desse algum tipo de resposta, mas a sala permaneceu silenciosa. Ele encarou a parede e depois olhou para seus próprios pulsos. Envolveu seu pulso esquerdo com a mão direita na altura em que as algemas tinham sido colocadas e esfregou o local onde o metal tinha apertado seu pulso.

— Charlie, eu quero ter certeza de que você está bem, então preciso que você responda algumas perguntas, tá? — Eu sabia que ele estava me ouvindo, sempre que eu falava, ele levantava a cabeça e voltava a encarar a parede.

— Charlie, se eu fosse você, estaria bastante assustado e muito preocupado agora, mas eu também ia querer que alguém me ajudasse. Eu quero ajudar, tá? — Esperei por uma resposta, mas ela não veio.

— Charlie, você consegue falar? Você está bem? — Ele continuava encarando a parede enquanto eu falava e depois voltou a olhar para os pulsos quando eu parei de falar, mas não disse uma palavra.

— Não precisamos falar sobre o George. Não precisamos falar do que aconteceu, podemos falar do que você quiser. Tem alguma coisa que você queira falar? — Eu esperava cada vez mais tempo depois de cada pergunta, torcendo desesperadamente para ele dizer alguma coisa, mas ele não dizia nada.

— Você quer falar sobre a sua mãe? Ela vai ficar bem. Já procurei saber dela, e embora não possa vir te visitar, ela vai ficar bem. Ela está preocupada com você.

Achei que falar de sua mãe despertaria alguma coisa nos olhos de Charlie. Quando isso não aconteceu, fiquei ainda mais preocupado com aquela criança.

Notei que havia uma segunda cadeira no lado da mesa que Charlie ocupava, e me dei conta de que os advogados deveriam supostamente se sentar naquele lado e os clientes no lado que eu tinha escolhido, onde havia apenas uma cadeira. Eu tinha me sentado no lugar errado.

Abaixei meu tom de voz e falei de forma mais suave:

— Charlie, você precisa falar comigo. Não posso te ajudar se você não falar. Me diz o seu nome, só isso — diz alguma coisa, por favor.

Ele continuava com os olhos fixos na parede. Eu esperei e depois me levantei e fui para o outro lado da mesa. Ele não olhou para mim enquanto eu me movimentava, mas voltou a olhar para os pulsos. Sentei na cadeira ao seu lado, me aproximei dele e disse bem baixinho:

CAPÍTULO SEIS

— Charlie, sinto muito que você esteja angustiado, mas fala comigo por favor. Não posso te ajudar se você não falar comigo.

Ele se recostou na cadeira pela primeira vez, quase encostando a cabeça na parede atrás de nós. Puxei minha cadeira para mais perto dele e me recostei também. Ficamos ali sentados em silêncio por um longo tempo e depois comecei a dizer bobagens, porque eu não sabia mais o que fazer.

— Bom, se você não vai me dizer o que está pensando, então acho que vou ter que te dizer o que eu estou pensando. Aposto que você acha que sabe o que eu estou pensando — eu disse em tom de brincadeira —, mas na verdade você não poderia nunca imaginar. Provavelmente você acha que eu estou pensando nas leis, ou no juiz, ou na polícia, ou por que esse rapaz não quer falar comigo. Mas na verdade eu estou pensando em comida. É, Charlie, é isso mesmo — continuei brincando —, estou pensando em frango frito e couve cozida com peru e biscoito de batata doce... Você já comeu biscoito de batata doce?

Nada.

— Você provavelmente nunca comeu um biscoito de batata doce e isso é uma pena.

Ainda nada. Continuei.

— Estou pensando em comprar um carro novo porque o meu está muito velho. — Esperei. Nada. — Charlie, você devia dizer, "quantos anos ele tem, Bryan?" e aí eu digo que meu carro é tão velho...

Ele não sorriu nem uma vez, nem teve qualquer reação, continuou olhando para a parede, seu rosto congelado de tristeza.

— Qual carro você acha que eu devia comprar?

Fiz diversas ponderações ridículas que não produziram nenhum efeito em Charlie. Ele continuou recostado na cadeira e seu corpo parecia um pouco menos tenso. Percebi que nossos ombros agora se tocavam.

Depois de algum tempo, tentei novamente.

— Vamos lá, Charlie, o que está acontecendo? Você precisa falar comigo, filho.

Comecei a me inclinar para cima dele de brincadeira, até que ele sentou um pouco mais para a frente e finalmente senti ele apoiar o corpo em mim. Me arrisquei e passei o braço em volta de seu ombro e ele imediatamente começou a tremer. Os tremores se intensificaram até que ele finalmente se apoiou totalmente em mim e começou a chorar. Encostei minha cabeça na dele e disse:

— Está tudo bem, está tudo bem.

Ele soluçava quando finalmente falou. Não demorou muito para que eu percebesse que ele não estava falando do que havia acontecido com George ou com sua mãe, mas do que tinha acontecido na cadeia.

— Tinha três homens que me machucaram na primeira noite. Eles me tocaram e me obrigaram a fazer umas coisas. — As lágrimas escorriam por seu rosto. Sua voz soava aguda e angustiada.

— Eles voltaram na outra noite e me machucaram muito — ele disse, ficando mais descontrolado a cada palavra. E então ele olhou para mim pela primeira vez.

— Tinha tantos ontem à noite. Não sei quantos, mas eles me machucaram...

Ele chorava tanto que não conseguiu terminar a frase. Agarrou meu paletó com uma força que nunca imaginei que ele pudesse ter.

Eu o segurei e lhe disse da maneira mais afetuosa possível:

— Vai ficar tudo bem. Vai ficar tudo bem.

Eu nunca tinha abraçado ninguém que me apertasse tão forte quanto aquela criança ou que chorasse tanto ou por tanto tempo. Parecia que suas lágrimas nunca acabariam. Ele se cansava e depois recomeçava. Resolvi simplesmente abraçá-lo até ele parar de chorar. Levou quase uma hora até ele se acalmar e parar. Prometi a ele que tentaria tirá-lo dali imediatamente. Ele me implorou para que eu não fosse embora, mas prometi que voltaria no mesmo dia. Nós não chegamos a falar do crime.

Quando saí da cadeia, sentia mais raiva do que tristeza. Ficava me perguntando: Quem é responsável por isso? Como podemos permitir uma coisa dessa?

Fui direto para o escritório do xerife dentro da cadeia e expliquei para aquele xerife de meia idade, claramente acima do peso, o que a criança tinha me contado e exigi que ele fosse imediatamente colocado em uma cela individual e protegida. O xerife me ouviu com uma expressão distraída, mas quando eu disse que iria falar com o juiz, ele concordou em transferir o menino para um local protegido imediatamente. Voltei então para o outro lado da rua, entrei no fórum e encontrei o juiz, que havia chamado o promotor. Quando o promotor entrou na sala do juiz, eu lhes disse que a criança tinha sofrido abuso sexual e tinha sido estuprada. Eles concordaram em transferi-lo para uma unidade juvenil que ficava ali perto nas próximas horas.

Decidi pegar o caso. Acabamos conseguindo transferir o caso de Charlie para a vara da infância e juventude, onde o crime foi julgado como ato

CAPÍTULO SEIS

infracional. Isso significava que Charlie não seria enviado para uma prisão de adultos e que provavelmente seria solto antes de completar dezoito anos, ou seja, dentro de poucos anos. Visitei Charlie regularmente e, com o tempo ele se recuperou. Era uma criança esperta, sensível, atormentada pelo que tinha feito e pelo que havia passado.

Em uma palestra que dei numa igreja algum tempo depois, falei sobre Charlie e a situação precária das crianças encarceradas. Ao final, um casal de mais idade se aproximou de mim e os dois insistiram que queriam ajudar Charlie. Tentei dissuadir essas duas pessoas tão gentis da ideia de que poderiam fazer alguma coisa, mas dei meu cartão para eles e disse que podiam me ligar. Não esperava nenhum contato deles, mas não demorou muito para ligarem, e foram bastante persistentes. Por fim concordamos que escreveriam uma carta para Charlie e que eu a entregaria. Quando recebi a carta algumas semanas depois, eu a li. Era extraordinária.

O Sr. e a Sra. Jennings eram um casal de brancos de mais de setenta anos de uma pequena comunidade que ficava a nordeste de Birmingham. Eram pessoas gentis e generosas e bastante atuantes em sua igreja local, pertencente à Igreja Metodista Unida. Nunca perdiam os cultos de domingo e tinham especial interesse por crianças que enfrentavam problemas graves. Falavam baixo e sempre pareciam estar sorrindo, mas jamais davam a impressão de ser qualquer coisa menos que inteiramente genuínos e piedosos. Eram encantadoramente afetuosos um com o outro, muitas vezes ficavam de mãos dadas e encostavam-se um no outro. Vestiam-se como fazendeiros e tinham quatro hectares de terra, onde plantavam hortaliças e viviam com simplicidade. Seu único neto, que tinham ajudado a criar, havia se suicidado quando era adolescente e eles nunca deixaram de lamentar sua morte. O neto sofrera de problemas mentais em sua curta vida, mas era um menino inteligente. Seus avós tinham economizado dinheiro para que pudesse ir para a universidade. Em sua carta eles explicavam que gostariam de usar o dinheiro que haviam juntado para o neto para ajudar Charlie.

Com o tempo, Charlie e o casal começaram a trocar correspondências, até o dia em que os Jennings finalmente conheceram Charlie no centro de detenção juvenil. Mais tarde eles me contaram que "se apaixonaram instantaneamente". A avó de Charlie morreu poucos meses depois que ligou para mim pela primeira vez e a mãe dele ainda enfrentava dificuldades por causa da tragédia do crime e da prisão de Charlie. Charlie estava apreensivo com relação a esse primeiro encontro com os Jennings porque achava que não iriam gostar dele, mas depois me disse que eles pareciam realmente se importar com ele e que isso era muito reconfortante. Os Jennings se tornaram sua família.

Em um dado momento logo no início, tentei preveni-los aconselhando que não esperassem muito de Charlie depois que fosse solto.

— Como vocês sabem, ele passou por muita coisa. Não sei se vai conseguir simplesmente tocar a vida como se nada tivesse acontecido. Quero que entendam que talvez ele não consiga fazer tudo que gostariam que ele fizesse.

Eles não aceitaram minhas advertências. A Sra. Jennings raramente discordava ou se opunha ao o que lhe diziam, mas eu tinha aprendido que ela dava um resmungo quando alguém dizia alguma coisa com a qual ela não concordava inteiramente. Ela disse:

— Todos já passamos por muita coisa, Bryan, todos nós. Sei que alguns passaram por mais coisas que outros. Mas se não esperarmos mais uns dos outros, se não desejarmos coisas melhores uns para os outros e não nos recuperarmos do sofrimento, estaremos condenados, com toda certeza.

Os Jennings ajudaram Charlie a se preparar para a prova de obtenção do certificado de conclusão do ensino médio enquanto esteve detido e insistiram em financiar seu estudo universitário. Quando Charlie foi solto, eles estavam presentes, junto com a mãe dele, para levá-lo para casa.

CAPÍTULO SETE
JUSTIÇA NEGADA

O recurso de Walter foi negado. A decisão judicial de setenta e duas páginas do Tribunal de Apelação Criminal do Alabama confirmando sua condenação e a sentença de morte nos deixou arrasados. Eu havia protocolado uma petição que documentava a insuficiência de provas e apontava todas as falhas legais do julgamento que pude identificar. Argumentei que não havia nenhuma corroboração confiável do depoimento de Myers e que, de acordo com a lei do Alabama, o Estado não pode basear-se única e exclusivamente no depoimento de um cúmplice. Argumentei que houvera má conduta da promotoria, que a seleção do júri fora racialmente discriminatória e que a mudança de foro era indevida. Até mesmo contestei o fato de o Juiz Robert E. Lee Key haver anulado a sentença de prisão perpétua determinada pelo júri, embora eu soubesse que a redução da sentença de pena de morte de um homem inocente para prisão perpétua sem direito à condicional ainda seria um erro judicial revoltante. O tribunal rejeitou todos os meus argumentos.

Não achei que isso fosse acontecer. Meses antes, durante a sustentação oral, me sentira confiante ao entrar no imponente Tribunal do Alabama e na grandiosa sala de audiência de segunda instância que havia sido um templo do Rito Escocês da Maçonaria. Construído na década de 1920, o edifício foi reformado nos anos 1940 e passou a ser um cavernoso fórum, com piso de mármore e uma abóbada impressionante. O prédio ficava no final da Avenida Dexter em Montgomery, em frente à histórica Igreja Batista da Avenida Dexter, onde o Dr. Martin Luther King pregou durante o Boicote aos Ônibus de Montgomery. A um quarteirão de distância ficava o capitólio estadual, ornamentado com três estandartes: a bandeira dos Estados Unidos, a bandeira branca e vermelha do estado do Alabama e a bandeira de batalha dos Confederados.

CAPÍTULO SETE

A sala de audiência do Tribunal de Apelação Criminal do Alabama ficava no segundo andar. O juiz presidente do tribunal era o ex-governador John Patterson. Ele tinha sido notícia nos anos 1960 por fazer uma oposição ferrenha aos direitos humanos e à integração racial. Em 1958, com o apoio da Ku Klux Klan, ele derrotou George Wallace na eleição para governador. Seus posicionamentos eram ainda mais pró-segregação que os de Wallace (que, tendo aprendido a lição, se tornaria o mais famoso segregacionista dos Estados Unidos e em 1963 declararia, "segregação agora, segregação amanhã, segregação para sempre" a apenas um quarteirão de distância desse tribunal). Quando era procurador-geral antes de se tornar governador, Patterson proibiu que a NAACP — Associação Nacional para o Progresso de Pessoas de Cor — operasse no Alabama e impediu os boicotes e protestos por direitos civis em Tuskegee e Montgomery. Como governador, retirou a proteção dada pelas autoridades policiais aos *Freedom Riders*, ou Viajantes da Liberdade, — os estudantes universitários e ativistas negros e brancos que viajavam para o sul no início dos anos 1960 para dessegregar locais públicos como forma de reconhecimento das novas leis federais. Quando o ônibus dos *Freedom Riders* passou pelo Alabama, a polícia os abandonou. Sozinhos e desprotegidos, levaram surras violentas e tiveram seu ônibus bombardeado.

Mesmo assim, me forcei a ter esperança. Isso tudo tinha acontecido muito tempo atrás. Durante minha argumentação, os cinco juízes do tribunal me olhavam com curiosidade, mas me fizeram poucas perguntas. Escolhi interpretar seu silêncio como concordância. Esperava que estivessem vendo tão pouca fundamentação para a condenação de Walter que achavam que não havia muito a se discutir. O único comentário do Juiz Patterson durante a sustentação oral veio no final, quando ele, de forma lenta, porém firme, fez uma única pergunta que ecoou pela sala quase vazia.

— De onde você é?

Fui surpreendido pela pergunta e hesitei antes de responder.

— Moro em Montgomery, senhor.

Eu havia, tolamente, desencorajado a família de McMillian a comparecer à sustentação oral porque sabia que as questões discutidas seriam um tanto obscuras e que haveria pouca discussão dos fatos. Seus apoiadores teriam que faltar o trabalho e dirigir por muitas horas até Montgomery para a audiência que aconteceria de manhã cedo. Como cada lado só tinha trinta minutos para apresentar seus argumentos, achei que não valia o esforço. Quando me sentei depois da argumentação, me arrependi dessa decisão. Teria sido muito bom ver rostos solidários na sala de audiência para sinalizar para os juízes que esse caso era diferente, mas não havia nenhum ali comigo.

Um assistente da procuradoria-geral apresentou, então, a argumentação do Estado — casos de apelação de pena capital eram da alçada da procuradoria-geral, e não da promotoria de justiça do estado. O advogado do Estado argumentou que esse era um caso comum de assassinato passível de pena capital e que a pena de morte havia sido corretamente imposta. Depois da sustentação oral, eu ainda tinha esperança de que os juízes revertessem a condenação e a sentença porque era muito evidente que não estavam fundamentadas em fatos confiáveis. A lei estadual exigia corroboração confiável do depoimento de cúmplices em casos de assassinato, e simplesmente não havia nenhuma no caso de Walter. Eu acreditei que os juízes teriam dificuldade para confirmar uma condenação com tão poucas provas. Eu estava errado.

~

Fui até o presídio para dar a notícia. Walter não disse nada enquanto eu lhe explicava a situação, mas estava com uma expressão estranha e desesperançada. Eu tinha tentado prepará-lo para a possibilidade de que poderia levar anos para conseguirmos reverter sua condenação, mas ele havia acalentado suas esperanças.

— Eles nunca vão admitir que cometeram um erro — ele disse desanimado. — Eles sabem que eu não fiz isso. Mas simplesmente não podem admitir que erraram, nem passar uma má impressão.

— Estamos só começando, Walter — respondi. — Ainda podemos fazer muita coisa e nós vamos obrigá-los a enfrentar isso.

Eu estava dizendo a verdade: nós tínhamos que seguir adiante. Nosso plano era pedir que o Tribunal de Apelação Criminal reconsiderasse sua decisão e, se isso não desse em nada, solicitaríamos que a Suprema Corte do Alabama reexaminasse o caso. E havíamos encontrado ainda mais provas da inocência de Walter.

Depois de protocolar as razões do recurso, continuei investigando o caso a fundo. Se não tivéssemos apresentado tantas provas novas para atestar a inocência de Walter, acho que a decisão do tribunal teria sido ainda mais arrasadora. Quando saí do presídio, disse a Walter:

CAPÍTULO SETE

— Eles não sabem o que nós sabemos agora sobre a sua inocência. Assim que apresentarmos as novas provas, eles vão mudar de ideia.

Minha esperança era genuína, apesar de tudo que já tinha acontecido. Mas eu estava subestimando a resistência que teríamos pela frente.

Eu finalmente tinha conseguido contratar alguns advogados, o que me deu mais tempo para investigar o caso de Walter. Um dos meus novos contratados era Michael O'Connor, um advogado recém-formado pela Faculdade de Direito de Yale apaixonado pela ideia, avivada por suas próprias batalhas na vida, de ajudar pessoas com problemas. Michael era filho de imigrantes irlandeses e cresceu na periferia da Filadélfia em um perigoso bairro de classe operária. Quando seus amigos do ensino médio começaram a experimentar drogas pesadas, Michael os acompanhou e em pouco tempo estava viciado em heroína. Sua vida se transformou em um pesadelo de dependência de drogas e caos, com o agravante do risco, cada vez maior, de morte por *overdose*. Por muitos anos ele entrou e saiu de uma crise após a outra, até que a morte por *overdose* de um amigo próximo o motivou a trilhar o caminho de volta à sobriedade. Durante todo esse processo tão doloroso, sua família nunca o abandonou. Eles o ajudaram a estabilizar sua vida e retomar seus estudos. Na Universidade Penn State, revelou-se um aluno brilhante e se formou *summa cum laude*. Suas credenciais acadêmicas o levaram à Faculdade de Direito de Yale, mas seu coração ainda estava conectado a toda a dor que seus anos na rua lhe trouxeram.

Quando o entrevistei para o emprego, ele se desculpou pelos episódios sombrios de seu passado, mas achei que ele era perfeito para fazer parte da equipe que estávamos tentando montar. Ele aceitou o trabalho, se mudou para Montgomery e sem hesitar mergulhou no caso de McMillian comigo. Passamos dias perseguindo pistas, entrevistando dezenas de pessoas, indo atrás de rumores malucos, investigando diferentes teorias. Cada vez mais eu me convencia de que teríamos que descobrir quem de fato havia matado Ronda Morrison para conseguir que Walter fosse solto. Além de estar muito feliz por contar com a inestimável ajuda de Michael com todo o trabalho, me sentia grato por finalmente ter com quem compartilhar toda a insanidade daquele caso — e no momento exato em que descobria que era ainda mais louco do que eu imaginava.

Depois de alguns meses de investigação, descobrimos provas contundentes da inocência de Walter. Descobrimos que Bill Hooks tinha recebido dinheiro do Xerife Tate para testemunhar contra Walter — encontramos cheques nos registros financeiros do condado que mostravam cerca de US$5.000,00 em pagamentos para Hooks descritos como recompensa e "despesas". O Xerife Tate também havia dado dinheiro a Hooks para financiar suas viagens para o condado na época do julgamento. Essa informação deveria ter sido revelada ao advogado de Walter antes do julgamento para que ele pudesse usá-la para questionar a credibilidade do depoimento de Hooks.

Também descobrimos que Hooks foi solto da cadeia assim que deu seu depoimento à polícia afirmando ter visto a caminhonete "rebaixada" de Walter em frente à lavanderia no dia do assassinato. Encontramos registros do tribunal que revelavam que o promotor e o xerife, que são autoridades do *condado*, tinham conseguido retirar acusações e multas que Hooks havia recebido *do município*, embora não tivessem qualquer autoridade em tribunais municipais. De acordo com um precedente da Suprema Corte dos EUA, o fato de que as acusações contra Hooks haviam sido retiradas em troca de cooperação com as autoridades era uma informação que o Estado era obrigado a revelar para a defesa. Mas, obviamente, não revelou.

Encontramos o homem branco que era o responsável pelo funcionamento da loja no dia em que Ralph Myers foi até lá com o propósito de entregar um bilhete a Walter. Walter havia tentado convencer seus primeiros advogados a falar com esse homem, mas eles não o fizeram. Depois que Walter descreveu a localização da loja, conseguimos encontrar o homem. O dono da loja nos contou suas lembranças daquele dia: Myers tentou localizar Walter — mas teve que perguntar para o dono da loja qual daqueles vários homens negros ali presentes era Walter McMillian. Meses depois do crime, o dono da loja continuava inabalável em sua certeza de que Myers nunca tinha visto Walter McMillian antes.

No subsolo de uma igreja, a irmã de Walter encontrou alguns folhetos que anunciavam a venda de peixe frito na casa de Walter, eles confirmavam que o evento acontecera no mesmo dia do assassinato de Morrison. Um lojista branco que não tinha nenhuma relação com Walter ou com sua família havia guardado uma cópia desse folheto sem nenhum motivo especial e confirmava que o tinha recebido antes do assassinato de Morrison. Fomos atrás até de Clay Kast, o mecânico branco que fez modificações na caminhonete de Walter e a rebaixou. Ele confirmou que esse serviço foi realizado mais de seis meses *depois* de Ronda Morrison ser assassinada. Isso prova que a caminhonete de Walter não tinha passado por nenhuma modificação nem tinha

CAPÍTULO SETE

qualquer característica especial e, portanto, não poderia ser a caminhonete descrita por Myers e Hooks no julgamento.

Eu estava satisfeito com o progresso que estávamos fazendo quando recebi um telefonema que viria a ser a mais significativa reviravolta do caso.

— Sr. Stevenson, aqui é Ralph Myers — disse a voz.

Nossa secretária tinha me dito que um "Sr. Miles" estava no telefone, então fiquei bastante surpreso ao ouvir a voz de Ralph Myers do outro lado da linha. Antes que eu conseguisse me recompor, ele falou novamente.

— Acho que o senhor precisa vir até aqui me ver. Tenho uma coisa pra te contar — ele disse de forma dramática.

Myers estava preso na Unidade Penitenciária de St. Clair em Springville, Alabama, e Michael e eu nos programamos para visitá-lo dentro de três dias.

Michael e eu havíamos começado a correr alguns quilômetros toda noite depois do expediente para descarregar a tensão dos dias cada vez mais longos de trabalho. Montgomery tem um parque muito bonito onde acontece o Festival de Shakespeare do Alabama, que traz para a cidade dramaturgos e atores nacionalmente consagrados para encenar Shakespeare e outras montagens teatrais contemporâneas. O teatro fica nesse parque de centenas de hectares, maravilhosamente bem cuidado, que ainda conta com lagos grandes e pequenos. O parque dispõe de diversas trilhas para corredores. Naquela noite passamos a maior parte da nossa corrida especulando a respeito do que Myers nos diria.

— Por que Myers ligaria para nós agora? — Michael perguntou. — Você consegue imaginar o que é entrar num tribunal e simplesmente inventar uma história que leva um homem inocente para o corredor da morte? Não sei se podemos acreditar em nada do que ele diz.

— É, talvez você tenha razão, mas ele recebeu ajuda de muita gente para criar aquele depoimento. Não esquece que eles também mandaram o Myers para o corredor da morte para coagi-lo a dizer algumas daquelas coisas. Não dá para saber. Pode ser que ele esteja em contato com o Estado agora e isso seja algum tipo de armadilha para tentar nos despistar.

Eu ainda não tinha considerado essa hipótese seriamente até aquele momento. Pensei novamente em como Myers tinha sido sórdido durante o julgamento.

— Temos que ter cuidado para não revelar nenhuma informação para Myers — só obter as informações que ele tem. Mas temos que falar com ele porque se ele retirar o depoimento, o Estado não vai ter nada contra o Walter.

Concordamos que dependendo do que Myers nos dissesse, tudo poderia mudar. Tínhamos feito bastante progresso em desmentir o depoimento de Bill Hooks. Com o surgimento de Darnell Houston, a nova prova sobre a aparência da caminhonete de Walter e a descoberta de que Hooks recebeu ajuda das autoridades, seu depoimento estava agora repleto de questões relacionadas à sua credibilidade. Mas conseguir uma retratação de Myers seria muito mais importante. Todo o processo do Estado baseava-se no depoimento e nas acusações bizarras de Myers.

Tendo lido o depoimento de Myers e revisado as informações disponíveis sobre ele, eu sabia que tinha um histórico trágico e uma personalidade complexa. Walter e a família descreviam Myers como uma pessoa perversa, por causa das mentiras que contou no julgamento. Ouvir uma pessoa que nem conhecia mentir tanto e de maneira tão fria a seu respeito foi uma das coisas mais angustiantes para Walter. Quando Walter telefonou para o escritório no dia seguinte, disse a ele que Myers havia nos procurado e que iríamos vê-lo para saber o que ele tinha a dizer. Walter me alertou:

— Ele é uma víbora. Cuidado.

∽

Michael e eu dirigimos por duas horas até a prisão estadual de Springville, no condado de St. Clair. A prisão fica em uma área rural a nordeste de Birmingham, onde o terreno do Alabama começa a ficar pedregoso e montanhoso. A prisão de segurança máxima era mais nova que Holman ou Donaldson, as outras prisões de segurança máxima do Alabama, mas ninguém pensaria em dizer que St. Clair era moderna. Michael e eu passamos pela segurança na entrada da prisão: o guarda que nos revistou disse que trabalhava na prisão há três meses e que essa era a primeira vez que recebiam uma visita legal durante seu turno. Fomos conduzidos por um longo corredor que dava em uma escadaria que nos levou ainda mais para dentro da prisão. Passamos por diversas portas metálicas de segurança até chegarmos em uma grande sala que funcionava como área de visitação. Era bem típica: havia máquinas automáticas de comidas e bebidas nas paredes do fundo da sala e pequenas mesas retangulares onde os detentos podiam se reunir com seus familiares. A familiaridade do ambiente não ajudou a nos acalmar. Michael e eu colocamos nossos blocos e canetas em uma das mesas e ficamos andando de um lado para o outro à espera de Myers.

CAPÍTULO SETE

Quando Myers entrou na área de visitação, fiquei surpreso de ver que aparentava ter bastante idade. O cabelo, quase totalmente grisalho, dava a ele uma aparência frágil e vulnerável. Ele também era mais baixo e sua estrutura corporal muito menor do que eu esperava. Seu depoimento havia causado tanto sofrimento a Walter e sua família que eu havia criado uma imagem quase sobre-humana dele. Veio na nossa direção, mas parou de repente quando viu Michael e falou de supetão:

— Quem é ele? Você não me disse que ia trazer ninguém. — Myers tinha um forte sotaque sulista. De perto, suas cicatrizes o faziam parecer mais uma pessoa simpática do que um vilão ameaçador.

— Esse é Michael O'Connor. Ele é advogado no meu escritório e está trabalhando comigo nesse caso. Michael está me ajudando nas investigações desse caso.

— Bem, me disseram que eu posso confiar em você. Eu não sei nada sobre ele.

— Eu respondo por ele. — Olhei de relance para Michael, que se esforçava ao máximo para parecer digno de confiança, antes de voltar a falar com Myers. — Sente-se, por favor.

Ele olhou para Michael desconfiado e depois sentou-se lentamente. Meu plano era deixá-lo à vontade para a nossa conversa dizendo que só queríamos saber a verdade. Mas antes que eu pudesse dizer qualquer coisa, Myers despejou sobre nós um desmentido completo do seu depoimento em juízo.

— Eu menti. Tudo que eu disse durante o julgamento de McMillian era mentira. Já perdi muitas horas de sono e tenho sofrido muito por causa disso. Não posso mais me calar.

— O depoimento que você deu no julgamento de Walter era mentira? — perguntei com cautela.

Meu coração batia forte, mas tentei me manter o mais firme possível. Meu receio era parecer ansioso demais ou surpreso demais — *qualquer coisa demais* — e ele recuar.

— Foi tudo mentira. O que eu vou te dizer agora vai te deixar de queixo caído, Sr. Stevenson.

Ele me encarou de forma dramática antes de se virar para Michael.

— O seu também, Jimmy Connors.

Não foi necessário conversar muitas vezes com Ralph para perceber que ele tinha dificuldade para guardar nomes.

— Sr. Myers, você sabe que vou querer que diga a verdade não só para mim, mas que também diga a verdade para os juízes. Está disposto a fazer isso?

Fiquei nervoso por pressioná-lo tão cedo, mas era preciso esclarecer as coisas. Eu não queria uma performance exclusiva.

— Foi por isso que chamei o senhor. — Ele pareceu surpreso de que pudesse haver qualquer dúvida quanto a suas intenções. — Fiz terapia de grupo aqui. A ideia é a gente ser totalmente honesto. Estamos falando de honestidade há uns três meses. Na semana passada o pessoal tava falando sobre todas as merdas que aconteceram com eles quando eram crianças e todas as coisas ruins que fizeram.

Myers ficava mais empolgado à medida que falava.

— Finalmente eu disse pro grupo, "Olha, eu consigo superar todos vocês, seus filhos da puta, eu mandei um cara pro corredor da morte contando um monte de mentiras no tribunal.

Fez uma pausa dramática.

— Depois que eu contei pra eles o que eu tinha feito, todo mundo falou que eu tinha que consertar as coisas. É isso que eu tô tentando fazer. — Fez outra pausa para que eu pudesse absorver tudo que ele dizia. — Ei, vocês vão comprar um maldito refrigerante pra mim, ou eu vou ficar aqui o dia todo olhando praquelas malditas máquinas enquanto abro meu coração pra vocês? — Ele sorriu pela primeira vez desde que chegou. Michael se levantou de um salto e foi comprar uma bebida para Myers.

— Ei, Jimmy, *Sunkist* de laranja, se tiver.

Durante mais de duas horas, fiz perguntas e Ralph deu respostas. Ao final, ele, de fato, me deixou de queixo caído. Ele nos contou como foi pressionado pelo xerife e pela Divisão de Investigação do Alabama e ameaçado com a pena de morte se não testemunhasse contra McMillian. Fez acusações a respeito de corrupção, falou de seu envolvimento no assassinato de Pittman e revelou suas tentativas anteriores de retratação. Por fim admitiu que não sabia nada sobre o assassinato de Morrison, não tinha a menor ideia do que acontecera com ela nem sobre qualquer outra coisa relacionada ao crime. Disse que tinha contado para muitas pessoas — do promotor de justiça a todo e qualquer advogado — que fora coagido a prestar falso testemunho contra Walter. Se apenas metade do que ele dizia fosse verdade, havia muitas pessoas envolvidas nesse caso que sabiam, da boca de seu único acusador, que Walter McMillian não tinha nada a ver com o assassinato de Ronda Morrison.

CAPÍTULO SETE

Ralph já estava no terceiro *Sunkist* de laranja quando interrompeu sua torrente de confissões, inclinou-se para frente e fez um gesto para que nos aproximássemos. Sussurrou para nós:

— Eles vão tentar matar vocês dois se vocês conseguirem realmente descobrir tudo dessa história.

Acabaríamos aprendendo que Ralph nunca deixava uma reunião terminar sem lançar um *insight*, uma previsão ou uma observação dramática. Garanti a ele que tomaríamos cuidado.

~

Na viagem de volta para Montgomery, Michael e eu debatemos a respeito do quanto podíamos confiar em Myers. Tudo que ele nos contou sobre o caso de McMillian fazia sentido. A história que contou no julgamento era tão implausível que ficava fácil acreditar que ele havia sido pressionado a prestar falso testemunho. A narrativa de corrupção que ele parecia decidido a expor era mais difícil de avaliar. Myers alegava ter assassinado Vickie Pittman a mando de outro xerife local. Ele nos revelou uma ampla conspiração que envolvia a polícia, tráfico de drogas e lavagem de dinheiro. Era uma história e tanto.

Passamos as semanas seguintes seguindo as pistas que Myers nos dera. Ele admitiu que nunca havia visto Walter e que tudo que sabia a seu respeito lhe fora contado por Karen Kelly. Também confirmou que estava se encontrando com Karen Kelly na época e que ela estava envolvida no assassinato de Pittman. Decidimos, então, confirmar a história com a própria Kelly, que agora estava presa no Presídio Feminino Tutwiler cumprindo uma pena de dez anos pelo assassinato de Pittman. Tutwiler é um dos mais antigos presídios estaduais e o único presídio feminino no estado. Ele tem menos restrições de segurança do que os presídios masculinos. Quando Michael e eu chegamos no portão, vimos algumas detentas perambulando do lado de fora da entrada do presídio sem nenhum guarda à vista. As mulheres nos observaram com atenção antes de nos cumprimentar com sorrisos curiosos. Fomos submetidos a uma revista manual rápida e superficial no saguão do presídio, feita por um guarda masculino, antes de permitirem que cruzássemos o portão de barras de ferro que levava à parte principal da prisão. Nos disseram para esperar Karen Kelly em uma sala bem pequena que não tinha nada além de uma mesa quadrada.

Kelly era uma mulher branca, magra, de cerca de trinta e cinco anos, que entrou na sala sem algemas ou nada que restringisse seus movimentos. Estava surpreendentemente à vontade e apertou minha mão com firmeza antes de fazer um aceno de cabeça para Michael. Estava maquiada e nos olhos usava uma sombra verde bastante chamativa. Sentou-se e anunciou que Walter fora falsamente incriminado e que se sentia grata por finalmente poder contar isso para alguém. Quando começamos a fazer perguntas, ela rapidamente confirmou que Myers nunca tinha visto Walter antes do assassinato de Morrison.

— Ralph é um idiota. Achou que podia confiar naqueles bandidos da polícia e deixou que convencessem ele a dizer que estava envolvido num crime que ele não sabia nada a respeito. Ele fez coisa ruim suficiente, não precisava sair por aí inventando mais.

Embora estivesse calma no início da nossa entrevista, foi ficando mais e mais emocionada à medida que nos contava os detalhes dos acontecimentos em torno do caso. Chorou copiosamente mais de uma vez. Falou com remorso sobre como sua vida tinha saído de controle quando começou a abusar das drogas.

— Não sou uma pessoa ruim, mas tomei decisões muito idiotas, muito ruins.

O que mais a afligia era Walter estar no corredor da morte.

— Eu sinto que sou a razão de ele estar na prisão. Ele simplesmente não é o tipo de pessoa que mata alguém, eu sei disso. — Então, seu tom ficou amargo. — Cometi muitos erros, mas essas pessoas deviam ter vergonha. Eles fizeram tanto mal quanto eu. O Xerife Tate só tinha uma coisa na cabeça. Ele ficava dizendo, "Por que você quer ir pra cama com crioulos? Por que você quer ir pra cama com crioulos?" Foi horrível, ele é horrível. — Fez uma pausa e olhou para baixo, encarando as mãos. — Mas eu sou horrível também. Olha o que eu fiz — ela disse com tristeza.

◊

Comecei a receber cartas de Karen Kelly depois de nossa visita. Ela queria que eu dissesse a Walter que lamentava muito tudo que tinha acontecido com ele. Disse que ainda gostava muito dele. Não estava claro o que poderíamos esperar de Karen se conseguíssemos uma nova audiência com os juízes, além de sua confirmação de que Ralph nunca tinha visto Walter. Estava claro que, para ela, Walter era o tipo de pessoa que nunca mataria alguém de forma violenta, o que era condizente com a opinião de todos que o conheciam. Ela não teve muito contato com a polícia na época do assassinato de Morrison e não tinha nenhuma informação útil que apontasse

CAPÍTULO SETE

para a má-conduta das autoridades, a não ser poder demonstrar o quanto se sentiam provocados por seu relacionamento com Walter.

Michael e eu decidimos gastar mais tempo analisando o assassinato de Pittman, pensamos que poderia nos ajudar a compreender a coerção exercida sobre Myers. Agora sabíamos que, como Myers havia voltado atrás em suas acusações contra Walter antes do julgamento, o Estado talvez não ficasse inteiramente surpreso ao saber que ele estava negando o envolvimento de McMillian no crime. Precisávamos do maior número possível de provas objetivas que pudéssemos encontrar para confirmar a veracidade do que Myers agora dizia. Entender o caso de Pittman e documentar todas as outras afirmações comprovadamente falsas de Myers fortaleceria nossas provas.

O assassinato de Vickie Pittman estava praticamente esquecido. As autoridades do Condado de Monroe haviam reduzido as penas de Myers e de Kelly em troca do depoimento de Myers contra Walter. O fato de terem conseguido reduzir as penas no caso de Pittman, que estava fora de sua jurisdição em outro condado, era outra anomalia. Myers insistia que havia outras pessoas além dele e Kelly envolvidas no assassinato de Pittman, inclusive um xerife local corrupto. Ainda não se sabia exatamente por que Vickie Pittman tinha sido assassinada. Myers nos contou que seu assassinato tinha tudo a ver com dívidas de drogas e ameaças que ela fez de expor a corrupção.

Soubemos, através de alguns relatórios preliminares da polícia, que o pai de Vickie Pittman, Vic Pittman, fora implicado como suspeito na sua morte. Vickie Pittman tinha duas tias, Mozelle e Onzelle, que haviam recolhido informações e desesperadamente buscavam respostas para as perguntas relacionadas à morte da sobrinha. Entramos em contato com elas na esperança remota de que estivessem dispostas a falar conosco e ficamos espantadíssimos quando aceitaram sem titubear.

Mozelle e Onzelle eram gêmeas — e falavam de forma muito expressiva e obstinada, podendo ser muito diretas, o que era revigorante. As duas mulheres de meia-idade, brancas, vindas do interior, passavam tanto tempo juntas que completavam as frases uma da outra sem nem se dar conta. Diziam-se acostumadas com a "vida dura da roça" e se apresentavam como mulheres destemidas e incansáveis que ninguém podia intimidar.

— Só pra você saber: nós temos armas, então não traga nenhum drama com você quando vier. — Esse foi o aviso final de Mozelle antes de desligar o telefone na primeira vez que nos falamos.

Michael e eu viajamos para a região rural do Condado de Escambia e fomos recebidos pelas gêmeas. Nos convidaram para entrar, pediram que sentássemos em volta da mesa da cozinha e não perderam tempo.

— Seu cliente matou nossa menininha? — Mozelle perguntou sem rodeios.

— Não, senhora, acredito sinceramente que não.

— Vocês sabem quem matou?

Suspirei.

— Bom, não totalmente. Falamos com Ralph Myers e acreditamos que ele e Karen Kelly estavam envolvidos, mas Myers insiste que havia outras pessoas envolvidas também.

Mozelle olhou para Onzelle e se recostou na cadeira.

— Nós sabemos que tem mais gente envolvida — disse Onzelle.

As irmãs falaram de suas suspeitas sobre o irmão e as autoridades locais, mas reclamaram que o promotor as havia desrespeitado e ignorado. (Vic Pittman nunca foi formalmente acusado pelo assassinato.) Disseram que foram dispensadas até mesmo pelo grupo de direitos das vítimas do estado.

— Nos trataram como lixo, como a ralé branca e ignorante[13]. Não podiam ter menos consideração com a gente do que tiveram. — Mozelle parecia estar furiosa enquanto falava. — Achei que tratavam melhor as vítimas. Achei que tínhamos direito de dar nossa opinião.

∽

Embora as vítimas de crimes há muito tempo reclamassem sobre o sistema de justiça criminal, nos anos 1980 emergiu um novo movimento que resultou em muito mais receptividade à opinião das vítimas de crimes e suas famílias. O problema era que nem todas as vítimas de crimes recebiam o mesmo tratamento.

Cinquenta anos atrás, o conceito que prevalecia no sistema de justiça criminal dos Estados Unidos era de que todas as pessoas em uma comunidade são vítimas quando alguém comete um crime violento. A parte que move a ação contra o réu é chamada de "Estado" ou "Povo" ou "*Commonwealth*" porque quando alguém é assassinado, estuprado, roubado ou sofre agressão física, isso é um crime contra todos nós. No início dos anos 1980, entretanto, os

---

[13] *White trash* — expressão pejorativa utilizada nos Estados Unidos para se referir a pessoas brancas de baixa renda e pouca educação formal. (N. da T.)

CAPÍTULO SETE

estados começaram a envolver vítimas individuais de crimes no julgamento e a "personalizar" as vítimas de crimes na apresentação dos casos. Alguns estados autorizavam os familiares da vítima a se sentarem à mesa do promotor durante o julgamento. Trinte e seis estados decretaram leis que deram às vítimas direitos específicos para que pudessem participar do julgamento ou dar declarações de impacto. Em muitos lugares, os promotores começaram a se apresentar como o advogado de uma vítima em particular, e não como o representante das autoridades cívicas.

Nos casos de pena capital, a Suprema Corte dos EUA disse, em 1987, que apresentar provas sobre o *status*, o caráter, a reputação ou a família de uma vítima de homicídio era inconstitucional. A ideia prevalecente durante décadas havia sido: "todas as vítimas são iguais", ou seja, o assassinato de uma criança de quatro anos, filha de pais ricos, não é um crime mais grave do que o assassinato de uma criança cujo pai ou mãe estão presos, nem mais grave, inclusive, do que o assassinato de um preso. A Corte proibiu que os jurados ouvissem declarações de "impacto da vítima" porque tinham o poder de inflamar os ânimos e incluía arbitrariedade nos processos de pena capital. Muitos críticos argumentavam que tais provas iriam acabar enfraquecendo as vítimas pobres, as vítimas pertencentes a minorias raciais e os familiares que não tinham recursos para defender seus entes queridos agora falecidos. A Corte concordou e derrubou esse tipo de prova no caso *Booth contra Maryland*.

A decisão da Corte foi amplamente criticada por promotores e alguns políticos, e pareceu dar fôlego ao movimento de direitos das vítimas. Menos de três anos depois, a Corte revogou sua própria decisão no caso *Payne contra Tennessee* e manteve os direitos dos estados de apresentar provas relacionadas ao caráter da vítima em julgamentos em que a pena capital era pedida.

Com a Suprema Corte agora dando sua benção constitucional e permitindo que vítimas individuais tivessem mais visibilidade e proteção em julgamentos criminais, as mudanças no processo de justiça criminal dos Estados Unidos se aceleraram. Autorizou-se que milhões de dólares federais e estaduais fossem utilizados na criação de grupos de defesa de vítimas de crimes em cada estado. Os estados encontraram incontáveis maneiras para possibilitar que vítimas individuais de crimes específicos pudessem agora tomar decisões e participar. Defensores das vítimas passaram a fazer parte das comissões encarregadas de decidir a respeito do livramento condicional e receberam, na maioria dos estados, funções oficiais nas promotorias estaduais e locais. Os serviços de atendimento e assistência às vítimas tornaram-se componentes essenciais do trabalho da promotoria. Para agradar às vítimas, alguns estados permitiram que um número maior de familiares da vítima assistisse às execuções.

Legislaturas estaduais aprovaram novas punições severas para crimes e deram o nome de vítimas específicas a essas novas leis. A Lei de Megan, por exemplo, que ampliou o poder do estado para criar registros de agressores sexuais, recebeu esse nome por causa de Megan Kanka, uma menina de sete anos que foi estuprada e morta por um homem que já havia sido condenado por molestar uma criança. Em vez de um estado ou uma comunidade sem rosto, as vítimas dos crimes eram apresentadas no julgamento e as ações penais passaram a ter a mesma dinâmica de julgamentos cíveis tradicionais, jogando a família da vítima contra o autor do crime. A cobertura da mídia alardeava a natureza pessoal do conflito entre o autor do crime e a vítima específica. Surgiu uma nova fórmula para processos criminais, principalmente em casos com muita visibilidade e as emoções, pontos de vista e opiniões da vítima passaram a moldar, de forma significativa e clara, a maneira como os casos seriam conduzidos.

Entretanto, como Mozelle e Onzelle vieram a descobrir, a atenção dada ao *status* da vítima se tornou uma nova forma através da qual o sistema de justiça criminal desfavorecia algumas pessoas. Vítimas pobres e pertencentes a minorias sofriam uma vitimização adicional por parte do próprio sistema. A decisão da Suprema Corte no caso *Payne* veio pouco tempo depois da decisão da Corte no caso *McCleskey contra Kemp*, um caso que apresentou provas empíricas convincentes de que a raça da vítima é o mais claro prenúncio de quem será sentenciado à pena de morte nos Estados Unidos. O estudo conduzido para esse caso revelou que na Geórgia a probabilidade de os autores de crimes serem condenados à pena de morte quando a vítima é branca *é onze vezes maior* do que se a vítima é negra. Essas descobertas foram replicadas em todos os outros estados onde se desenvolviam estudos sobre raça e pena de morte. No Alabama, embora sessenta e cinco por cento de todas as vítimas de homicídio sejam negras, quase oitenta por cento das pessoas no corredor da morte estavam lá por crimes contra vítimas brancas. A combinação de réu negro e vítima branca aumentava ainda mais a possibilidade de uma sentença de pena de morte.

CAPÍTULO SETE

Muitas vítimas pobres e pertencentes a minorias reclamavam que não recebiam telefonemas nem apoio da polícia local e dos promotores. Muitos não eram incluídos nas conversas a respeito de acordos entre réu e promotoria ou sobre qual sentença seria apropriada. Se sua família tivesse perdido um ente querido em um assassinato ou sofresse a dor de um estupro ou de uma agressão grave, você não seria considerado uma vítima caso tivesse entes queridos encarcerados. A expansão dos direitos das vítimas acabou formalizando o que sempre fora verdade: algumas vítimas são mais protegidas e valorizadas do que outras.

O que mais magoava e entristecia Mozelle e Onzelle era a falta de consideração e receptividade por parte da polícia, promotores e pessoas ligadas aos serviços de assistência a vítimas.

— Vocês são as primeiras pessoas a vir até nossa casa e passar um tempo falando com a gente sobre a Vickie — Onzelle nos disse.

Depois de quase três horas ouvindo suas desoladoras reflexões, prometemos fazer o que estivesse ao nosso alcance para descobrir quem mais estava envolvido na morte de sua sobrinha Vickie.

∽

Estávamos chegando a um ponto em que, sem acesso aos relatórios e registros policiais, não conseguiríamos avançar. Como o caso agora dependia de uma apelação direta, o Estado não tinha nenhuma obrigação de nos deixar ver esses relatórios e registros. Decidimos, então, protocolar a chamada Regra 32, o que nos levaria de volta a um tribunal de primeira instância onde teríamos oportunidade de apresentar novas provas e obter exibição inclusive dos autos do Estado.

Petições baseadas na Regra 32 devem necessariamente incluir alegações que não foram apresentadas durante o julgamento ou na apelação e que não poderiam ter sido apresentadas durante o julgamento ou na apelação. Essas petições são o veículo para contestar uma condenação baseada em aconselhamento ineficiente, no fato de o Estado não ter exibido provas e, mais importante, novas provas de inocência. Michael e eu redigimos juntos uma petição que trazia todas essas alegações, inclusive de má-conduta da polícia e da promotoria, e a protocolamos no Tribunal Regional Federal do Condado de Monroe.

O documento, que alegava que Walter McMillian havia sido injustamente julgado, incorretamente condenado e ilegalmente sentenciado, atraiu muita atenção em Monroeville. Três anos haviam se passado desde o julgamento. A confirmação inicial da condenação de Walter na apelação tinha gerado uma significativa cobertura da mídia na comunidade e a maioria das pessoas agora acreditava que a culpa de Walter era uma questão já resolvida. Tudo que restava a fazer era aguardar a data da execução. O Juiz Key havia se aposentado e nenhum dos juízes do Condado de Monroe pareciam interessados em tocar na nossa petição, então ela foi transferida de volta para o Condado de Baldwin com a teoria de que uma apelação pós-condenação deveria ser tratada no mesmo condado do julgamento inicial. Isso fazia muito pouco sentido para nós porque o juiz-presidente do julgamento era do Condado de Monroe, mas não havia nada que pudéssemos fazer.

Para nossa surpresa, a Suprema Corte do Alabama concordou em suspender o processo de apelação direta para que a petição da Regra 32 pudesse ter prosseguimento. A regra geral era que a apelação direta deveria ter sido finalizada antes que a apelação colateral sob a Regra 32 pudesse ter início. Ao suspender o caso, a Suprema Corte do Alabama deu um sinal de que havia algo de incomum no caso de Walter que justificava um novo reexame nas instâncias inferiores. O Tribunal Regional Federal do Condado de Baldwin era agora obrigado a reexaminar nosso caso e poderia ser forçado a deferir nossos pedidos de exibição, o que significaria que todos os autos da polícia e da promotoria teriam que ser divulgados. Isso era um desdobramento muito positivo.

Precisávamos de outra reunião com o promotor de justiça, Tommy Chapman, mas dessa vez estaríamos munidos de uma ordem judicial para que nos entregasse os autos da polícia e da promotoria. Também iríamos, finalmente, conhecer em carne e osso as autoridades envolvidas no processo criminal de Walter: o investigador da promotoria de justiça, Larry Ikner, o agente da Divisão de Investigação do Alabama, Simon Benson, e o Xerife Tom Tate.

Chapman sugeriu que fôssemos até seu escritório no fórum do Condado de Monroe pois assim nos entregariam todos os autos ao mesmo tempo. Concordamos. Quando chegamos, os homens já estavam lá. Tate era um homem branco, alto, corpulento, que veio para a reunião de botas, jeans e uma camisa leve. Ikner também era branco, tinha cerca de quarenta e cinco anos e usava uma roupa igual. Nenhum dos dois sorria muito — cumprimentaram Michael e eu com uma curiosidade confusa com a qual eu já estava me acostumando. Os homens sabiam que os estávamos acusando de má-conduta, mas de maneira geral foram educados. Em certo momento, Tate disse para Michael que, assim que olhou para ele, soube que era "um Ianque".

Michael sorriu e respondeu:

CAPÍTULO SETE

— Na verdade, eu sou um *Nittany Lion*, um leão da Pensilvânia.
A piada morreu no silêncio da sala. Resoluto, Michael continuou.
— Estudei na Universidade Penn State. A mascote da Penn State é...
— Demos uma surra em vocês em '78. —Tate disse isso como se tivesse acabado de ganhar na loteria.

A Universidade Penn State e a Universidade do Alabama foram rivais no futebol americano nos anos 1970 quando as duas instituições tinham programas bem-sucedidos e treinadores icônicos, Bear Bryant no Alabama e Joe Paterno na Penn State. A Universidade do Alabama derrotou o time da Penn State, que estava no topo do *ranking*, por 14 a 7 e venceu o campeonato nacional.

Michael, que era um fã ardoroso de futebol universitário e devoto de "JoePa", me olhou como se estivesse pedindo permissão não-verbal para dizer algo temerário. Olhei para ele fixamente como quem faz uma advertência e, para meu imenso alívio, ele pareceu compreender.

— Quanto que o "Johnny D" tá pagando pra vocês? — Tate perguntou, usando o apelido que os amigos e familiares de Walter haviam lhe dado.

— Nós trabalhamos para uma organização sem fins lucrativos. Não cobramos nada das pessoas que representamos — eu disse da forma mais calma e educada possível.

— Bom, de algum lugar vocês 'tão recebendo dinheiro pra fazer o que fazem.

Decidi deixar passar e seguir adiante.

— Achei que seria uma boa ideia assinarmos alguma coisa que ateste que esses são todos os autos que todos vocês têm sobre esse caso. Podemos fazer uma lista do que vocês estão nos entregando e depois todos nós assinamos?

— Não precisamos fazer uma coisa tão formal assim, Bryan. Esses homens são autoridades do tribunal, como você e eu. Basta levar os autos — Chapman disse, aparentemente percebendo que essa sugestão havia irritado Tate e Ikner.

— Bem, é que pode haver arquivos que inadvertidamente se extraviaram ou documentos que sumiram. Só estou tentando documentar que o que estamos recebendo é o que vocês estão nos dando — o mesmo número de páginas, os mesmos cabeçalhos nos arquivos, etc. Não estou questionando a integridade de ninguém.

— É claro que tá. — Tate era direto. Olhou para Chapman e disse: —

A gente pode assinar alguma coisa confirmando o que a gente deu pra ele. Acho que vamos precisar de um registro disso mais do que ele.

Chapman assentiu. Pegamos os autos e saímos de Monroeville muito animados com o que poderíamos encontrar nas centenas de páginas de registros que recebemos. De volta a Montgomery, começamos a examinar tudo com avidez e não apenas os autos da polícia e da promotoria. Com a ordem de exibição de provas que obtivemos, pudemos ver os registros de Taylor Hardin, o hospital penitenciário para onde Myers foi levado quando se recusou a testemunhar pela primeira vez. Pegamos o arquivo da Divisão de Investigação do Alabama (ABI) com Simon Benson, o único agente negro da ABI no Sul do Alabama, como ele orgulhosamente nos disse. Pegamos os registros do departamento de polícia de Monroeville e outros documentos municipais. Pegamos até mesmo os registros e as provas do Condado de Escambia referentes ao assassinato de Vickie Pittman. Os documentos eram assombrosos.

A dor de Mozelle e Onzelle pode ter nos influenciado ou talvez as elaboradas conspirações descritas por Ralph Myers tenham nos atraído, mas logo começamos a fazer perguntas sobre algumas autoridades policiais cujos nomes apareciam a toda hora quando examinávamos o assassinato de Vickie Pittman. Decidimos até falar com o FBI a respeito de algumas descobertas que fizemos.

Não demorou muito para que as ameaças de bomba começassem.

CAPÍTULO OITO
TODOS OS FILHOS DE DEUS

Lágrimas Que Não Chorei

Imagine lágrimas que ninguém chorou
A dor presa que não escapou
Esperando a chance de fugir
Pela janela dos seus olhos

"Por que não nos deixa sair?"
As lágrimas perguntam à consciência
"Renuncie às dúvidas e aos medos
E a cura será consequência."

A consciência disse para as lágrimas
"Sei que querem muito que eu chore
Mas se eu libertar qualquer uma,
Ao ganhar a liberdade, ela morre."

As lágrimas pensaram um pouco
Antes de a consciência responder
"Se chorar lhe trouxer o triunfo
Não será tão mau assim morrer."

Ian E. Manuel,
Instituição Correcional da União,
Flórida, EUA

CAPÍTULO OITO

Trina Garnett era a caçula de doze filhos que moravam na área mais pobre de Chester, Pensilvânia, um município que atravessava graves problemas financeiros nos arredores da Filadélfia. As taxas extraordinariamente elevadas de pobreza, crime e desemprego em Chester combinavam-se com o pior sistema de educação pública dos quinhentos e um distritos da Pensilvânia. Cerca de quarenta e seis por cento das crianças da cidade viviam abaixo da linha de pobreza estabelecida pelo governo federal.

O pai de Trina, Walter Garnett, era um ex-boxeador que se transformara num alcóolatra violento e abusivo quando sua carreira fracassou. Walter era conhecido pela polícia por distribuir socos a qualquer mínima provocação. A mãe de Trina, Edith Garnett, tinha a saúde debilitada por dar à luz tantos filhos, alguns deles concebidos ao ser estuprada pelo marido. Quanto mais velha e mais doente ficava, mais Edith se tornava um alvo fácil para a fúria de Walter. Ele frequentemente a socava, chutava e agredia verbalmente na frente dos filhos. Walter muitas vezes chegava a extremos: despia Edith e a surrava até que ela, jogada no chão, se contorcia de dor enquanto os filhos assistiam apavorados. Quando ela perdia a consciência durante as surras, Walter enfiava um espeto em sua garganta para reanimá-la, para que assim pudesse continuar praticando seus abusos. Nada estava seguro na casa dos Garnett. Uma vez Trina viu seu pai estrangular seu cachorrinho até ele se calar porque o animal não parava de latir. Ele matou o cachorro com um martelo e atirou seu corpo inerte pela janela.

Trina tinha irmãs gêmeas, Lynn e Lynda, um ano mais velhas do que ela. Quando Trina era pequena, elas a ensinaram a brincar de "invisível" para protegê-la do pai quando ele bebia e ficava rodando pelo apartamento com o cinto na mão, despindo os filhos e os surrando aleatoriamente. Trina aprendeu a se esconder embaixo da cama ou dentro de algum armário e ficar o mais quieta possível.

Trina demonstrou sinais de deficiência intelectual e outros problemas bem cedo. Quando ainda engatinhava, ficou gravemente doente ao ingerir fluido de isqueiro numa ocasião em que a deixaram sozinha. Aos cinco anos, acidentalmente colocou fogo em si mesma, o que resultou em queimaduras graves no peito, barriga e costas. Passou semanas no hospital sendo submetida a dolorosos enxertos de pele que deixaram seu corpo coberto de terríveis cicatrizes.

Edith morreu quando Trina tinha apenas nove anos. As irmãs mais velhas de Trina tentaram cuidar da menina, mas foram embora quando Walter começou a abusar sexualmente delas. Depois que as irmãs saíram de casa, Trina, Lynn e Lynda se transformaram no alvo dos abusos de Walter. As garotas fugiram de casa e passaram a vagar pelas ruas de Chester. Trina e suas irmãs comiam restos que encontravam em latas de lixo, às vezes passavam dias sem comer nada. Dormiam em parques e banheiros públicos. As meninas ficaram na casa de Edy, sua irmã mais velha, até que o marido de Edy começou a abusar sexualmente delas. Os outros irmãos e as tias às vezes lhes abrigavam temporariamente, mas o acolhimento acabava sendo interrompido por violência ou morte e Trina novamente se via vagando pelas ruas.

A morte de sua mãe, os abusos e as circunstâncias desesperadoras, tudo exacerbou os problemas emocionais e mentais de Trina. Às vezes ela ficava tão doente e perturbada que suas irmãs tinham que encontrar algum parente que pudesse levá-la para o hospital. Mas ela não tinha um tostão e nunca a deixavam ficar tempo suficiente para que pudesse se estabilizar ou se recuperar.

Era tarde da noite, em agosto de 1976, quando Trina, agora com quatorze anos, e sua amiga de dezesseis anos, Francis Newsome, entraram pela janela de uma casa geminada em Chester. As meninas queriam falar com os meninos que moravam lá. A mãe desses meninos havia proibido os filhos de brincar com Trina, mas Trina queria vê-los. Uma vez dentro da casa, Trina acendeu fósforos para encontrar o caminho para o quarto dos meninos. A casa pegou fogo. O incêndio se espalhou rápido e dois meninos que estavam dormindo dentro da casa morreram asfixiados pela fumaça. A mãe acusou Trina de incendiar a casa intencionalmente, mas Trina e sua amiga insistiam que tinha sido um acidente.

Trina ficou traumatizada com a morte dos meninos e mal podia falar quando foi presa. Estava tão letárgica e abatida que o advogado designado para fazer sua defesa achou que ela era incapaz e que por isso não poderia ir a julgamento. Os réus considerados incompetentes não podem ser julgados em ações penais contraditórias — o que significa que o Estado não pode processá-los a menos que estejam em condições de se defender. Pessoas acusadas criminalmente e que vão a julgamento têm direito a tratamento e atendimentos. Mas o advogado de Trina não deu entrada nos pedidos cabíveis nem apresentou provas para sustentar um parecer de incompetência para Trina. O advogado, que mais tarde foi expulso da ordem e preso por má-conduta processual em outro caso, também nunca contestou a decisão do Estado de processar Trina como adulta. Como resultado, Trina foi a julgamento por

CAPÍTULO OITO

homicídio de segundo grau no juizado de adultos. No julgamento, Francis Newsome testemunhou contra Trina em troca de ter as acusações contra ela retiradas. Trina foi condenada por homicídio de segundo grau e o julgamento passou para a fase de fixação da pena.

O Juiz do Circuito do Condado de Delaware, Howard Reed, entendeu que Trina não teve intenção de matar. Mas de acordo com a lei da Pensilvânia, o juiz não pode considerar a ausência de intenção durante a fixação da pena. Ele não podia levar em consideração a idade de Trina, nem sua doença mental, sua pobreza, os abusos que sofrera, nem as trágicas circunstâncias que envolviam o incêndio. A lei de fixação de pena da Pensilvânia era inflexível: para as pessoas condenadas por homicídio de segundo grau, a prisão perpétua compulsória sem possibilidade de livramento condicional era a única sentença. O Juiz Reed expressou seu imenso desconforto com relação à sentença que fora obrigado a impor. "Esse foi o caso mais triste que já vi", ele escreveu. Por causa de um trágico crime cometido aos quatorze anos, Trina estava condenada a morrer na prisão.

Depois de estipulada a sentença, Trina foi imediatamente enviada para um presídio feminino para adultos. Trina, agora com dezesseis anos, passou pelos portões da Penitenciária Estadual em Muncy, um presídio feminino para adultos, apavorada, ainda sofrendo de traumas, doença mental e profundamente vulnerável, sabendo que nunca sairia dali. A prisão poupou Trina das incertezas de não ter onde morar, mas lhe trouxe novos problemas e desafios. Não muito tempo depois de sua chegada ao presídio, um agente penitenciário a arrastou para um local isolado e a estuprou.

O crime foi descoberto quando Trina engravidou. Como normalmente acontece, o agente penitenciário foi demitido, mas não foi processado criminalmente. Trina continuou presa e deu à luz um menino. Como centenas de mulheres que dão à luz na prisão, Trina estava completamente despreparada para o estresse do parto. Ela teve o bebê algemada à cama. Foi só em 2008 que os estados abandonaram a prática de acorrentar ou algemar prisioneiras durante o parto.

O bebê de Trina foi afastado dela e mandado para um lar adotivo temporário. Depois dessa série de acontecimentos — o incêndio, a prisão, o estupro, o parto traumático seguido do afastamento forçado do filho —, a saúde mental de Trina se deteriorou ainda mais. Com o passar dos anos, ela ficou mais letárgica e seus problemas mentais se agravaram. Começou a ter espasmos e tremer de forma incontrolável, o que a levou a precisar de bengala e, mais tarde, de cadeira de rodas. Aos trinta anos, os médicos do presídio já tinham diagnosticado que Trina sofria de esclerose múltipla, incapacidade intelectual e doença mental relacionada a traumas.

Trina havia dado entrada em um processo contra o guarda que a estuprou e o júri concedeu a ela US$62.000,00. O guarda recorreu e a Corte revogou o veredito porque não haviam permitido que o agente penitenciário contasse ao júri que Trina estava presa por homicídio. Consequentemente, Trina nunca recebeu nenhuma ajuda financeira nem qualquer tipo de assistência do estado como forma de compensação por ter sido violentamente estuprada por um de seus agentes "correcionais".

Em 2014, Trina fez cinquenta e dois anos. Está presa há trinta e oito anos. Ela é uma das quase quinhentas pessoas na Pensilvânia que foram condenadas à pena compulsória de prisão perpétua sem direito à condicional por crimes que foram acusados de cometer quando tinham entre treze e dezessete anos de idade. É a maior população de menores infratores condenados a morrer na prisão em uma única jurisdição no mundo todo.

~

Em 1990, Ian Manuel e dois meninos mais velhos tentaram assaltar um casal que tinha saído para jantar em Tampa, Flórida. Ian tinha treze anos. Quando Debbie Baigre reagiu, Ian atirou nela com a arma que os meninos mais velhos haviam lhe dado. A bala atravessou a bochecha de Baigre, estilhaçando diversos dentes e causando graves danos à sua mandíbula. Os três meninos foram presos e acusados de assalto à mão armada e tentativa de homicídio.

O advogado designado para defender Ian o aconselhou a se declarar culpado, assegurando a ele que seria condenado a quinze anos de prisão. O advogado não se deu conta de que duas das acusações contra Ian eram passíveis de sentença de prisão perpétua sem direito à condicional. O juiz aceitou a confissão de Ian e o sentenciou à prisão perpétua sem condicional. Embora Ian tivesse treze anos, o juiz o condenou por morar na rua, por não ter supervisão parental adequada e por suas múltiplas detenções anteriores por furto de mercadorias ou pequenos crimes contra o patrimônio. Ian foi mandado para um presídio de adultos — a Penitenciária Apalachee, um dos presídios mais brutais da Flórida. Os agentes penitenciários no centro de processamento do presídio não acharam nenhum uniforme que coubesse em um menino do tamanho de Ian, então cortaram quinze centímetros das pernas da menor calça que conseguiram encontrar. Menores de idade abrigados em presídios para adultos têm cinco vezes mais chance de serem vítimas de estupro, então os agentes de Apalachee colocaram Ian, que era pequeno para sua idade, em uma solitária.

Ficar em uma solitária em Apalachee significa viver dentro de uma caixa de concreto do tamanho de um *closet*. O prisioneiro recebe as refeições através de uma fenda, não vê outros detentos e nunca toca ou fica perto de outro ser humano. Se você "se comportar mal" dizendo algo que considerem uma insubordinação ou se recusar a obedecer uma ordem de um agente penitenciário, você é obrigado a dormir no chão de concreto da sua cela sem um colchão. Se você gritar ou berrar, seu tempo na solitária aumenta; se você prejudicar sua saúde se recusando a comer ou mutilar seu corpo, seu tempo na solitária aumenta; se você reclamar com os guardas ou disser qualquer coisa ameaçadora ou inapropriada, seu tempo na solitária aumenta. Você tem direito a três banhos de chuveiro por semana e pode ficar quarenta e cinco minutos em uma pequena área semelhante a uma jaula para poder se exercitar algumas vezes por semana. Fora isso, você fica sozinho, escondido de todos em sua caixa de concreto, semana após semana, mês após mês.

Na solitária, Ian ficou conhecido como "cortador", ele pegava qualquer coisa afiada em sua bandeja de comida para cortar os pulsos e braços só para ficar observando seu sangue escorrer. Seu estado mental se deteriorou e ele tentou o suicídio diversas vezes. A cada vez que se feria ou se comportava mal, seu tempo de isolamento aumentava.

Ian passou dezoito meses ininterruptos na solitária.

Uma vez por mês, Ian tinha direito a dar um telefonema. Logo depois que chegou ao presídio, na véspera do Natal de 1992, usou seu telefonema para ligar para Debbie Baigre, a mulher em quem atirara. Quando ela atendeu o telefone, Ian disparou um pedido de desculpas emocionado, expressando seu profundo arrependimento e remorso. A sra. Baigre ficou pasma ao ouvir a voz do menino que havia atirado nela, mas ficou comovida com seu telefonema. Ela havia se recuperado fisicamente do tiro e agora estava empenhada em se tornar uma fisiculturista de sucesso, pois havia fundado uma revista direcionada à saúde da mulher. Era uma mulher determinada que não permitiu que o assalto e o tiro a desviassem de seus objetivos. Aquele primeiro telefonema surpreendente levou a uma correspondência regular. Ian tinha sido negligenciado por sua família antes do crime. Tinha sido abandonado e forçado a vagar pelas ruas com muito pouco apoio parental ou familiar. Na solitária, conheceu muito poucos prisioneiros e funcionários da penitenciária. Enquanto afundava no mais profundo desespero, Debbie Baigre se tornou uma das poucas pessoas na vida de Ian que o encorajavam a se manter forte.

Depois de se comunicar com Ian por muitos anos, Baigre escreveu para o tribunal e disse para o juiz que condenou Ian que estava convicta que a sentença tinha sido pesada demais e que as condições de confinamento dele eram desumanas. Ela tentou falar com as autoridades prisionais e deu entrevistas para a mídia na tentativa de atrair atenção para a situação precária de Ian.

— Ninguém sabe mais do que eu o quanto o crime de Ian foi inconsequente e prejudicial. Mas o que estamos fazendo com ele agora é cruel e irresponsável — ela disse para um repórter. — Quando esse crime foi cometido, ele era uma criança, um menino de treze anos cheio de problemas, sem ninguém que o orientasse e sem ninguém para ajudá-lo. Nós não somos crianças.

Os tribunais ignoraram o apelo de Debbie Baigre para que a pena fosse reduzida.

Até 2010, a Flórida havia sentenciado mais de cem crianças à prisão perpétua sem direito à condicional por crimes que não resultaram em morte, sendo que diversas dessas crianças tinham treze anos na época do crime. Todas as crianças mais jovens condenadas — de treze ou quatorze anos — eram negras ou latinas. A Flórida tem a maior população do mundo de crianças condenadas a morrer na prisão por crimes que não resultaram em morte.

∾

O Centro-Sul de Los Angeles, onde Antonio Nuñez morava, sofria com a violência de gangues. A mãe de Antonio mandava os filhos se jogarem no chão quando havia tiroteio do lado de fora do pequeno apartamento onde moravam, o que acontecia com uma regularidade perturbadora. Quase uma dúzia de seus vizinhos levaram tiros e morreram ao serem pegos no fogo cruzado da violência armada.

As dificuldades do lado de fora da casa de Antonio eram agravadas por graves abusos domésticos dentro de casa. Desde que usava fraldas, Antonio apanhava violentamente de seu pai, que batia nele com a mão, o punho, cintos e fios de extensão, causando hematomas e cortes. Ele também era testemunha

CAPÍTULO OITO

de conflitos aterrorizantes quando seus pais se atacavam de forma brutal e ameaçavam-se de morte mutuamente. A violência era tão grande que em mais de uma ocasião Antonio chamou a polícia. Ele começou a ter pesadelos terríveis e acordava aos gritos. A mãe de Antonio, que sofria de depressão, o negligenciava; quando ele chorava, ela simplesmente o ignorava. A única atividade de Antonio que ela se recorda de ter presenciado foi sua formatura em um Programa Educacional de Resistência às Drogas no ensino fundamental.

— Ele estava animado para tirar uma foto com o policial — ela diria mais tarde. — Ele queria ser policial quando crescesse.

Em setembro de 1999, um mês depois de completar treze anos, Antonio Nuñez estava andando de bicicleta perto de casa quando um estranho atirou em sua barriga, na lateral de seu corpo e em seu braço. Antonio desabou no meio da rua. Seu irmão de quatorze anos, José, ouviu seus gritos e correu para ajudá-lo. José levou um tiro na cabeça e morreu ao tentar socorrer seu irmão mais novo que gritava por socorro. Antonio sofreu lesões internas graves que o deixaram hospitalizado por semanas.

Quando Antonio recebeu alta do hospital, sua mãe o mandou para Las Vegas para morar com parentes. Lá o menino tentou se recuperar da tragédia da morte de José. Antonio sentiu-se aliviado por se afastar dos perigos do Centro-Sul de Los Angeles. Manteve-se longe de problemas, era prestativo, obediente em casa e passava suas noites fazendo dever de casa com a ajuda do marido de sua prima. Deixou para trás as gangues, a violência do centro-Sul e fez progressos extraordinários. Mas, um ano depois, os agentes de condicional da Califórnia ordenaram que voltasse para Los Angeles porque Antonio estava em condicional após ter sido julgado por uma infração prévia quando ficou decidido que seria mantido sob tutela.

Em áreas urbanas pobres dos Estados Unidos, é comum que meninos negros e hispânicos se deparem com a polícia inúmeras vezes. Embora muitas dessas crianças não tenham feito nada de errado, elas são alvo da polícia, e as autoridades policiais presumem que são culpadas e as consideram perigosas ou suspeitas de envolvimento em atividades criminosas. Como são aleatoriamente paradas pela polícia, questionadas e assediadas, essas crianças correm um risco infinitamente maior de serem presas por pequenos delitos. Muitas dessas crianças acabam adquirindo um histórico de antecedentes criminais por agirem da mesma forma que crianças mais abastadas impunemente agem.

Forçado a voltar para o Centro-Sul, a alguns quarteirões de distância do local onde seu irmão foi morto, Antonio enfrentou dificuldades. Um juiz mais tarde concluiu que "morar a apenas alguns quarteirões do local onde foi baleado e seu irmão foi morto, fez Antonio Nuñez desenvolver sintomas de trauma, que incluíam *flashbacks*, uma necessidade premente de evitar a região, uma percepção aguçada de ameaças potenciais e uma necessidade exacerbada de se proteger de ameaças reais ou percebidas como tal". Conseguiu uma arma para se defender, mas logo foi preso por causa dela e mandado para um centro para menores, onde os supervisores relataram que ele participava de tudo com entusiasmo e respondia positivamente ao ambiente estruturado e à orientação dos membros da equipe.

Ao retornar do centro, Antonio foi convidado para uma festa onde dois homens com o dobro de sua idade disseram a ele que estavam planejando forjar um sequestro para ganhar dinheiro e que o resgate seria pago por um parente. Eles insistiram para que Antonio se juntasse a eles. Antonio, agora com quatorze anos, entrou no carro com os homens para pegar o dinheiro do resgate. A pretensa vítima sentou-se no banco de trás, enquanto Juan Perez dirigia, com Antonio ao seu lado no banco do carona. Antes de chegarem ao destino no Condado de Orange para buscar o dinheiro, perceberam que estavam sendo seguidos — e logo perseguidos — por dois homens de origem latina em uma van cinza. A certa altura, Perez e o outro homem deram a arma para Antonio e lhe disseram para atirar na van, e o que se seguiu foi um perigoso tiroteio em alta velocidade. Os homens que estavam perseguindo o carro em que Antonio se encontrava eram policiais disfarçados — mas Antonio não sabia disso quando atirou. Quando um carro identificado da polícia se juntou à perseguição, Antonio soltou a arma no exato instante em que o carro se chocou contra algumas árvores. Ninguém se feriu, mas Antonio e Perez foram acusados de extorsão mediante sequestro e tentativa de homicídio de policiais.

Antonio e seu corréu de vinte e sete anos foram julgados juntos e os dois foram considerados culpados. De acordo com a lei da Califórnia, menores de idade devem ter ao menos dezesseis anos para serem sentenciados à prisão perpétua sem direito à condicional por assassinato. Mas não há idade mínima para sequestro, então o juiz do Condado de Orange sentenciou Antonio a ficar preso até morrer, afirmando que ele era membro de uma gangue perigosa, que nunca iria mudar e não se reabilitaria, apesar das dificuldades que

CAPÍTULO OITO

havia enfrentado na vida e da ausência de antecedentes criminais relevantes. O juiz o mandou para os presídios perigosos e lotados da Califórnia, destinados a adultos. Aos quatorze anos, Antonio se tornou a pessoa mais jovem dos Estados Unidos a ser condenada a morrer na prisão por um crime em que ninguém tinha se ferido.

~

A maioria dos adultos condenados por crimes semelhantes aos que levaram Trina, Ian e Antonio para a prisão não são sentenciados à prisão perpétua sem direito à condicional. No sistema federal, adultos que involuntariamente cometem crime de incêndio-assassinato no qual mais de uma pessoa morre normalmente recebem penas que preveem a possibilidade de soltura em menos de vinte e cinco anos. Muitos adultos condenados por tentativa de homicídio na Flórida cumprem penas de menos de dez anos. Violência armada sem feridos costuma ser punida com penas inferiores a dez anos de prisão para réus adultos, mesmo neste momento de punições severas.

Crianças que cometem crimes graves há muito tempo são suscetíveis a processos criminais e punições para adultos em muitos estados, mas o avanço dos sistemas de justiça de menores tinha como objetivo que a maioria dos infratores menores de idade fosse mandada para unidades de detenção juvenil. Os sistemas de justiça de menores variam dentro dos Estados Unidos, mas a maioria dos estados teria mantido Trina, Ian e Antonio sob custódia juvenil até completarem dezoito ou vinte e um anos. No máximo, teriam permanecido sob custódia até os vinte e cinco anos ou mais caso seu histórico institucional ou seu registro de detenção juvenil sugerissem que ainda representavam uma ameaça à segurança pública.

Em outros tempos, se você tivesse treze ou quatorze anos ao cometer um crime, só iria para o sistema de adultos com uma sentença longa se o crime tivesse uma notoriedade excepcional — ou se fosse cometido por uma criança negra contra um branco no Sul. Por exemplo, no infame caso dos Meninos de Scottsboro ocorrido na década de 1930, dois dos réus, Roy Wright e Eugene Williams, tinham apenas treze anos quando foram injustamente condenados por estupro e sentenciados à morte no Alabama.

Em outro típico caso de processo criminal juvenil, George Stinney, um menino negro de quatorze anos, foi executado pelo Estado da Carolina do Sul no dia 16 de junho de 1944. Três meses antes, duas meninas brancas que moravam nas redondezas, em Alcolu, uma pequena cidade fabril onde as raças eram separadas por trilhos de trem, saíram para colher flores e nunca voltaram. Diversas pessoas em toda a comunidade saíram em busca das meninas desaparecidas. O jovem George e seus irmãos se juntaram às buscas. Em certo momento, George mencionou para um adulto branco que participava das buscas que ele e sua irmã tinham visto as meninas mais cedo naquele mesmo dia. As meninas haviam se aproximado deles quando os irmãos brincavam do lado de fora de casa e perguntaram onde poderiam encontrar flores.

No dia seguinte, os corpos das meninas foram encontrados em uma vala rasa. George foi preso imediatamente pelos assassinatos porque admitira ter visto as meninas antes de seu desaparecimento e foi a última pessoa a vê-las com vida. Ele foi submetido a horas de interrogatório sem a presença dos pais ou de um advogado. A raiva compreensível a respeito da morte das meninas irrompeu quando se espalhou a notícia de que um menino negro havia sido preso pelos assassinatos. O xerife afirmou que George tinha confessado os assassinatos, embora nenhuma declaração por escrito ou assinada tenha sido apresentada. O pai de George foi sumariamente despedido do trabalho e sua família intimada a deixar a cidade ou seriam todos linchados. Temendo por suas vidas, a família de George fugiu da cidade naquela madrugada, deixando George para trás, preso na cadeia sem nenhum apoio familiar. No espaço de algumas horas após o anúncio da suposta confissão, uma horda de linchadores se reuniu na cadeia de Alcolu, mas o menino de quatorze anos já havia sido levado para uma prisão em Charleston.

Um mês depois, houve o julgamento. Acusado de homicídio de primeiro grau, George se viu sozinho diante uma multidão de aproximadamente mil e quinhentas pessoas brancas que lotaram a sala de audiência e cercaram o prédio. Não se permitiu a entrada de nenhum afro-americano no tribunal. O advogado branco designado pelo tribunal para defender George, um advogado tributário com aspirações políticas, não chamou nenhuma testemunha. A única prova da promotoria foi o depoimento do xerife a respeito da suposta confissão de George. O julgamento terminou em poucas horas. Um júri composto apenas de brancos deliberou por dez minutos antes de condenar George por estupro e assassinato. O Juiz Stoll prontamente sentenciou o menino de quatorze anos à morte. O advogado de George disse que não recorreria da sentença porque a família do menino não tinha dinheiro para isso.

CAPÍTULO OITO

Apesar dos apelos da Associação Nacional para o Progresso de Pessoas de Cor (NAACP) e do clero negro, que pediram que a sentença fosse convertida para prisão perpétua, o Governador Olin Johnston se recusou a intervir e George foi mandado para Columbia para ser executado na cadeira elétrica da Carolina do Sul. Pequeno para sua idade, com seus 1,58m e 41 quilos, Stinney andou até a cadeira carregando uma Bíblia. Teve que se sentar no livro porque os eletrodos não alcançavam seu pequeno corpo. Sozinho, sem ninguém da família e nenhuma pessoa de cor presente, a criança aterrorizada sentou-se na cadeira elétrica desproporcionalmente grande. Olhou em volta desesperado em busca de alguém que pudesse ajudá-lo, mas só viu agentes da lei e jornalistas. A máscara, feita para adultos, escorregou do rosto de George quando a primeira descarga elétrica atingiu seu corpo. Testemunhas da execução viram seus "olhos arregalados, cheios de lágrimas, e saliva escorrendo de sua boca". Oitenta e um dias depois que duas meninas se aproximaram dele para perguntar onde encontrar flores, George Stinney foi declarado morto. Anos mais tarde, surgiram rumores de que um homem branco de uma família importante confessara em seu leito de morte ter matado as meninas. Recentemente, uma campanha foi lançada para exonerar George Stinney.

A execução de Stinney foi pavorosa e de cortar o coração, mas refletia ainda mais profundamente a política racial do Sul do que a forma como as crianças acusadas de crimes normalmente eram tratadas. Foi um exemplo de como as políticas e normas antes direcionadas exclusivamente para o controle e punição da população negra se infiltraram em nosso sistema de justiça criminal de forma generalizada. No final dos anos 1980 e início dos anos 1990, a política do medo e do ódio que varria o país e fomentava o encarceramento em massa agora voltava sua atenção para as crianças.

Criminologistas influentes previram que haveria uma onda de "superpredadores" com quem o sistema de justiça juvenil seria incapaz de lidar. Às vezes focando expressamente em crianças negras e hispânicas, teóricos sugeriram que os Estados Unidos em breve seriam tomados por "jovens do ensino fundamental que levariam armas em vez de merendas para as escolas" e que esses jovens "não têm absolutamente nenhum respeito pela vida humana". O pânico a respeito dessa iminente onda de crimes que seriam cometidos por crianças "radicalmente impulsivas e cruelmente impiedosas" fez com que quase todos os estados promulgassem leis que aumentaram a possibilidade de crianças serem julgadas como adultos. Muitos estados diminuíram ou eliminaram a idade mínima exigida para que crianças fossem processadas como adultos, o que deixava crianças de apenas oito anos, inclusive, sujeitas a ações penais e encarceramento destinados a adultos.

Alguns estados também deram início a regras obrigatórias de transferência, que retiraram todo e qualquer poder de decisão das mãos de promotores e juízes quanto à pertinência de uma criança ser mantida no sistema juvenil. Dezenas de milhares de crianças que antes estavam sob responsabilidade do sistema de justiça juvenil, que tinha exigências e proteções às crianças bastante avançadas, foram jogadas em um sistema prisional para adultos que se tornava cada vez mais superlotado, violento e desesperador.

As previsões a respeito de "superpredadores" se provaram absurdamente equivocadas. A população juvenil dos Estados Unidos aumentou entre 1994 e 2000, mas a taxa de criminalidade juvenil caiu, o que levou acadêmicos que haviam inicialmente apoiado a teoria dos "superpredadores" a negá-la. Em 2001, o cirurgião geral dos Estados Unidos divulgou um relatório que afirmava que a teoria dos "superpredadores" era um mito e declarava que "não há indícios de que jovens que se envolveram em atos violentos durante os anos de pico do início da década de 1990 eram infratores mais frequentes ou mais cruéis que jovens em outras épocas". Esse reconhecimento chegou tarde demais para crianças como Trina, Ian e Antonio. Suas sentenças de morte-na-prisão foram separadas de contestações ou apelações legais através de verdadeiros labirintos de regras processuais, prazos de prescrição e barreiras legais destinadas a impossibilitar que uma contestação pós-condenação fosse bem-sucedida.

∽

Anos mais tarde, quando conheci Trina, Ian e Antonio, os anos de confinamento desprovidos de qualquer esperança já haviam destruído os três. Eles eram crianças legalmente condenadas mantidas em presídios para adultos, quase totalmente desconhecidas e esquecidas, preocupadas com sua sobrevivência naqueles ambientes perigosos e apavorantes com pouquíssimo apoio familiar ou ajuda externa. Eles não eram exceção. Havia milhares de crianças como eles espalhadas em presídios por todos os Estados Unidos — crianças sentenciadas à prisão perpétua sem direito à condicional ou outras sentenças extremas. A relativa anonimidade dessas crianças parecia agravar

CAPÍTULO OITO

sua situação e seu desespero. Concordei em representar Trina, Ian e Antonio, e a contestação de sentenças de morte-na-prisão impostas a crianças acabaria se tornando um dos principais focos do trabalho do nosso escritório. Mas imediatamente ficou muito claro para nós que suas sentenças extremas e injustas eram apenas um dos problemas que teríamos que enfrentar. Nosso sistema de justiça havia causado danos profundos e graves traumas nessas crianças.

A saúde mental e física de Trina tornaram sua vida na prisão extremamente difícil. Sentia-se grata por nossa ajuda e teve uma melhoria notável quando lhe dissemos que iríamos lutar para que tivesse sua pena reduzida, mas ela tinha muitas outras necessidades. Falava constantemente que queria ver o filho. Queria saber que não estava sozinha no mundo. Encontramos suas irmãs e organizamos uma visita para Trina ver seu filho e isso a fortaleceu de uma forma que nunca poderíamos sequer imaginar.

Peguei um avião para Los Angeles e depois dirigi por centenas de quilômetros passando pelo coração das áreas de cultivo da Califórnia Central para me encontrar com Antonio em um presídio de segurança máxima dominado por gangues e violência constante. Ele estava tentando se familiarizar com um mundo que corrompia o desenvolvimento humano saudável de todas as maneiras possíveis. Antonio sempre teve dificuldade para ler, mas tinha um desejo enorme de aprender e estava tão determinado que às vezes lia uma passagem várias vezes, procurando palavras novas no dicionário que mandamos para ele, até entendê-la.

Ian revelou-se um rapaz muito, muito inteligente. Embora sua inteligência e sua sensibilidade tivessem tornado seu confinamento na solitária especialmente destrutivo, ele conseguiu estudar, leu centenas de livros, escreveu poemas e contos que refletiam um intelecto entusiasmado e vigoroso. Ian me enviou dezenas de cartas e poemas. Eu voltava para o escritório depois de uma viagem de alguns dias e encontrava cartas de Ian. Às vezes encontrava dentro de uma carta um pedaço de papel amassado que, ao ser aberto, revelava poemas reflexivos e profundos, daquele tipo que nos faz pensar, com títulos como "Lágrimas não Choradas", "Palavras Amarradas", "O Minuto Implacável", "Silêncio" e "Ritual de Quarta-Feira".

Decidimos publicar um relatório para atrair atenção para à terrível situação das crianças que haviam sido condenadas a morrer na prisão nos Estados Unidos. Eu queria fotografar alguns de nossos clientes para dar um rosto humano às sentenças de prisão-perpétua-sem-direito-à-condicional impostas a crianças. A Flórida era um dos poucos estados que permitia a entrada de fotógrafos nos presídios, então perguntamos às autoridades prisionais se Ian poderia sair da solitária e de sua existência sem contato humano, por uma hora, para que o fotógrafo que contratamos pudesse fotografá-lo. Para minha imensa alegria, eles concordaram e permitiram que Ian ficasse na mesma sala que um fotógrafo externo. Assim que a visita acabou, Ian imediatamente me escreveu uma carta.

Caro Sr. Stevenson:

Espero que essa carta o encontre com boa saúde e que tudo esteja bem com o senhor. O principal objetivo dessa carta é agradecer ao senhor pela sessão de fotos com o fotógrafo e obter informações do senhor sobre como posso obter uma boa quantidade de fotos.

Como o senhor sabe, estou em confinamento solitário há quase quatorze anos e meio. É como se o sistema tivesse me enterrado vivo e eu estivesse morto para o mundo lá fora. Essas fotos significam muitíssimo para mim nesse momento. Tudo que tenho são US$1,75 na minha conta de detento no momento. Se eu mandar US$1,00 desse dinheiro para o senhor, quantas fotos consigo comprar?

Na minha alegria na sessão de fotos hoje, esqueci de mencionar que hoje, dia 19 de junho, era aniversário da minha falecida mãe. Sei que isso não tem muita importância, mas refletindo sobre isso depois, me pareceu simbólico e especial que a sessão de fotos tenha acontecido no dia do aniversário da minha mãe!

Não sei como fazer o senhor sentir a emoção e a importância dessas fotos, mas para dizer a verdade, quero mostrar ao mundo que estou vivo! Quero olhar para essas fotos e me sentir vivo! Isso me ajudaria muito com a minha dor. Me senti alegre hoje durante a sessão de fotos. Eu queria que não acabasse nunca. Sempre que vocês vêm me visitar e vão embora, eu fico triste. Mas eu capturo e preservo esses momentos e depois, repassando cada um na cabeça, me sinto grato pela interação e pelo contato humano. Mas hoje, os simples apertos de mão que trocamos foram um acréscimo muito bem-vindo à minha vida desprovida de experiências sensoriais.

CAPÍTULO OITO

Por favor me diga quantas fotos consigo comprar. Eu quero essas fotos de mim mesmo, <u>quase</u> tanto quanto quero a minha liberdade.

Obrigado por tornar possível que eu tenha tantas experiências positivas na minha vida. Não sei exatamente como as leis trouxeram o senhor até mim, mas agradeço a Deus por isso. Sou muito grato por tudo que o senhor e a EJI (Equal Justice Initiative) estão fazendo por mim. Por favor, me mande algumas fotos, ok?

CAPÍTULO NOVE
EU ESTOU AQUI

O dia da audiência de Walter McMillian enfim chegara. Finalmente teríamos a oportunidade de apresentar o novo depoimento de Ralph Myers e as provas exculpatórias que havíamos encontrado em registros policiais nunca antes divulgados.

Michael e eu já tínhamos relido o caso diversas vezes, tentando encontrar a melhor maneira de apresentar as provas da inocência de Walter. Nossa maior preocupação era Myers, porque sabíamos que ele se sentiria pressionado quando estivesse mais uma vez dentro do Fórum de Justiça, pois ele já cedera a essa mesma pressão no passado. A única coisa que nos consolava era o fato de que grande parte das nossas provas era documental, o que significava que poderiam ser aceitas mesmo sem as complicações e a imprevisibilidade do depoimento de Myers.

Nós agora contávamos com uma técnica paralegal e decidimos convidá-la para trabalhar no caso. Brenda Lewis era uma ex-agente policial de Montgomery que decidira se juntar à equipe depois de presenciar uma quantidade alarmante de casos de abuso de autoridade no seu distrito policial. Era uma mulher negra e habilidosa mesmo em ambientes onde seu gênero e sua raça faziam dela uma estranha. Pedimos que conversasse com as testemunhas antes da audiência, para repassar alguns detalhes de última hora e também para acalmá-las.

Chapman havia chamado a Procuradoria Geral para auxiliá-lo a defender a condenação de Walter. O Estado lhe enviou o procurador-geral adjunto Don Valeska, um advogado com muito tempo de carreira e fama de ser violento e combativo. Valeska era um homem branco na casa dos quarenta e sua constituição saudável e mediana indicava que ele se exercitava — os óculos que usava também contribuíam para lhe dar uma aparência austera.

CAPÍTULO NOVE

Seu irmão, Doug, atuava como promotor de justiça no Condado de Houston e os dois eram agressivos e impiedosos em processos criminais contra as "pessoas malvadas". Michael e eu havíamos tentado conversar com Chapman uma última vez antes da audiência, para tentar persuadi-lo a retomar a investigação e reexaminar, de maneira independente, se McMillian era de fato culpado. Mas, assim como os demais agentes da lei, Chapman já estava farto de nós. Todos eles pareciam cada vez mais hostis sempre que precisavam falar conosco. Eu havia até considerado denunciar as ameaças de bomba e de morte que havíamos recebido, já que elas provavelmente vinham dos habitantes do Condado de Monroe, mas tinha minhas dúvidas se alguém do gabinete do xerife ou mesmo da Promotoria de Justiça se importaria.

Thomas B. Norton Jr., o novo juiz designado para o caso, também dava a impressão de que não aguentava mais ver a minha equipe. Tínhamos nos encontrado em várias audiências preliminares para discutir diferentes petições e nessas ocasiões ele às vezes se frustrava com as disputas entre os advogados. Mas continuamos insistindo em recuperar todos os arquivos do caso que estavam sob a guarda do Estado. Descobrimos tantas provas exculpatórias que nunca haviam sido divulgadas que parecia impossível não considerar a existência de outras provas dessa natureza. Por volta da nossa nona ou décima solicitação para obter os arquivos do Estado, o Juiz nos disse que estávamos especulando. Pessoalmente, suspeito que o Juiz decidira agendar a audiência final com base na Regra 32 em parte porque queria retirar da sua pauta e do seu tribunal esse caso tão litigioso e complicado.

Na última audiência preliminar, o Juiz me perguntou:

— O senhor vai precisar de quanto tempo para apresentar as provas, Sr. Stevenson?

— Gostaríamos de uma semana, Meritíssimo.

— Uma semana? Você só pode estar brincando. Para uma audiência da Regra 32? O julgamento deste caso só durou um dia e meio.

— Sim, senhor. Acreditamos que este caso é bastante singular, com muitas testemunhas e...

— O senhor tem três dias, Sr. Stevenson. Se não conseguir apresentar sua defesa em três dias depois de todo esse drama que criou, o senhor na verdade nem deve ter um caso.

— Meritíssimo, eu...

— Sessão encerrada.

Depois de passar mais um longo dia localizando algumas das últimas testemunhas em Monroeville, Michael e eu voltamos para o escritório a fim de planejar um jeito de apresentar as provas que tínhamos em mãos dentro do curto espaço de tempo que o juiz nos concedera. O mais importante era expor, de uma maneira coerente e compreensível, a complexidade do caso e as diversas formas como os direitos de Walter haviam sido violados. Nossa outra preocupação era Myers e sua paixão por narrativas fantasiosas, então achamos melhor conversar com ele alguns dias antes da audiência para simplificar ao máximo seu depoimento.

— Nada de longas digressões sobre a corrupção policial — eu disse. — É só responder as perguntas com precisão e honestidade, Ralph.

— É o que eu sempre faço — ele respondeu, confiante.

— Espera aí, você disse que *sempre* faz isso? — Michael perguntou. — Que história é essa de *sempre*? Ralph, você mentiu descaradamente no julgamento todo. E é isso que vamos mostrar nessa nova audiência.

— Eu sei — Myers respondeu, tranquilo. — O que eu quis dizer é que eu sempre falo a verdade pra vocês.

— Não começa a me assustar, Ralph. Só dá o seu depoimento e fala a verdade — Michael retrucou.

Ralph desenvolvera o hábito de ligar para o nosso escritório quase todos os dias, desfiando um sem-fim de estranhos pensamentos, ideias e conspirações. Eu estava sempre ocupado demais para conversar com ele, de modo que Michael acabara tendo que dar conta da maioria das ligações e, como resultado, ficava cada vez mais preocupado com a perspectiva singular que Ralph tinha do mundo. Mas não havia mais nada que pudéssemos fazer.

No dia da audiência, Michael e eu chegamos cedo ao tribunal, estávamos bastante ansiosos. Nós dois estávamos de terno preto, camisa branca e gravata de cor sóbria. Eu sempre tentava me vestir da maneira mais conservadora possível quando precisava atuar no tribunal. Eu era um jovem negro e barbudo e tentava me adequar às expectativas que os tribunais costumam alimentar sobre a aparência de um advogado, nem que fosse pelo bem de meus clientes. Assim que chegamos, fomos conversar com Myers para ter certeza de que a viagem até lá havia corrido bem e também para garantirmos que ele se encontrava em um estado mental estável antes do início da audiência. Ralph fora

CAPÍTULO NOVE

trazido até o tribunal na noite anterior pelos assistentes do xerife do Condado de Baldwin. Não havia dúvidas de que a viagem noturna de cinco horas pelas estradas do Alabama desde a prisão do Condado de St. Clair havia afetado Ralph. Ele aguardava em uma cela, visivelmente aflito. E pior, parecia quieto e reservado, o que era ainda mais atípico. Encerrada a nossa estranha reunião, fui conversar com Walter, que aguardava a audiência em outra cela. Ele também parecia abalado por estar de volta ao tribunal que, quatro anos antes, havia selado o seu destino, mas tentou forçar um sorriso quando me viu entrar.

— A viagem foi tranquila? — perguntei.

— Tudo certo. Só espero que dessa vez a coisa por aqui seja melhor.

Assenti solidário e comecei a explicar o que, na minha opinião, poderia acontecer nos próximos dias.

As celas dos prisioneiros ficavam situadas no subsolo do tribunal e depois de conversar com Walter, subi as escadas para me preparar para o início do julgamento. Quando entrei na sala onde aconteceria a audiência, fiquei perplexo com o que vi: dezenas de pessoas da comunidade — quase todas negras e pobres — ocupavam a área reservada ao público. Os familiares de Walter, as pessoas que estiveram na sua casa no dia do peixe frito — o mesmo dia do crime —, as testemunhas que havíamos entrevistado ao longo dos últimos meses, os antigos colegas de trabalho de Walter e até mesmo Sam Crook e seu bando ocupavam todos os espaços da sala de audiência. Minnie e Armelia sorriram quando me viram entrar.

Tom Chapman e Don Valeska entraram logo em seguida, esquadrinhando a sala com atenção. Pelas caras que fizeram, era óbvio que não estavam satisfeitos com a presença daquele público. Tate, Larry Ikner e Benson — as autoridades policiais que deram início à ação penal contra Walter — amontoaram-se atrás dos dois. Instantes antes do começo da audiência, um dos oficiais de justiça acompanhou os pais de Ronda Morrison até a frente do tribunal. Assim que o Juiz entrou na sala, a multidão de rostos negros levantou-se, em uníssono, para em seguida sentar-se novamente. Grande parte dos membros da comunidade negra ali presentes se vestiam como se estivessem indo para a missa de domingo. Os homens trajavam ternos e algumas mulheres estavam de chapéu. Demorou alguns segundos até que todos ficassem em silêncio, o que pareceu incomodar o Juiz Norton. Eu, no entanto, me sentia fortalecido por aquela volumosa presença e estava feliz por Walter, já que toda aquela gente estava ali para lhe dar apoio.

O Juiz Norton era um homem branco, careca, beirando os cinquenta anos. Não era muito alto, mas a construção elevada onde se sentou fazia dele uma figura tão imponente quanto qualquer outro Juiz. Embora tivesse presidido algumas das nossas audiências preliminares de terno, ele hoje vestia sua toga e segurava firme o seu martelo.

— Senhores, podemos começar? — perguntou.

— Sim, Meritíssimo — respondi. — Mas como pretendemos chamar para depor vários agentes da lei presentes neste tribunal, eu gostaria primeiro de invocar a regra de detenção.

Em processos criminais, as testemunhas que prestarão depoimento devem permanecer do lado de fora da sala de audiência para que não alterem suas falas com base no que outra testemunha disser.

Valeska imediatamente se pôs de pé:

— Meritíssimo, não podemos permitir. Esses agentes são os investigadores que descobriram a verdade por trás desse crime abominável, precisamos deles aqui dentro para nossa apresentação.

Eu me mantive firme.

— A acusação não carrega o ônus de apresentar o caso no presente procedimento judicial, Meritíssimo, isso cabe a nós. Isso aqui não é um julgamento, mas sim uma audiência de instrução pós-condenação.

— Meritíssimo, são eles que estão tentando obter um novo julgamento para este caso e nós precisamos dos nossos agentes aqui dentro — Valeska retorquiu.

O Juiz foi categórico:

— Bom, parece mesmo que o senhor está tentando obter um novo julgamento, Sr. Stevenson, então vou permitir que os investigadores do crime permaneçam dentro deste tribunal.

Aquilo não era um bom começo. Decidi fazer uma declaração inicial antes de chamar Myers para depor. Meu objetivo era fazer com que o juiz compreendesse que não estávamos apenas defendendo o Sr. McMillian de uma maneira diferente dos advogados que o defenderam durante julgamento. Eu queria que ele soubesse que possuíamos novas e importantes provas que atestavam para a inocência de Walter — provas estas que demandavam sua soltura imediata. Se o Juiz não entendesse como deveria avaliar nosso material, não teríamos êxito.

— Meritíssimo, o caso da acusação contra Walter McMillian foi baseado exclusivamente no depoimento de Ralph Myers, que já havia sido

CAPÍTULO NOVE

condenado várias vezes e que, na época do julgamento do Sr. McMillian, estava sendo investigado por homicídio no Condado de Escambia. O Sr. McMillian atestou, durante o julgamento, que era inocente e que não conhecia o Sr. Myers à época do crime. Além isso, o Sr. McMillian vem alegando sua inocência ao longo de todo este processo judicial.

Interrompi minha fala, pois o juiz parecia inquieto e distraído. Queria que ele ouvisse o que eu tinha a dizer, mesmo que não concordasse comigo, então parei de falar até ter certeza de que ele estava prestando atenção. Quando finalmente me olhou nos olhos, retomei minha fala.

— Não há dúvidas de que Walter McMillian foi condenado por homicídio apenas com base no depoimento de Ralph Myers. Não existe nenhuma outra prova de que o Sr. McMillian tenha cometido o homicídio, a não ser esse depoimento. A acusação não possuía provas concretas que ligassem o Sr. McMillian ao crime; a acusação não possuía um motivo para o crime e a acusação também não tinha nenhuma testemunha. A acusação tinha apenas o depoimento de Ralph Myers. Durante o julgamento, Myers afirmou que, no dia 1º de novembro de 1986, foi *involuntariamente forçado* a participar de um roubo seguido de homicídio. Tudo começou quando Walter McMillian o abordou em um lava-carros e pediu que ele dirigisse sua caminhonete porque seu "braço estava doendo". Myers afirmou que levou o Sr. McMillian até a lavanderia *Jackson Cleaners* e que, quando entrou na lavanderia, viu McMillian com uma arma nas mãos, colocando dinheiro em uma sacola marrom. Outra pessoa, um homem branco, também estaria presente na lavanderia; um homem que, segundo Myers, tinha cabelos castanhos grisalhos e supostamente conversara com McMillian. Myers afirmou ainda que foi empurrado e ameaçado pelo Sr. McMillian no momento em que entrou na lavanderia. Essa misteriosa terceira pessoa, que assumiu-se ser o mandante do crime, teria dito a McMillian para "se livrar de Myers", ao que este teria respondido que não poderia fazer isso porque estava sem munição. O homem branco, o mandante, nunca foi identificado e tampouco preso. A acusação não procurou este terceiro homem porque, acredito eu, sabem que essa pessoa simplesmente não existe.

Fiz uma nova pausa para que tudo o que falei pudesse ser devidamente absorvido pelos presentes.

— Com base no depoimento de Ralph Myers, Walter McMillian foi considerado culpado e condenado à morte. Como vocês verão, no entanto, o depoimento de Ralph Myers foi inteiramente falso. Repito, Meritíssimo, o depoimento de Ralph Myers no julgamento foi inteiramente falso.

Aguardei alguns instantes antes de me virar para o oficial de justiça e pedir que chamasse Myers para depor. A sala de audiência estava totalmente silenciosa até o momento em que o oficial abriu a porta da área de detenção e Ralph Myers entrou. Foi possível ouvir a reação de todos à sua presença. Ele envelhecera visivelmente desde a última vez que a maioria daquelas pessoas o vira, pude ouvir murmúrios sobre como seu cabelo estava mais grisalho. Vestido com o uniforme da prisão, Myers novamente me parecia pequeno e triste ao se dirigir para o assento de testemunhas. Olhou ao redor com certo nervosismo antes de levantar a mão e jurar dizer a verdade. Aguardei até que se fizesse silêncio na sala. O Juiz Norton encarava Myers com atenção.

Dirigi-me para perto dele e comecei a inquirição. Depois de pedir que dissesse seu nome e confirmasse o fato de que havia deposto no julgamento de Walter McMillian, estava na hora de começar.

Caminhei para mais perto dele.

— Sr. Myers, o depoimento que o senhor concedeu durante o julgamento do Sr. McMillian foi verdadeiro?

Eu torcia para que o juiz não percebesse minha imensa expectativa com relação à resposta de Ralph. Ele olhou para mim calmamente, e respondeu com uma voz clara e confiante:

— Não mesmo.

Houve um certo murmúrio no tribunal, mas todos logo fizeram silêncio para ouvir o resto.

— Não mesmo — repeti antes de prosseguir. Eu queria que todos assimilassem a retratação de Ralph, mas não queria perder tempo porque ainda precisávamos de muito mais. Então, continuei:

— O senhor viu o Sr. McMillian no dia em que Ronda Morrison foi assassinada?

— Não, não vi — respondeu, resoluto.

— O senhor dirigiu a caminhonete do Sr. McMillian até Monroeville naquele dia?

— Não, não dirigi.

— O senhor entrou na lavanderia *Jackson Cleaners* logo após o assassinato de Ronda Morrison?

— Não. Nunca.

CAPÍTULO NOVE

Como eu não queria que o tribunal pensasse que Ralph estava apenas negando tudo mecanicamente, fiz uma pergunta que requeria uma resposta afirmativa:

— Durante o julgamento do Sr. McMillian, o senhor disse que viu um homem branco quando entrou na lavanderia?

— Isso mesmo.

Eu atingira o meu limite de perguntas de sim ou não com Ralph.

— E o que foi que o senhor disse no seu depoimento?

— Até onde me lembro, eu disse no depoimento que tinha ouvido Walter McMillian falando alguma coisa com esse cara e também me lembro de dizer que eu tinha visto a parte de trás da cabeça dele, mas é só isso que eu lembro.

— E esse depoimento era verdadeiro, Sr. Myers?

— Não, não era.

Ao ouvir a resposta de Myers, o Juiz se reclinou para frente, atento.

— Alguma das alegações que o senhor fez sobre o envolvimento de Walter McMillian no assassinato de Ronda Morrison era verdadeira?

Ralph ficou em silêncio por alguns instantes e olhou para as pessoas presentes na sala antes de responder. Pela primeira vez, havia emoção em sua voz, arrependimento ou remorso.

— Não.

Até aquele momento, parecia que todos os presentes sequer respiravam. Agora, havia sussurros audíveis daqueles que acreditavam na inocência de Walter.

Eu tinha em mãos a transcrição do julgamento e fui lendo para Ralph frase por frase de seu depoimento contra Walter. A cada pausa que eu fazia, Ralph afirmava que tudo aquilo que estava registrado era mentira. Ele era direto e persuasivo: em vários momentos, virou-se para o Juiz Norton e respondeu olhando-o nos olhos. Quando pedi que repetisse as partes do depoimento em que falava sobre ser coagido a prestar falso depoimento, Ralph se manteve calmo e demonstrou estar sendo totalmente sincero. Não vacilou nem mesmo durante a longa inquirição de Chapman. Depois de incessantes perguntas sobre por que estava mudando seu depoimento e da sugestão de Chapman de que alguém o estava obrigando a isso, Ralph ficou indignado. Virou-se para o promotor e disse:

> Eu, eu posso simplesmente olhar na sua cara ou na cara de qualquer outra pessoa e dizer que — que tudo o que eu disse sobre McMillian

era mentira... Até onde eu sei, o McMillian não teve nada a ver com isso porque nesse dia, no dia que isso tudo aconteceu, eu nem vi o cara. E eu já disse isso pra um monte de gente.

Durante minha segunda inquirição, pedi que Ralph admitisse mais uma vez que seu primeiro depoimento era falso e que ele havia, conscientemente, ajudado a colocar um homem inocente no corredor da morte. Em seguida, me encaminhei até a mesa dos advogados de defesa para me certificar de que não havia esquecido de nenhuma pergunta. Passei os olhos pelas minhas anotações e então perguntei para Michael:

— Como estamos indo?

Michael estava abismado:

— Ralph foi ótimo. De verdade mesmo, ele foi ótimo.

Olhei para Walter e só então que percebi que seus olhos estavam marejados. Ele balançava a cabeça de um lado para o outro, incrédulo. Coloquei a mão em seu ombro e disse ao juiz que a testemunha podia ser dispensada. Não tínhamos mais perguntas.

Myers se levantou. Enquanto os agentes o escoltavam para fora da sala, ele olhou para Walter com um pedido de desculpas nos olhos. Não sei se Walter o viu.

Os murmúrios preencheram a sala mais uma vez. Consegui ouvir um dos parentes de Walter exclamar, em uma voz abafada: "Ó Senhor, obrigado!".

O próximo desafio era refutar os depoimentos de Bill Hooks e Joe Hightower, que afirmaram ter visto a caminhonete rebaixada de Walter saindo da lavanderia logo após o assassinato de Ronda Morrison.

Convoquei o mecânico Clay Kast, um homem branco, para depor. Ele afirmou que a caminhonete de McMillian ainda não havia sido rebaixada em novembro de 1986, data do assassinato de Ronda Morrison. Kast apresentou os registros da oficina e disse que se lembrava claramente de ter modificado a caminhonete de Walter em maio de 1987, mais de seis meses após a data em que Hooks e Hightower disseram ter visto uma caminhonete rebaixada na lavanderia. Encerramos o primeiro dia de audiência com Woodrow Ikner, um policial de Monroeville que fora o primeiro a chegar no local do crime e afirmou que o corpo de Ronda Morrison não estava no lugar onde Myers indicara em seu primeiro depoimento. Ikner contou também que, ao analisar a cena do crime, percebeu que Morrison havia levado um tiro nas costas

CAPÍTULO NOVE

depois de um embate que começara no banheiro e terminara nos fundos da lavanderia, local onde o corpo fora encontrado. A descrição que Ikner nos deu sobre a cena do crime invalidava a afirmação que Myers fizera durante o primeiro julgamento, quando disse que havia visto Morrison perto do balcão na entrada da loja. A declaração mais importante de todas foi a de que o promotor Pearson pedira a Ikner que dissesse que o corpo havia sido arrastado do balcão na entrada da loja até a parte dos fundos da lavanderia. Enquanto recontava a conversa com Pearson, Ikner se mostrava indignado. Ele sabia que aquilo seria um falso depoimento e disse aos promotores que se recusava a mentir daquela forma. Pouco tempo depois, foi dispensado do departamento de polícia.

Audiências de instrução, assim como julgamentos por júri, são exaustivos. Eu havia feito a inquirição de todas as testemunhas e fiquei surpreso quando percebi que já eram 17h. A audiência estava correndo bem, eu estava empolgado e me sentia energizado por poder, finalmente, apresentar todas as provas que atestavam para a inocência de Walter. Eu me mantinha alerta para ver se o Juiz Norton ainda demonstrava estar envolvido nos procedimentos, e ele parecia visivelmente afetado. Era como se aquele olhar preocupado fosse um reflexo da sua própria confusão sobre o que fazer à luz de todas aquelas novas provas, o que para mim significava que estávamos fazendo bastante progresso.

Todas as testemunhas que convocamos naquele primeiro dia eram brancas e nenhuma delas possuía qualquer relação especial com Walter McMillian. Parecia que o juiz não esperava nada disso. Ficou visivelmente furioso quando Clay Kast afirmou que a caminhonete descrita pelas testemunhas como "rebaixada" só fora modificada quase sete meses após o crime, fez algumas anotações apressadas enquanto as linhas de expressão do seu rosto se tornavam mais visíveis. Quando Woodrow Ikner declarou que havia sido demitido por tentar dizer a verdade sobre as provas contra McMillian, o Juiz pareceu especialmente perturbado. Esses dois depoimentos começavam a demonstrar que a determinação das autoridades em condenar Walter era tão grande que estavam dispostas a ignorar ou mesmo ocultar qualquer coisa que contrariasse o caso que estavam montando.

Já estávamos perto do final do dia quando Woodrow Ikner concluiu seu depoimento. Depois de consultar o relógio, o Juiz decidiu encerrar o primeiro dia de audiência. Eu queria continuar, ir até a meia-noite se fosse preciso, mas sabia que isso não aconteceria. Então, caminhei até Walter.

— Precisa mesmo acabar agora? — ele me perguntou, preocupado.

— Sim. Mas amanhã de manhã a gente continua de onde parou — respondi sorrindo e fiquei contente quando ele sorriu de volta, entusiasmado:

— Cara, nem sei explicar o que eu tô sentindo. Passei tanto tempo esperando a verdade chegar, mas só ouvia um monte de mentiras. O que eu tô sentindo agora é muito bom. Eu...

Um agente uniformizado nos interrompeu:

— Preciso levar o preso de volta para a cela, vão ter que continuar essa conversa lá embaixo. — O policial branco de meia-idade parecia irritado, mas não achei que fosse nada sério e disse a Walter que mais tarde eu voltaria para conversarmos.

Eu podia ver a esperança renascer entre os familiares de Walter quando saímos da sala de audiência. Todos vieram conversar comigo e me abraçar. Armelia, irmã de Walter, Minnie, a esposa, e Giles o sobrinho, não paravam de falar sobre as provas que havíamos apresentado.

Michael também estava entusiasmado quando voltamos ao hotel:

— O que o Chapman devia fazer era ligar dizendo que quer desistir do processo e soltar o Walter.

— É melhor a gente não contar com essa possibilidade — respondi.

Chapman realmente parecera transtornado ao fim da audiência. E eu ainda tinha esperança de que ele mudasse de ideia e nos ajudasse, mas definitivamente não podíamos contar com isso.

∞

No dia seguinte, cheguei cedo ao tribunal para conversar com Walter antes que a audiência recomeçasse. Assim que subi as escadas em direção à sala de audiência, fiquei espantado com a multidão de pessoas negras que esperava no corredor. Aquilo era estranho, pois estava quase na hora de começarmos. Fui até Armelia, que também esperava do lado de fora e me recebeu com um olhar preocupado.

— O que aconteceu? — perguntei. — Por que é que vocês ainda não entraram?

Olhei para aquele imenso grupo de pessoas. Se o dia anterior havia atraído um mar de gente, a segunda audiência atraíra ainda mais, incluindo vários membros da igreja e outras pessoas de cor, já de mais idade, que eu sequer conhecia.

CAPÍTULO NOVE

— Eles não querem deixar a gente entrar, Sr. Stevenson.
— Como assim, não querem deixar?
— A gente tentou entrar mais cedo, mas disseram que a gente não podia entrar.

Um jovem, trajando um uniforme de xerife adjunto, barrava a entrada da sala de audiência. Quando me aproximei, levantou o braço para me impedir de continuar.

— Eu quero entrar na sala de audiência — disse, com firmeza.
— O senhor não pode entrar.
— Como assim, não posso entrar? Vai ter uma audiência aqui e eu quero entrar.
— Sinto muito, senhor, mas o senhor não pode entrar.
— Por que não? — perguntei.

Ele ficou em silêncio, então continuei a falar:
— Eu sou o advogado de defesa. Acho que tenho que poder entrar aí.

Ele me olhou mais de perto, perplexo.
— É... eu não sei. Preciso ir lá dentro confirmar.

E desapareceu por trás da porta. Alguns instantes depois, ele estava de volta, com um sorrisinho hesitante:
— O senhor pode entrar, sim.

Passei irritado pelo policial, abri a porta e notei que a sala de audiência estava completamente modificada. A primeira coisa que se via era um enorme detector de metais e logo depois dele um gigantesco pastor alemão preso pela coleira por um policial. Metade da sala já estava cheia: os bancos que haviam sido ocupados pelas pessoas que apoiavam Walter no dia anterior agora estavam ocupados por senhores e senhoras brancos, já de certa idade. Era evidente que essas pessoas estavam do lado dos Morrison e da promotoria. Chapman e Valeska, já sentados, agiam como se nada estivesse acontecendo. Eu estava furioso.

Caminhei até Chapman e perguntei:
— Quem deu a ordem de não deixar aquelas pessoas lá fora entrarem aqui? — Eles me olharam como se não soubessem do que eu estava falando.
— Vou falar com o juiz sobre isso.

Dei meia volta e segui para o gabinete do juiz, com os promotores atrás de mim. Expliquei ao Juiz Norton que os familiares e amigos de McMillian haviam recebido a notícia de que não poderiam entrar na sala de audiência, mas que aqueles favoráveis à acusação já estavam lá dentro. Irritado, o juiz revirou os olhos.

— Sr. Stevenson, é só o seu pessoal chegar mais cedo — ele respondeu, com desdém.

— Meritíssimo, o problema não é que eles não chegaram cedo. O problema é que disseram que eles não podiam entrar na sala de audiência.

— Ninguém está proibido de entrar na sala de audiência, Sr. Stevenson.

Ele voltou-se para seu oficial de justiça, que saiu do gabinete. Eu o segui e o vi sussurrar alguma coisa para o policial que estava barrando a entrada da sala. Os apoiadores de McMillian poderiam, enfim, entrar — agora que metade da sala já estava ocupada.

Fui até o local onde dois pastores haviam reunido todos os que apoiavam Walter e tentei explicar a situação:

— Sinto muito, pessoal. Eles jogaram sujo hoje. Vocês finalmente vão poder entrar, mas a sala já está cheia de gente que está do lado da acusação. Não vai ter espaço para todos vocês.

Um dos pastores, um homem afro-americano corpulento vestindo um terno de cor escura e com uma grande cruz em seu pescoço, se aproximou de mim:

— Não tem problema, Sr. Stevenson. Por favor, não se preocupe com a gente. Vamos escolher algumas pessoas para nos representarem lá dentro hoje. Amanhã vamos chegar ainda mais cedo. Não vamos deixar que façam a gente de bobo, senhor.

Os pastores começaram então a escolher as pessoas que representariam a comunidade durante aquele segundo dia de audiência. Escolheram primeiro Minnie, Armelia, os filhos de Walter e algumas outras pessoas. Quando chamaram a Sra. Williams, todos sorriram. A Sra. Williams, uma mulher negra de mais idade, se levantou e se aprumou para entrar na sala de audiência, dando atenção especial ao seu chapéu. Ele precisava estar perfeito. Era um pequeno chapéu que cobria apenas parte de seu cabelo grisalho e ela o ajustou com precisão. Em seguida, envolveu com delicadeza o seu pescoço em uma longa echarpe azul. Só então se dirigiu até a porta, onde uma fila com os apoiadores de Walter havia se formado. Aquele nobre ritual me fascinara, mas o encanto se quebrou quando me dei conta de que também precisava ir para a sala de audiências. Eu não conseguira passar a manhã me preparando como havia planejado por conta daquela tola injustiça contra os amigos de

CAPÍTULO NOVE

McMillian. Passei ao lado da longa fila de pessoas pacientes e entrei para começar a me preparar para a audiência.

Eu estava de pé, perto da mesa que dividia com Michael, quando vi pelo canto dos olhos que a Sra. Williams havia finalmente cruzado a porta. Ela estava particularmente elegante com aquele chapéu e a echarpe. Não era uma mulher grande, mas havia algo de imponente na sua presença — tanto que me peguei acompanhando os seus movimentos enquanto ela caminhava com cuidado em direção ao detector de metais. Ela andava mais devagar do que os outros, mas ainda assim seguia com a cabeça erguida, com graça e dignidade evidentes. Ela me lembrava as mulheres mais velhas com as quais eu convivera durante toda a minha vida — mulheres cujas vidas haviam sido difíceis, mas que ainda assim continuaram doces e se dedicaram a construir e a nutrir suas comunidades. A Sra. Williams olhou de relance para as fileiras que ainda estavam vagas para ver onde iria se sentar e se virou para passar pelo detector de metais. Foi quando ela viu o cachorro.

Naquele instante vi toda a sua serenidade desaparecer e dar lugar a um olhar de absoluto terror. Os ombros caíram e seu corpo murchou, parecia estar paralisada. Ficou ali, congelada, por mais de um minuto, até que começou a tremer. Pude ouvi-la gemer. As lágrimas rolavam pelo seu rosto e, tristonha, começou a balançar a cabeça de um lado para o outro. Continuei olhando até que ela se virou e saiu, rápida, em direção ao corredor.

Senti que meu próprio humor havia mudado. Eu não sabia ao certo o que havia acontecido com a Sra. Williams, mas sabia que ali no Alabama os cachorros policiais e as pessoas negras que queriam justiça tinham um histórico complicado.

～

Eu tentava me desvencilhar da pesada sombra que os eventos daquela manhã haviam deixado no tribunal quando Walter entrou na sala, trazido pelos policiais. Como a audiência não contava com a presença de um júri, o juiz não havia permitido que Walter vestisse roupas normais, então ele estava com o uniforme da prisão. Permitiram que entrasse sem as algemas, mas seus tornozelos permaneciam acorrentados. Michael e eu discutimos brevemente a ordem das testemunhas enquanto os últimos familiares e apoiadores de Walter passavam pelo detector de metais e pelo cachorro.

Mesmo com as manobras da acusação e o mau agouro do encontro entre o cachorro e a Sra. Williams, tivemos outro ótimo dia no tribunal. Os depoimentos dos funcionários de saúde mental do governo que trataram de Myers logo após sua recusa em depor durante o primeiro julgamento e durante sua subsequente internação no Hospital Penitenciário Taylor Hardin confirmaram o depoimento que Myers dera no dia anterior. O Dr. Omar Mohabbat explicou que, quando internado, Myers lhe contou que "a polícia lhe deu duas opções: aceitar a sentença do caso de assassinato em que era réu ou então depor no julgamento e afirmar que 'aquele homem' era o culpado". Mohabbat relatou que Myers "negou categoricamente o seu envolvimento no crime em questão. Ele afirmou, 'não sei o nome da menina, não sei a hora do crime, não sei a data do crime, não sei o lugar do crime'". Mohabbat declarou que Myers lhe disse, "Eles me mandaram dizer o que queriam que eu dissesse".

Outros médicos também confirmaram esse depoimento. O Dr. Norman Poythress, do Hospital Penitenciário Taylor Hardin, explicou que Myers lhe contara que "todas as 'confissões' de antes eram mentira, e que ele tinha sido coagido pela polícia a dizer tudo aquilo depois de ficar física e psicologicamente isolado."

Apresentamos ainda o testemunho do Dr. Kamal Nagi, outro funcionário do Hospital Penitenciário Taylor Hardin. Nagi falou que Myers lhe contara sobre "um outro assassinato que aconteceu em 1986, de uma menina que foi morta na lavanderia *Laundromat*. Ele disse que 'a polícia e o meu advogado querem que eu diga que levei umas pessoas até a *Laundromat* e elas atiraram na menina, mas eu não vou dizer nada disso'". Myers também disse para Nagi, "Eles me ameaçaram. Querem que eu diga o que eles querem ouvir e se eu não disser, aí eles falam 'Você vai pra cadeira elétrica'".

Tínhamos também o depoimento de um quarto médico, com quem Myers conversara sobre o fato de estar sendo pressionado a dar um depoimento falso contra Walter McMillian. O Dr. Bernard Bryant contou que Myers lhe disse, "ele não cometeu o crime e quando ele foi preso como suspeito, ele sofreu ameaças e foi coagido pelas autoridades policiais para confessar que ele tinha cometido um crime".

Ao longo de todo o segundo dia, destacamos o fato de que todas essas declarações haviam sido feitas por Myers *antes* do primeiro julgamento. E essas declarações, que tornavam a retratação de Myers ainda mais convincente, constavam nos registros médicos que nunca foram entregues aos

CAPÍTULO NOVE

advogados de Walter, algo que é exigido por lei. A Suprema Corte dos Estados Unidos obriga a acusação a revelar toda e qualquer informação que seja exculpatória ou que possa ser usada para impugnar uma testemunha.

As pessoas que apoiavam a acusação e a família da vítima pareciam confusas diante de todas aquelas provas — afinal, elas complicavam a narrativa fácil que tinham comprado sem reservas sobre a culpa de Walter e a necessidade de uma punição imediata e infalível. Com o passar das horas, muitos desses apoiadores começaram a deixar o tribunal e mais pessoas negras entraram na sala. Ao final daquele segundo dia de audiência, eu estava muito esperançoso. Mantivemos um bom ritmo e as inquirições haviam sido mais rápidas do que eu esperava. Se tudo corresse bem, conseguiríamos terminar nosso caso no terceiro dia.

Saí do tribunal cansado, mas satisfeito e fui caminhando em direção ao meu carro. Para minha surpresa, notei que a Sra. Williams estava sentada num banco do lado de fora do tribunal, sozinha. Quando nossos olhares se encontraram, ela se levantou. Caminhei até ela, me lembrando de como havia ficado perturbado com a sua saída da sala de audiência naquela manhã.

— Sra. Williams, peço desculpas pelo que aconteceu hoje. Eles não deveriam ter feito uma coisa daquelas, sinto muito que aquilo tenha incomodado a senhora. Mas queria dizer também que deu tudo certo hoje. Acho que tivemos um bom dia.

— Sr. Advogado, estou me sentindo tão mal. Tão mal — lamentou-se, pegando minhas mãos. — Eu devia ter entrado naquela sala hoje de manhã. Era para eu estar lá dentro — ela disse e começou a chorar.

— Está tudo bem, Sra. Williams — respondi. — Eles é que não deveriam ter feito uma coisa daquelas. Não precisa se preocupar.

Coloquei meu braço em volta dela e a abracei.

— Não, não, não, Sr. Advogado. Era para eu estar lá dentro. Eu tinha que estar naquela sala.

— Está tudo bem, Sra. Williams, está tudo bem.

— Não, senhor, era para eu estar lá dentro e eu queria estar lá. Eu tentei, Deus sabe que eu tentei, Sr. Stevenson. Mas quando vi aquele cachorro...

Ela balançou a cabeça e olhou para longe com o olhar vazio.

— Quando vi aquele cachorro, eu só me lembrava de 1965, quando fomos até a Ponte Edmund Pettus em Selma para marchar pelo nosso direito de voto. Eles bateram na gente e soltaram aqueles cachorros em cima de nós. —

Ela agora me encarava com tristeza. — Eu tentei me mexer, Sr. Advogado, eu queria me mexer, mas não consegui.

Enquanto falava, ela parecia envolta por um mundo de tristezas. Soltou minhas mãos e virou-se para ir embora. Fiquei olhando para ela e a vi entrar em um carro com algumas pessoas que vi no tribunal durante a manhã.

Voltei para o hotel me sentindo melancólico e comecei a me preparar para o último dia de audiência.

No dia seguinte, cheguei mais cedo ao tribunal para me certificar de que não teríamos novos problemas. Logo descobri que poucas pessoas favoráveis à defesa tinham vindo assistir a audiência e, embora o detector de metal e o cachorro ainda estivessem lá, não havia nenhum policial barrando a entrada da comunidade negra. Já dentro da sala de audiência, vi uma das mulheres que foram embora de carro com a Sra. Williams na noite anterior. Ela veio até mim e, depois de se apresentar como filha da Sra. Williams, me agradeceu por confortar sua mãe.

— Ela estava tão chateada quando chegou em casa ontem à noite. Não quis comer nada e nem conversou com ninguém, só chegou e foi pro quarto. Ouvimos ela rezar a noite toda. Hoje de manhã ela ligou pro Pastor, implorando uma segunda chance pra representar a nossa comunidade na audiência. Quando acordei, ela já estava vestida e pronta pra vir. Eu disse que não precisava, mas ela não quis nem me escutar. Minha mãe já passou por muita coisa, mas quando estava no carro hoje de manhã só ficava repetindo, "Ó, Senhor, eu não posso ter medo de um cachorro, eu não posso ter medo de um cachorro".

Eu estava mais uma vez me desculpando pelo que os policiais haviam feito no dia anterior quando de repente percebi uma comoção na porta da sala. Nós dois olhamos naquela direção e lá estava a Sra. Williams, impecavelmente vestida com sua echarpe e chapéu. Ela segurava a bolsa com força e suas pernas pareciam oscilar. De onde eu estava, conseguia ouvi-la repetir para si mesma: "Não tenho medo de cachorro nenhum, não tenho medo de cachorro nenhum". Vi quando os agentes liberaram a sua entrada. Ela cruzou o detector de metal calmamente, de cabeça erguida, sempre repetindo, "Não tenho medo de cachorro nenhum". Era impossível não olhar para ela. Passou pelo detector de metais e encarou o cachorro. E, em uma voz alta o suficiente para que todos pudessem ouvir, esbravejou:

— Não tenho medo de cachorro nenhum!

CAPÍTULO NOVE

Ela passou pelo cachorro e entrou na sala de audiência. Seus companheiros negros a olhavam, radiantes, enquanto ela caminhava. Sentou-se em um dos primeiros bancos da sala e, com um enorme sorriso no rosto, anunciou:

— Eu estou aqui, Sr. Advogado!

— Estou muito feliz de ver a senhora aqui, Sra. Williams. Obrigado por ter vindo.

A sala já estava cheia, então comecei a organizar minhas anotações. Walter entrou escoltado pelos agentes, o que significava que a audiência estava prestes a começar. Foi nesse instante que ouvi a voz da Sra. Williams me chamando.

— Não, Sr. Advogado, o senhor não me ouviu. Eu disse que estou aqui — ela falava em um tom bastante alto, e me senti confuso e constrangido. Virei-me para ela, sorrindo.

— Eu ouvi, Sra. Williams, e estou muito feliz de saber que a senhora está aqui.

Enquanto olhava para ela, notei que aquela senhora parecia estar num mundo só seu.

A sala estava lotada e o oficial de justiça precisou instaurar a ordem de silêncio quando o juiz entrou. Como de costume, todos se levantaram. Quando o Juiz se sentou, todos os demais presentes também se sentaram. Houve um silêncio estranhamente longo enquanto aguardávamos a fala do juiz. Percebi que algumas pessoas olhavam para algo situado atrás de mim, e ao me virar vi que a Sra. Williams ainda estava de pé. Fez-se um silêncio absoluto na sala. Todos olhavam para ela. Tentei gesticular para lhe pedir que sentasse, mas ela inclinou sua cabeça para trás e bradou:

— Eu estou aqui!

As pessoas riram, nervosas, enquanto ela se sentava. Quando olhou na minha direção, percebi que tinha lágrimas nos olhos.

Naquele exato momento, senti algo peculiar: um forte sentimento de identificação. Sorri, porque entendi o que ela estava querendo dizer para todos naquela sala: "Eu posso ser velha, posso ser pobre, posso ser negra, mas estou aqui. Estou aqui porque o meu senso de justiça me obriga a ser testemunha. Estou aqui porque tenho que estar aqui. Estou aqui porque vocês não têm como me deixar de fora".

Sorri para a Sra. Williams, agora orgulhosamente sentada. Pela primeira vez desde que comecei a trabalhar naquele caso, nossas batalhas finalmente pareciam fazer sentido. Demorei alguns instantes para perceber que o juiz estava me chamando, pedindo, já impaciente, que eu desse início à audiência.

O terceiro e último dia correu como o esperado. Nós havíamos encontrado outras pessoas que estiveram presas ou detidas junto com Ralph Myers e que escutaram do próprio Ralph como ele estava sendo pressionado a dar um falso testemunho no julgamento de Walter McMillian. Algumas dessas pessoas estavam lá na sala de audiência, depondo. E todos os relatos eram consistentes. Isaac Dailey, que fora injustamente acusado por Myers de ter cometido o assassinato de Pittman, explicou como Ralph havia falsamente implicado Walter nesse mesmo crime. Já na prisão, Myers havia contado a Dailey como ele e Karen planejaram incriminar Walter pelo assassinato de Pittman:

— Ele contou pra gente que ele e Karen é que cometeram o assassinato e que, bom, planejaram culpar Johnny D. por tudo.

Outro detento, que havia escrito cartas para Myers na Cadeia do Condado de Monroe, disse que Myers não conhecia McMillian, não sabia absolutamente nada sobre o assassinato de Morrison e estava sendo pressionado pela polícia a prestar um falso testemunho.

Deixamos a prova mais contundente para o final: as fitas que registravam o interrogatório de Myers, conduzido por Tate, Benson e Ikner. Era um relato poderoso. Naqueles depoimentos gravados, Myers repetia inúmeras vezes que não sabia nada sobre o assassinato de Morrison e muito menos sobre Walter McMillian. Também estavam registradas as ameaças dos policiais e a relutância de Myers em condenar um homem inocente por um assassinato que ele não cometera. Aquelas gravações não só confirmavam a veracidade da retratação de Myers e contradiziam o falso depoimento que dera durante o primeiro julgamento; elas também expunham a mentira que Pearson havia contado ao Juiz, ao júri e aos advogados de McMillian — a mentira de que Myers havia dado apenas dois depoimentos. A verdade era que Myers concedera ao menos seis outros depoimentos para a polícia, todos eles similares ao seu depoimento na audiência da Regra 32, em que afirmava não saber nada sobre o envolvimento de Walter McMillian no assassinato de Ronda Morrison. Todos esses depoimentos gravados estavam transcritos, eram exculpatórios e favoráveis a Walter McMillian, mas não haviam sido revelados aos advogados da defesa, num claro descumprimento da lei.

Convoquei os advogados que defenderam McMillian durante o julgamento, Bruce Boynton e J. L. Chestnut, para que depusessem e nos contassem

CAPÍTULO NOVE

como poderiam ter conseguido a absolvição caso o Estado tivesse compartilhado essas provas. Quando terminamos de apresentar todo o material, ficamos surpresos ao constatar que a acusação não apresentaria nenhuma prova em contrário. É verdade que eu não sabia o que eles poderiam apresentar para contestar nossas provas, mas tinha certeza de que eles apresentariam *alguma coisa*. O Juiz parecia tão surpreso quanto eu. Depois de um momento de silêncio, solicitou que a defesa e a acusação submetessem, por escrito, as razões para justificar a decisão que ele deveria tomar. Estávamos contando com isso e me senti aliviado ao saber que teríamos tempo para explicar a relevância de todas aquelas provas por escrito e ajudá-lo a preparar sua decisão, decisão essa que deveria colocar Walter em liberdade. Ao final de três dias de intenso litígio, o Juiz decidiu suspender os processos no final da tarde.

Michael e eu estávamos com tanta pressa naquela terceira e última manhã de audiências que não fizemos o *check-out* do hotel antes de ir para o tribunal. Nos despedimos da família de Walter lá mesmo e voltamos para o hotel. Estávamos exaustos — porém satisfeitos.

∼

Bay Minette, a cidade que sediou a audiência, fica a trinta minutos de distância das belas praias do Golfo do México. Já era uma tradição nossa levar a equipe para aquelas praias uma vez por ano, no mês de setembro, eramos apaixonados pelas águas calmas e mornas do Golfo. A areia branca e a orla ainda sem muitos empreendimentos imobiliários eram extraordinárias e tranquilizantes. A vista era levemente prejudicada pelas enormes plataformas de petróleo que se viam ao longe, mas se você fingir que elas não estão ali, o lugar parece mesmo um paraíso. Os golfinhos amam aquela parte do Golfo e era possível vê-los pela manhã, brincando e abrindo caminho pela água. Volta e meia eu pensava que devíamos mudar o nosso escritório para um local como aquele.

Foi Michael que achou que devíamos ir à praia antes de voltar para Montgomery. Eu tinha minhas dúvidas se era uma boa ideia, mas o dia estava quente e o oceano tão perto que não resisti. Entramos no carro e fomos seguindo as últimas horas da tarde até chegar às belas praias situadas perto de Fort Morgan, no Alabama. Assim que chegamos, Michael se livrou do paletó, vestiu seu calção de banho e saiu correndo em direção à água. Eu estava cansado demais para fazer o mesmo, então coloquei um *short* e me sentei na beirada da praia, onde as ondas quebravam. Anoiteceria em breve, mas o calor ainda era forte. Na minha cabeça, amontoava-se tudo o que ocorrera ao longo dos últimos três dias: eu repassava todos os depoimentos das testemunhas e me preocupava se tudo havia corrido exatamente como o planejado. Esmiuçava todos os detalhes, buscava qualquer mínimo erro que pudesse ter deixado passar. Até que finalmente parei. A audiência havia chegado ao fim; não tinha por que ficar me martirizando com isso agora. Decidi dar um mergulho para, pelo menos por alguns instantes, tentar esquecer tudo aquilo.

Pouco tempo antes, eu tinha ficado horas em um aeroporto sem nada de bom para ler e acabara encontrando um artigo sobre ataques de tubarão. Ao me aproximar das ondas de Fort Morgan, àquela hora já iluminadas pelo pôr-do-sol, me lembrei que os tubarões costumam se alimentar justamente ao entardecer e ao amanhecer. Michael nadava ao longe e, por mais engraçado que fosse, eu tinha certeza de que eu seria a presa mais fácil para um tubarão. Michael nadava como um peixe, mas eu mal conseguia boiar.

— Chega aí, parceiro! — ele gritou, acenando na minha direção.

Cuidadoso, decidi me aventurar nas águas até onde me sentia seguro para avisá-lo sobre o meu medo de um ataque de tubarões. Ele simplesmente riu. A água estava morna e deliciosa, inesperadamente reconfortante. Um cardume de peixes passou pelas minhas pernas e eu os observei maravilhado até me dar conta de que eles poderiam estar fugindo de um predador maior. Decidi voltar, com cautela, para a areia.

Sentado ali na areia, fiquei observando os brilhantes pelicanos-brancos que planavam tão naturalmente sobre as águas calmas em busca de comida. Uns caranguejos pequeninos corriam apressados em volta de mim, temerosos demais para chegarem mais perto, mas curiosos o suficiente para permanecerem onde estavam. Pensei em Walter, que voltava mais uma vez para Holman acorrentado dentro de um furgão. Queria que ele continuasse a ter esperanças, mas que mantivesse os pés no chão para conseguir lidar com a decisão do Juiz, fosse ela qual fosse. Pensei em sua família e em todas aquelas pessoas que estiveram no tribunal. Elas se mantiveram confiantes durante todos aqueles cinco anos desde a prisão de Walter e agora tinham motivos para continuar a acreditar. Pensei também na Sra. Williams. Quando a audiência chegou ao fim, ela veio até mim e me deu um doce beijo na bochecha. Eu lhe disse que estava muito feliz por ela ter entrado na sala de audiência. Ela me respondeu, brincalhona:

CAPÍTULO NOVE

— Sr. Advogado, o senhor *sabia* que eu ia entrar nessa sala. *Sabia* que eu não ia permitir que me deixassem do lado de fora.

Não pude deixar de sorrir.

Michael chegou à areia com um olhar preocupado.

— O que foi que você viu? — brinquei. — Um tubarão? Uma enguia? Uma água-viva venenosa? Uma raia? Ou uma piranha?

Ele estava sem ar.

— Aqueles caras ameaçaram a gente, mentiram para todo mundo e já disseram por aí que tem um pessoal com tanta raiva do que estamos fazendo que vão matar a gente. O que será que eles vão fazer agora que sabem de todas as provas que a gente tem da inocência do Walter?

Eu me perguntava a mesma coisa. Nossos adversários haviam feito o possível e o impossível para condenar Walter — e para matá-lo. Eles mentiram e subverteram o processo judicial. Um número considerável de pessoas já tinha nos avisado que ouviram conversas de gente que queria nos matar, porque achavam que estávamos tentando inocentar um assassino.

— Não sei — respondi, — mas temos que continuar tentando, cara. Temos que continuar.

Ficamos sentados em silêncio, assistindo o sol dar lugar à escuridão. Mais e mais caranguejos começavam a emergir da areia, correndo cada vez mais rápido e chegando cada vez mais perto de onde estávamos sentados. Virei-me para Michael, na quase total escuridão, e disse:

— É melhor a gente ir.

CAPÍTULO DEZ
MITIGAÇÃO

As prisões nos Estados Unidos se transformaram em depósitos de doentes mentais. O encarceramento em massa foi, em grande parte, alimentado por uma política equivocada de combate às drogas e um excesso de condenações. No entanto, o confinamento de centenas de milhares de pessoas pobres, portadoras de distúrbios mentais, funcionou como uma mola propulsora para atingirmos nossos níveis recorde de encarceramento. E criou problemas sem precedentes na nossa história.

Meu primeiro contato com Avery Jenkins foi por telefone. Ele ligou para mim, mas nada do que dizia fazia muito sentido. Não conseguia me explicar por que havia sido condenado nem mesmo descrever com clareza o que queria que eu fizesse. Reclamou das condições de seu confinamento até que um pensamento aleatório o fez mudar de assunto abruptamente. Também me enviou cartas, mas elas eram tão difíceis de acompanhar quanto seus telefonemas, então decidi falar com ele pessoalmente para ver se conseguia entender melhor como eu poderia ajudá-lo.

～

Há mais de um século, o cuidado institucional oferecido nos Estados Unidos a pessoas com doenças mentais graves alternou-se entre prisões e hospitais preparados para lidar com doenças mentais. No final do século 19, assustados com o tratamento desumano dispensado aos presos que sofriam de doenças mentais, Dorothea Dix e o Reverendo Louis Dwight lideraram uma bem-sucedida campanha para retirar os doentes mentais das prisões. O número de presidiários com doenças mentais graves diminuiu drasticamente, ao mesmo tempo em que surgiam clínicas e hospitais psiquiátricos, públicos e privados, para dar tratamento às pessoas com distúrbios mentais. Em pouco tempo, havia hospitais psiquiátricos em toda parte.

Por volta da metade do século 20, começaram a surgir diversos relatos de abusos dentro das instituições psiquiátricas, o que chamou muita atenção. Além disso, a internação involuntária se tornou um grande problema. Famílias, professores e juízes mandavam milhares de pessoas para essas instituições por causa de excentricidades menos atribuíveis a doenças mentais graves do que a uma resistência às normas sociais, culturais ou sexuais. Pessoas que resistiam às normas de gênero, homossexuais, ou pessoas que mantinham relações inter-raciais eram frequentemente internadas contra sua vontade. O surgimento de medicamentos antipsicóticos, como o Thorazine, representaram uma grande esperança para pessoas que sofriam de distúrbios mentais graves, mas o remédio foi usado de forma excessiva em muitas instituições mentais, acarretando terríveis efeitos colaterais e abusos. Os protocolos de tratamento agressivos e violentos realizados em algumas instituições geraram verdadeiras histórias de terror que estimularam o surgimento de uma nova campanha, dessa vez para retirar as pessoas das instituições mentais.

Nas décadas de 1960 e 1970, foram promulgadas leis para dificultar ao máximo a internação involuntária. A desinstitucionalização passou a ser o objetivo de muitos estados. Defensores da saúde mental e advogados obtiveram êxito em uma série de casos na Suprema Corte que forçaram os estados a transferir os internos para programas comunitários. Decisões judiciais permitiram que pessoas portadoras de deficiências de desenvolvimento recusassem tratamento e criaram direitos para os deficientes mentais tornando a institucionalização forçada muito mais rara. Por volta da década de 1990, diversos estados tinham uma taxa de desinstitucionalização de mais de noventa e cinco por cento, o que significava que para cada cem pacientes internados em hospitais estaduais antes dos programas de desinstitucionalização, menos de cinco ainda eram internos na época em que o estudo foi realizado nos anos 1990. Em 1955, havia nos Estados Unidos um leito psiquiátrico para cada trezentos habitantes, cinquenta anos depois, tínhamos um leito para cada três mil.

Embora precisássemos desesperadamente dessas reformas, a desinstitucionalização se misturou à disseminação das políticas de encarceramento em massa — expansão da lei penal e sentenças mais severas — gerando um efeito desastroso. O "mundo em liberdade" se tornou perigoso para as pessoas pobres portadoras de deficiência mental liberadas das instituições psiquiátricas. A impossibilidade de muitos deficientes de baixa-renda de obterem tratamento ou os medicamentos de que necessitavam aumentou de forma dramática a probabilidade de que um encontro com a polícia terminasse na cadeia ou mesmo na prisão. Cadeias e presídios se transformaram na estratégia do governo para lidar com uma crise na saúde gerada pelo abuso de drogas e pela dependência química. Um mar de pessoas com doenças mentais foi preso por pequenos delitos e crimes relacionados às drogas ou simplesmente por comportamentos e atitudes que suas comunidades não estavam dispostas a tolerar.

Hoje em dia, mais de cinquenta por cento dos detentos em cadeias ou presídios nos Estados Unidos já foram diagnosticados como portadores de doença mental, uma taxa quase cinco vezes maior que a da população adulta em geral. Quase um em cada cinco detentos de cadeias ou presídios tem alguma doença mental grave. Na verdade, o número de indivíduos com doenças mentais graves em cadeias ou prisões é mais do que o triplo do número nos hospitais: em alguns estados esse número é dez vezes maior. E uma prisão é um péssimo lugar para uma pessoa com doença mental ou com algum distúrbio neurológico que os guardas da prisão não estão treinados para compreender.

Por exemplo, quando eu ainda trabalhava em Atlanta, nosso escritório abriu um processo contra a infame Prisão Angola na Louisiana para forçar uma mudança na política que determinava que prisioneiros em celas segregadas fossem obrigados a colocar as mãos através de grades para serem algemados antes que os guardas entrassem. Prisioneiros portadores de epilepsia ou distúrbios que causassem convulsões podiam precisar de ajuda quando tinham uma convulsão dentro da cela e como não conseguiam colocar as mãos através das grades, os guardas espirravam gás lacrimogêneo neles ou usavam extintores de incêndio para contê-los. Esse tipo de intervenção agravava os problemas de saúde dos prisioneiros e às vezes causava sua morte.

A maioria dos presídios superlotados não tem como oferecer cuidado e tratamento para doentes mentais. A falta de tratamento impossibilita muitos deficientes de cumprir as inúmeras regras que definem a vida na prisão. Outros prisioneiros exploram ou reagem de forma violenta aos sintomas comportamentais dos doentes mentais. Funcionários dos presídios sentem-se frustrados e não raro sujeitam esses prisioneiros a punições abusivas, confinamento solitário ou às mais extremas formas disponíveis de detenção. Muitos juízes, promotores e advogados de defesa não reconhecem que os doentes mentais têm necessidades especiais, o que acarreta condenações injustas, penas mais longas e altas taxas de reincidência.

∽

Certa vez representei um homem portador de doença mental no corredor da morte do Alabama chamado George Daniel. George sofrera uma lesão cerebral em um acidente de carro que o deixou inconsciente numa madrugada de Houston, Texas. Quando acordou, estava dentro de um carro capotado na lateral da estrada. Foi para casa e nunca procurou assistência médica. Sua namorada posteriormente contou para a família de George que a princípio ele apenas parecera um pouco desnorteado. Depois, começou a ter alucinações e exibir comportamentos cada vez mais bizarros e imprevisíveis. Parou de dormir com regularidade, queixava-se de ouvir vozes e em duas ocasiões saiu correndo de casa nu porque achou que estava sendo perseguido por vespas. Uma semana após o acidente, ele não mais formava frases ao falar. Um pouco antes de sua mãe, que morava em Montgomery, ser chamada para ajudar a convencê-lo a ir a um hospital, George tomou um ônibus interestadual e viajou para o lugar mais distante que o dinheiro que tinha em seu bolso podia levá-lo.

Desorientado e pouco comunicativo, foi obrigado a saltar do ônibus em Hurtsboro, Alabama, porque alguns passageiros se irritaram quando ele começou a falar alto consigo mesmo enquanto gesticulava agitadamente para objetos que imaginava voarem à sua volta. O ônibus havia passado por Montgomery, onde George tinha familiares, mas ele continuou no ônibus até ser retirado à força, sem dinheiro, de calças jeans e camiseta, sem sapatos, em pleno janeiro. Vagou por Hurtsboro até que parou diante de uma casa. Bateu à porta e quando abriram, George entrou sem ser convidado e andou pela casa até encontrar a cozinha, onde sentou-se à mesa. O assustado dono da casa ligou para o filho, que veio e retirou George. George foi para outra casa, essa de propriedade de uma senhora mais velha e fez a mesma coisa. Ela chamou a polícia. O policial que atendeu ao chamado tinha fama de ser agressivo e retirou George da casa à força. Ao ser arrastado para o carro de polícia, George resistiu, os dois homens começaram a brigar e caíram no chão. O policial sacou a arma e os dois lutavam por ela até que houve um disparo e o policial foi atingido na barriga. Ele morreu em decorrência do tiro.

MITIGAÇÃO

George foi preso e acusado de crime passível de pena capital. Durante sua estada na cadeia do Condado de Russell, desenvolveu uma psicose grave. Os policiais relataram que ele não saía da cela. Foi visto comendo suas próprias fezes. Sua mãe o visitou, mas ele não a reconheceu. Não conseguia formar frases completas. Os dois advogados designados para defendê-lo da acusação de crime capital estavam mais preocupados com o fato de que apenas um deles receberia os mil dólares referentes ao trabalho realizado fora do tribunal que era pago aos advogados dativos em casos de crime capital. Os dois começaram a se desentender e brigar: um processou o outro para que se decidisse quem deveria ficar com o dinheiro. Enquanto isso, o juiz mandou George para o Hospital Bryce em Tuscaloosa para uma avaliação psiquiátrica. Ed Seger, o médico que avaliou George, misteriosamente concluiu que ele não tinha nenhuma doença mental, mas que estava "fingindo" ou simulando sintomas de doença mental.

Com base nessa avaliação, o juiz autorizou que o processo por crime capital fosse adiante. Os advogados de George brigaram entre si, não apresentaram nenhuma defesa e não chamaram nenhuma testemunha. A promotoria chamou o Dr. Seger, que convenceu o júri que George não tinha nenhum tipo de problema mental, embora, durante o julgamento, ele tenha cuspido dentro de um copo sem parar e cacarejado bem alto. Os familiares de George estavam aflitos. Antes do acidente, George trabalhava em uma loja de móveis no *Pier 1* em Houston. Saiu da cidade sem pegar o cheque referente a seu salário, que estava à sua disposição há mais de dois dias antes de sua partida. A mãe de George, uma mulher pobre que sabia o valor que cada dólar tinha para um homem como seu filho, considerou essa atitude mais ilustrativa de uma doença mental do que qualquer outra e autorizou os advogados a pegar o cheque na esperança de que o apresentassem durante o julgamento como forma de confirmar o estado de confusão mental de George. Os advogados, que ainda estavam brigando por causa de dinheiro, descontaram o cheque para pagar seus próprios honorários em vez usá-lo como prova.

George foi condenado e sentenciado à morte. Quando a EJI entrou no caso, ele já estava no corredor da morte há muitos anos, se aproximando inexoravelmente de sua execução. Quando o conheci, os médicos do presídio estavam lhe administrando pesados medicamentos psicotrópicos, o que ao menos o estabilizava. Era tão absolutamente óbvio que George sofria de doença mental que não foi nenhuma surpresa descobrir que o médico que

CAPÍTULO DEZ

o examinou no Hospital Bryce era uma fraude e nunca havia estudado medicina. O "Dr. Ed Seger" tinha forjado suas credenciais. Não tinha diploma universitário, mas enganou os encarregados do hospital e os convenceu de que era um médico qualificado com especialização em psiquiatria. Ele se fez passar por médico no hospital durante *oito anos* e nesse período realizou diversas avaliações psiquiátricas em pessoas acusadas de crimes.

Defendi George durante o processo na Justiça Federal e o Estado reconheceu que Seger era um impostor, mas não concordou que George tinha direito a um novo julgamento. Acabamos obtendo uma decisão favorável de um juiz federal que anulou a condenação e a sentença. Por causa de sua doença mental e por ter sido considerado incapaz, George não foi julgado ou processado novamente. Desde então, está internado em um hospital psiquiátrico. Mas provavelmente existem centenas de outros presos avaliados pelo "Dr. Seger" que não tiveram suas condenações reexaminadas.

⁂

Muitos de meus clientes no corredor da morte sofrem de doenças mentais graves, mas nem sempre era óbvio que seu histórico de problemas mentais fosse anterior ao seu encarceramento, já que seus sintomas podiam ser episódicos e eram frequentemente induzidos por estresse. Mas as cartas de Avery Jenkins, escritas à mão com uma letra tão pequena que eu precisava de uma lente de aumento para lê-las, me convenceram que ele já estava doente há muito tempo.

Examinei seu caso e comecei a juntar as peças de sua história. Ele havia sido condenado pelo brutal e assustador assassinato de um senhor de idade. As inúmeras facadas desferidas na vítima eram um forte indício de distúrbio mental, mas os registros e arquivos do caso não faziam qualquer referência à possibilidade de Jenkins ser portador de alguma deficiência. Achei que as coisas ficariam mais claras se me encontrasse pessoalmente com ele.

Quando entrei no estacionamento do presídio, notei uma caminhonete que parecia um santuário em homenagem ao Velho Sul: estava totalmente coberta de adesivos perturbadores, decalques da bandeira dos Confederados e outras imagens inquietantes. Em todo o Sul veem-se placas de carro com a bandeira dos Confederados, mas alguns daqueles adesivos eram novidade para mim. Muitos falavam de armas e da identidade Sulista. Um deles dizia: "se eu soubesse que seria assim, teria eu mesmo colhido meu maldito algodão". Apesar de ter crescido vendo imagens do Sul Confederado e de já estar trabalhando no *Deep South* há muitos anos, fiquei bastante abalado com aqueles símbolos. Sempre tive um interesse especial pelo período pós-Reconstrução da história dos Estados Unidos. Minha avó era filha de pessoas que tinham sido escravizadas. Ela nasceu na Virgínia na década de 1880, depois que as tropas federais foram retiradas, o que deu início a um reinado de violência e terror destinado a negar todo e qualquer direito político e social aos afro-americanos. O pai dela lhe contava histórias sobre negros recentemente emancipados que foram essencialmente re-escravizados por ex-oficiais e ex-soldados Confederados, que se utilizaram de violência, intimidação, linchamentos e servidão para manter os afro-americanos marginalizados e subordinados. Os pais da minha avó sentiam-se profundamente amargurados porque a promessa de liberdade e igualdade que se seguiu à escravidão foi esquecida quando os Democratas do Sul recuperaram seu poder político com o uso de violência.

Grupos terroristas como a Ku Klux Klan se cobriam de símbolos do Sul Confederado para intimidar e vitimar milhares de pessoas negras. Nada assustava mais os assentamentos negros das áreas rurais que rumores a respeito de atividades da Klan. Durante cem anos, qualquer sinal de progresso da população negra no Sul podia ser o estopim de uma reação da população branca que invariavelmente evocava os símbolos Confederados e trazia de volta conversas sobre resistência. O Dia dos Heróis da Confederação foi declarado feriado estadual no Alabama na virada do século, logo depois que os brancos reescreveram a constituição estadual como forma de afirmação da supremacia branca. (O feriado ainda hoje é celebrado.) Quando os combatentes negros voltaram para o Sul depois da Segunda Guerra Mundial, políticos Sulistas formaram um bloco chamado *Dixiecrat*[14] para manter a segregação racial e a dominação branca temendo que veteranos negros se sentissem encorajados a questionar a segregação racial por terem prestado serviço militar. Na década de 1950 e 1960, o ativismo por direitos civis e algumas novas leis federais causaram a mesma resistência ao progresso racial e mais uma vez levaram a um aumento vertiginoso do uso da imagética dos Confederados. Na verdade, foi nos anos 1950, depois que a segregação racial em escolas públicas foi declarada inconstitucional no caso *Brown contra o*

---

[14] Dissidência do Partido Democrata, criada em 1948, como forma de oposição à política de direitos civis. (N. da T.)

CAPÍTULO DEZ

Conselho de Educação, que muitos estados do Sul hastearam bandeiras dos Confederados no alto dos prédios do governo estadual. Monumentos, memoriais e imagens dos Confederados se proliferaram por todo o Sul durante a Era dos Direitos Civis. Foi nessa época que o aniversário de Jefferson Davis, o presidente da Confederação, passou a ser feriado no Alabama. Até hoje, bancos, órgãos do governo e instituições estaduais fecham em sua homenagem.

Uma vez, em uma audiência preliminar, critiquei a exclusão de afro-americanos da lista de jurados. Nesta comunidade rural Sulista em particular, a população era formada por aproximadamente vinte e sete por cento de negros, mas os afro-americanos constituíam apenas dez por cento dos jurados. Depois que apresentei esses dados, juntamente com minha argumentação sobre a inconstitucionalidade da exclusão de afro-americanos, o juiz reclamou falando alto.

— Vou atender o seu pedido, Sr. Stevenson, mas vou ser franco. Estou muito cansado dessa falação sobre direitos das minorias. Afro-americanos, mexicanos-americanos, asiáticos-americanos, americanos nativos... Quando é que alguém vai entrar aqui no meu tribunal para proteger os direitos dos americanos confederados?

O juiz decididamente me pegou desprevenido. Eu queria perguntar para ele se ter nascido no Sul ou morar no Alabama me tornava um americano confederado, mas achei melhor deixar para lá.

∼

Parei no pátio da prisão para dar uma olhada mais de perto na caminhonete. Não consegui evitar contornar o carro para ler todos os adesivos provocativos. Depois, me dirigi para o portão de entrada do presídio, tentando me concentrar no que me trazia ali, mas não consegui me manter indiferente a tudo que considerei como símbolos de opressão racial. Já tinha estado ali diversas vezes, de forma que muitos agentes penitenciários já me conheciam, mas quando entrei, fui recebido por um agente que eu nunca tinha visto. Era um homem branco da minha altura — cerca de 1,80m —, bastante musculoso. Parecia ter quarenta e poucos anos e seu cabelo era bem curto, no estilo militar. Me encarava com uma expressão fria nos olhos azuis-escuros. Fui até o portão que dava acesso para o saguão da sala de visitação, onde eu esperava passar pela rotineira revista manual antes de entrar na área de visitação. O guarda se colocou diante de mim, me impedindo de passar.

— O que você está fazendo? — ele rosnou.

— Estou aqui para uma visita legal — respondi. — Foi marcada no início da semana. O pessoal no escritório do diretor está com a papelada — sorri e falei da forma mais educada que pude para acalmar os ânimos.

— Tudo bem, tudo bem, mas primeiro você tem que ser revistado.

Era difícil ignorar sua atitude claramente hostil, mas me esforcei ao máximo.

— Sem problema, quer que eu tire os sapatos?

Os guardas mais exigentes às vezes me obrigavam a tirar os sapatos antes de entrar.

— Você vai entrar naquele banheiro e tirar tudo se quiser entrar no meu presídio.

Fiquei chocado, mas falei da forma mais gentil que pude:

— Ah, não, senhor. Acho que o senhor deve ter se confundido. Eu sou advogado. Advogados não passam por revistas completas para visitar seus clientes.

Em vez de acalmá-lo, minhas palavras o deixaram mais furioso.

— Olha aqui, eu não sei quem você pensa que é, mas não vai entrar no meu presídio sem cumprir nossos protocolos de segurança. Agora, você pode entrar naquele banheiro e tirar a roupa, ou pode voltar pro lugar de onde veio.

Eu já tinha passado por situações difíceis com guardas ao entrar em presídios, na maioria das vezes em cadeias de pequenos condados ou em lugares onde eu nunca tinha estado antes, mas isso era altamente irregular.

— Já estive nesse presídio várias vezes e nunca me pediram pra tirar a roupa pra ser revistado. Acho que o procedimento não é esse — eu disse com mais firmeza.

— Bom, eu não sei e nem quero saber o que as outras pessoas fazem, mas é esse protocolo que eu sigo.

Pensei em procurar um assistente do diretor, mas me dei conta de que seria difícil e, de qualquer forma, um assistente do diretor provavelmente não diria para um guarda que ele estava errado na minha frente. Eu tinha dirigido por duas horas para essa visita e minha agenda estaria bem apertada nas três semanas seguintes, ou seja, eu não conseguiria voltar tão cedo. Entrei no banheiro e tirei a roupa. O guarda entrou e me revistou de uma forma desnecessariamente agressiva antes de falar entre dentes que eu estava limpo. Vesti meu terno e saí.

— Eu gostaria de entrar na sala de visitação agora. — Tentei recuperar alguma dignidade falando de forma mais incisiva.

CAPÍTULO DEZ

— Bom, você vai ter que voltar e assinar o livro.

Ele disse isso de uma forma tranquila, mas estava claramente querendo me provocar. Havia um registro de visitas que o presídio usava para os familiares, mas que não era utilizado para visitas legais. Eu já tinha assinado o livro dos advogados. Não fazia nenhum sentido eu ter que assinar um segundo livro.

— Os advogados não precisam assinar aquele livro —

— Se quiser entrar na minha prisão, você vai assinar o livro.

Ele parecia sorrir agora. Me esforcei muito para manter a compostura.

Voltei e assinei o livro. Retornei para a sala de visitação e aguardei. Havia um cadeado na porta de vidro que tinha que ser destrancado para que eu pudesse entrar no lugar onde encontraria meu cliente. O guarda finalmente pegou a chave para destrancar o cadeado. Fiquei ali de pé, em silêncio, na esperança de conseguir entrar sem mais nenhum tipo de drama. Quando ele abriu a porta, dei um passo à frente, mas ele agarrou meu braço para me deter. Abaixou a voz ao falar comigo.

— E aí, cara, por acaso você viu uma caminhonete no pátio cheia de adesivos, bandeiras e um *rack* pra armas?

— Vi, sim, eu vi essa caminhonete — respondi com cautela.

Sua expressão endureceu e ele disse:

— Queria te dizer que aquela caminhonete é minha.

Soltou meu braço e me deixou entrar. Fiquei com raiva do guarda, mas fiquei ainda mais irritado com minha própria impotência. Minha atenção foi trazida de volta quando a outra porta da sala de visitação se abriu e o Sr. Jenkins entrou acompanhado por outro guarda.

Jenkins era um homem afro-americano, baixo, de cabelo bem curto. Com suas duas mãos pegou a minha e abriu um largo sorriso enquanto sentava. Ele parecia excepcionalmente feliz de me ver.

— Sr. Jenkins, meu nome é Bryan Stevenson. Eu sou o advogado com quem o senhor falou.

— Você trouxe um milk-shake de chocolate pra mim? — perguntou rapidamente.

— Desculpa, o que você disse?

Continuou sorrindo e repetiu:

— Você trouxe um milk-shake de chocolate pra mim? Eu quero um milk--shake de chocolate.

A viagem, a caminhonete dos Confederados, os abusos do guarda e agora um pedido de milk-shake — esse dia estava ficando muito bizarro. Não escondi minha impaciência.

— Não, Sr. Jenkins, eu não trouxe um milk-shake de chocolate pra você. Eu sou advogado. Estou aqui para ajudá-lo com o seu caso e tentar conseguir um novo julgamento pra você. Tá bom? É pra isso que eu estou aqui. Agora eu preciso te fazer algumas perguntas para tentar entender o que está acontecendo.

Vi o sorriso desaparecer rapidamente de seu rosto. Comecei a fazer perguntas e ele me respondia com apenas uma palavra, às vezes só grunhia um sim ou um não. Percebi que ele ainda estava pensando no milk-shake de chocolate. O tempo que gastei com o guarda me fez esquecer o grau de comprometimento que esse homem deveria ter. Interrompi a entrevista e me inclinei para a frente.

— Sr. Jenkins, eu sinto muito. Não sabia que você queria que eu trouxesse um milk-shake de chocolate pra você. Se eu soubesse, com certeza teria tentado trazer. Prometo que da próxima vez que eu vier, se me deixarem trazer um milk-shake de chocolate pra você, eu trago com certeza. Combinado?

Com isso, seu sorriso voltou e ele ficou muito mais animado. Os registros da prisão sobre o Sr. Jenkins revelavam que ele costumava ter surtos psicóticos e ficava gritando durante horas. Ele era normalmente amável e gentil em nossos encontros, mas estava claramente doente. Eu não conseguia compreender porque os autos do seu julgamento não faziam nenhuma referência a distúrbios mentais, mas depois do caso de George Daniel, nada mais me surpreendia. Quando voltei para o escritório, aprofundamos nossas investigações sobre o passado do Sr. Jenkins. O que encontramos era de cortar o coração. Seu pai fora assassinado antes do seu nascimento e sua mãe morrera de overdose quando ele tinha apenas um ano de idade. A partir dos dois anos, passou a morar em lares de adoção temporária. O tempo que passou nessas casas foi terrível: antes de completar oito anos já tinha passado por dezenove casas diferentes. Começou a demonstrar sinais de incapacidade intelectual ainda na infância. Tinha deficiências cognitivas que indicavam algum tipo de lesão cerebral orgânica e problemas comportamentais indicativos de esquizofrenia e de outras doenças mentais graves.

Quando tinha dez anos, Avery morava com pais adotivos abusivos cujas rígidas regras o mantinham em constante confusão. Ele não conseguia cumprir

CAPÍTULO DEZ

todas as exigências que lhe eram impostas, então frequentemente o prendiam em um armário, lhe negavam comida e o sujeitavam a surras e outros abusos físicos. Como seu comportamento não melhorou, sua mãe adotiva decidiu livrar-se dele. Ela o levou para um bosque, o amarrou a uma árvore e o deixou lá. Ele foi encontrado por caçadores, com a saúde muito debilitada, três dias mais tarde. Depois de se recuperar dos sérios problemas de saúde relacionados ao abandono que sofreu, começou a abusar das drogas e do álcool. Aos quinze anos, tinha convulsões e surtos psicóticos. Aos dezessete, foi considerado incapaz e não tinha onde morar. Avery vivia entrando e saindo da cadeia até completar vinte anos quando, durante um surto psicótico, entrou em uma casa porque pensou estar sendo atacado por demônios. Dentro da casa, esfaqueou brutalmente um homem até a morte por achar que se tratava de um demônio. Seus advogados não investigaram o histórico do Sr. Jenkins antes do julgamento e ele foi rapidamente condenado por assassinato e sentenciado à morte.

O presídio não me deixou levar um milk-shake para o Sr. Jenkins. Tentei explicar isso a ele, mas no começo de cada visita, ele me perguntava pelo milk-shake. Eu lhe dizia que continuaria tentando — eu tinha que dizer isso para que ele conseguisse se concentrar em qualquer outra coisa. Meses depois, finalmente tínhamos uma audiência marcada para apresentar ao juiz as provas de sua gravíssima doença mental — informações que deveriam ter sido exibidas durante o julgamento. Argumentamos que seus advogados não tinham lhe dado assistência jurídica adequada durante o julgamento já que não levantaram o histórico de Avery nem alegaram que sua deficiência era relevante para o processo como forma de determinar sua culpabilidade e para que pudesse lhe ser imposta uma pena adequada.

Quando cheguei ao fórum onde a audiência aconteceria, a cerca de três horas de carro do presídio, fui ver Avery na cela onde seria mantido até o início dos procedimentos. Depois do protocolo habitual sobre o milk-shake, tentei fazê-lo entender o que aconteceria na audiência. Minha preocupação era que pudesse ficar abalado ao ver algumas das testemunhas — pessoas que tinham convivido com ele nos lares de adoção. O depoimento de especialistas também seria bastante direto na descrição de suas deficiências e sua doença. Eu queria que ele entendesse por que estávamos fazendo aquilo. Ele foi cordial e agradável, como sempre.

Quando subi para a sala de audiência, avistei o agente penitenciário que tinha me importunado quando fui me encontrar com Avery pela primeira vez.

MITIGAÇÃO

Eu não o vira desde aquele encontro inicial tão desagradável. Eu tinha perguntado a outro cliente sobre o guarda e ele me falou de sua má reputação. Disse também que ele costumava trabalhar no turno da noite e que a maioria das pessoas tentava evitá-lo. Ele devia ter sido designado para trazer Avery para a audiência, o que me deixou preocupado com relação à forma como Avery fora tratado durante a viagem, mas ele me parecera estar em seu estado habitual.

Nos três dias seguintes, apresentamos nossas provas sobre o *passado* de Avery. Os especialistas que falaram sobre suas deficiências foram maravilhosos. Não foram parciais nem preconceituosos, apenas muito convincentes ao detalhar como uma lesão cerebral orgânica, esquizofrenia e bipolaridade podem combinar-se e causar uma deficiência mental grave. Explicaram também que a psicose e os outros graves problemas mentais do Sr. Avery podiam acarretar um comportamento perigoso, mas esse comportamento era a manifestação de uma doença grave e não um reflexo de seu caráter. Também apresentamos provas a respeito do sistema de lares de adoção e como esse sistema tinha sido falho no caso de Avery. Diversos dos pais adotivos com quem Avery morara tinham sido posteriormente condenados por abuso sexual e por agirem de forma criminosa com crianças sob sua guarda. Falamos sobre o fato de Avery ter pulado de uma situação ruim para outra até se tornar viciado em drogas e sem-teto.

Diversos pais adotivos admitiram que se sentiram muito frustrados com Avery pois não estavam preparados para lidar com seus graves problemas mentais. Argumentei para o juiz que não levar em consideração os problemas mentais de Avery no julgamento era tão cruel quanto dizer para alguém que tinha perdido as pernas: "Você tem que subir essas escadas sem ajuda e se não subir, é porque você é preguiçoso". Ou dizer para um cego: "Você tem que atravessar essa autoestrada movimentada sozinho ou então você é um covarde".

Nós convivemos de diversas formas com deficiências físicas — ou pelo menos, nós as entendemos. Ficamos com raiva quando as pessoas não reconhecem a necessidade que os deficientes físicos têm de assistência cuidadosa e compassiva, mas como as deficiências mentais não são visíveis, costumamos desdenhar das necessidades desses deficientes e rapidamente julgamos seus *déficits* e falhas. Não há dúvida que o Estado tem obrigação de responsabilizar uma pessoa que comete um assassinato brutal e, assim, proteger a população. Mas desconsiderar completamente a deficiência dessa pessoa

CAPÍTULO DEZ

leva a uma avaliação injusta do grau de culpabilidade que deve lhe ser atribuído e da pena que lhe deve ser imposta.

Voltei para casa satisfeito com a audiência, mas a verdade era que audiências de pós-condenação raramente resultavam em decisões favoráveis. Era mais provável obtermos alguma atenuação através de um recurso. Eu não esperava nenhuma decisão miraculosa. Cerca de um mês depois da audiência, antes da decisão do juiz, decidi ver Avery no presídio. Não tivemos muito tempo para conversar depois da audiência e eu queria me certificar de que ele estava bem. Durante quase toda a audiência, ele ficou tranquilo, mas quando alguns de seus pais adotivos entraram na sala, pude notar sua aflição. Achei que uma visita lhe faria bem.

Quando entrei no estacionamento, vi aquela caminhonete repulsiva com suas bandeiras, adesivos e seu rack ameaçador. Temi um novo encontro com o guarda. Como era de se esperar, depois que falei com a secretária do diretor, me encaminhei para a sala de visitação, vi-o se aproximar e me preparei para um confronto. Foi aí que algo surpreendente aconteceu.

— Olá, Sr. Stevenson. Como vai? — o guarda perguntou, parecendo verdadeiro e sincero. Fiquei desconfiado.

— Eu vou bem, e você?

Ele me olhava de uma forma diferente da que olhou da outra vez: não estava de cara amarrada e parecia querer genuinamente interagir comigo. Decidi entrar no jogo.

— Bom, vou ali no banheiro me preparar pra sua revista.

— Ah, não se preocupe com isso, Sr. Stevenson — respondeu rapidamente. — Eu sei que o senhor está limpo.

Tudo era diferente tanto em seu tom como em sua atitude.

— Ah, que bom, obrigado. Agradeço. Vou voltar pra assinar o livro, então.

— Sr. Stevenson, o senhor não precisa fazer isso. Vi o senhor entrando e anotei o seu nome. Já cuidei disso.

Percebi que ele, na verdade, estava nervoso.

Fiquei confuso com essa mudança de atitude. Agradeci e me dirigi para a porta da sala de visitação com o guarda atrás de mim. Ele abriu o cadeado para eu entrar. Quando me aproximei para passar por ele e entrar, colocou a mão em meu ombro.

— Ah, eu queria dizer uma coisa pro senhor.

Eu não sabia aonde ele queria chegar com aquela conversa.

— O senhor sabe que fui que levei o Avery pra audiência e fiquei lá com vocês esses três dias. E eu... ah... bom, eu queria que o senhor soubesse que eu assisti tudo.

Tirou a mão do meu ombro e desviou o olhar, como se estivesse olhando para alguma coisa atrás de mim. Continuou:

— Bem, quer dizer, eu... eu admiro o que o senhor tá fazendo, de verdade. Foi meio difícil pra mim ficar ali naquela sala e ouvir tudo que vocês falaram. Eu cresci em lares de adoção, sabe? Eu cresci em lares de adoção também. — Sua expressão se suavizou. — Cara, nunca achei que alguém tinha sofrido tanto quanto eu. Me mudaram de uma casa pra outra várias vezes e era como se ninguém me quisesse. Foi muito difícil. Mas quando eu ouvi o que você disse sobre o Avery, me dei conta que outras pessoas sofreram tanto quanto eu. Acho que até pior. Sei lá, tudo aquilo lá me trouxe um monte de lembranças.

Colocou a mão no bolso e tirou um lenço para enxugar o suor da testa. Notei, pela primeira vez, que ele tinha uma tatuagem da bandeira dos Confederados no braço.

— Acho que o que eu tô querendo dizer é que o senhor tá fazendo uma coisa muito boa. Eu acumulei tanta raiva quando era mais novo que teve muitas vezes que eu queria muito machucar alguém, só porque eu tava com raiva. Consegui chegar até os dezoito anos, me alistei e, bom, melhorei. Mas ficar ali naquela sala trouxe de volta essas lembranças e acho que me dei conta que eu ainda tenho raiva dentro de mim.

Sorri e ele continuou:

— Aquele especialista que você chamou disse que alguns dos danos causados às crianças nesses lares abusivos são permanentes ... isso me deixou meio preocupado. Você acha que é verdade?

— Eu acho que sempre podemos melhorar — respondi. — As coisas ruins que acontecem com a gente não nos definem. Basta que as pessoas às vezes entendam de onde viemos.

Nós dois falávamos calmamente. Um outro guarda passou por nós e nos encarou. Continuei:

— Sabe de uma coisa, agradeço muito você ter me dito tudo isso. Significa muito pra mim, de verdade. Às vezes eu esqueço como todos nós em algum momento da vida precisamos de mitigação.

Ele olhou para mim e sorriu.

CAPÍTULO DEZ

— Toda hora você falava de mitigação lá na audiência. E eu pensei, "Qual é o problema desse cara? Por que é que ele fica falando de mitigação desse jeito?" Quando cheguei em casa, olhei no dicionário. Eu não sabia bem o que você queria dizer, mas agora eu sei.

Eu ri.

— Às vezes eu me deixo levar nas audiências e aí nem eu sei bem o que estou dizendo.

— Bom, eu acho que você se saiu muito, muito bem.

Olhou nos meus olhos antes de me estender a mão. Apertamos as mãos e me encaminhei para a porta. Eu já estava quase dentro da sala quando ele segurou meu braço de novo.

— Ah, espera. Tem outra coisa que eu preciso te dizer. Eu fiz uma coisa que eu provavelmente não devia ter feito, mas eu quero te contar. Na viagem de volta depois da última audiência — bom, eu sei como o Avery é. Enfim, só quero te contar que na estrada pra cá eu fiz um desvio: levei ele numa lanchonete e comprei um milk-shake de chocolate pra ele.

Olhei fixamente para ele, sem conseguir acreditar e ele deu uma risada. Em seguida, me trancou dentro da sala. Eu estava tão pasmo com o que o guarda me dissera que nem ouvi o outro guarda entrar com Avery. Quando me dei conta de que Avery já estava na sala, me virei para cumprimentá-lo. Como ele não disse nada, fiquei um pouco apreensivo.

— Você está bem?

— Sim, senhor, estou bem. Você está bem? — perguntou.

— Sim, Avery, estou muito bem. — Aguardei o início do nosso ritual. Como ele não disse nada, achei melhor fazer o meu papel. — Olha, tentei trazer um milk-shake de chocolate pra você, mas eles não ...

Avery me interrompeu:

— Ah, eu tomei um milk-shake. Agora eu tô bem.

Quando comecei a falar sobre a audiência, ele sorriu. Conversamos por uma hora até eu ter que sair para ver outro cliente. Avery nunca mais me pediu um milk-shake de chocolate. Conseguimos um novo julgamento e por fim o tiramos do corredor da morte, ele foi transferido para um local onde receberia tratamento psiquiátrico. Nunca mais vi aquele guarda e alguém me contou que pediu demissão não muito tempo depois do nosso último encontro.

CAPÍTULO ONZE
VOANDO PARA LONGE

Era a terceira ameaça de bomba em dois meses. Aflitos, evacuamos rapidamente o escritório e aguardamos a chegada da polícia. Nossa equipe agora contava com cinco advogados, um investigador e três funcionários administrativos. Vínhamos recebendo estudantes de direito para estágios de curta duração, o que nos proporcionava uma assistência jurídica adicional e ajuda nas investigações, algo que precisávamos com urgência. Mas ameaças de bomba não eram parte do combinado. Era tentador ignorá-las, mas dois anos antes um advogado de direitos civis afro-americano chamado Robert "Robbie" Robinson tinha sido assassinado com a explosão de uma bomba enviada a seu escritório em Savannah, Geórgia. Por volta da mesma época, um juiz do tribunal federal de segunda instância, Robert Vance, foi morto em Birmingham com uma bomba enviada pelo correio. Dias depois, uma terceira bomba foi enviada para um escritório de direitos civis na Flórida e uma quarta bomba para um fórum em Atlanta. O responsável pelas bombas parecia estar atacando profissionais de direito ligados a direitos civis. Fomos avisados que poderíamos ser um alvo e durante semanas levamos, com muito cuidado, todos os pacotes que recebemos pelo correio até o fórum federal para passá-los no raio-X antes de abri-los. Depois disso, ameaças de bomba não podiam mais ser consideradas uma brincadeira.

Todos saíram do prédio e especulávamos sobre a possibilidade de realmente haver uma bomba. A pessoa que ligou para o escritório descreveu nosso prédio com precisão ao fazer sua ameaça. Sharon, nossa recepcionista, repreendeu a pessoa ao telefone. Sharon era a jovem mãe de dois filhos pequenos e tinha crescido em uma área rural com sua família branca e pobre. Ela falava com todos de forma simples e direta.

CAPÍTULO ONZE

— Por que você está fazendo isso? Está nos assustando!

Ela disse que o homem parecia ser do Sul e de meia-idade, mas não conseguiu descrever mais nada.

— Tô fazendo um favor pra vocês — ele disse em tom ameaçador. — Quero que parem de fazer o que 'tão fazendo. Minha primeira opção não é matar todo mundo, então é melhor vocês todos saírem daí agora! Da próxima vez não vai ter aviso.

Tinha se passado um mês da audiência de McMillian. A primeira vez que recebemos uma ameaça, a pessoa que telefonou fez comentários racistas falando da necessidade de nos dar uma lição. Na mesma época, recebi alguns telefonemas ameaçadores em casa. Em um desses telefonemas típicos, a pessoa disse:

— Se você acha que a gente vai deixar você ajudar aquele crioulo a se safar do assassinato daquela garota, você tá muito enganado. Vocês dois vão morrer, seus crioulos!

Embora eu estivesse trabalhando em outros casos, tinha certeza que os telefonemas eram uma reação ao caso de McMillian. Antes da audiência, Michael e eu fomos seguidos diversas vezes quando fazíamos investigações no Condado de Monroe. Um homem bastante assustador uma vez me ligou tarde da noite para me dizer que tinham lhe oferecido um bom dinheiro para me matar, mas que ele recusara porque respeitava nosso trabalho. Expressei minha gratidão por seu apoio e agradeci educadamente. Era difícil saber se devíamos levar tudo aquilo a sério, mas com certeza era angustiante.

Depois que evacuamos o prédio, a polícia vasculhou o escritório com cachorros. Nenhuma bomba foi encontrada. Depois de uma hora e meia esperando para ver se o prédio iria explodir, voltamos para o escritório. Precisávamos trabalhar.

⁓

Alguns dias depois, recebi outro tipo de bomba, dessa vez um telefonema da Secretaria do Juízo do Condado de Baldwin. A escrivã estava me ligando para avisar que o Juiz Norton tinha tomado sua decisão a respeito do caso de McMillian — ela queria meu número de fax para me enviar uma cópia da decisão. Passei o número e aguardei ansioso a chegada do documento. Quando vi que eram apenas três páginas, fiquei preocupado.

VOANDO PARA LONGE

As páginas continham a sucinta decisão do Juiz Norton indeferindo nosso pedido. Fiquei mais decepcionado do que arrasado. Eu tinha imaginado que seria essa a decisão do Juiz Norton. Pelo interesse que demonstrou durante toda a audiência, ele nunca pareceu particularmente interessado em saber se Walter era culpado ou inocente. Estava preso à sua função de preservação: ele era um guardião do sistema que dificilmente anularia o julgamento anterior, mesmo que houvesse provas contundentes de inocência.

O mais surpreendente, no entanto, era a superficialidade, a insubstancialidade e o desinteresse daquela decisão de duas páginas e meia. O Juiz se referiu apenas ao depoimento de Ralph Myers e ignorou completamente todas as alegações jurídicas que apresentamos e todos os depoimentos das outras doze testemunhas. Na verdade, não havia nenhuma menção a precedentes vinculantes em toda a decisão judicial:

> Ralph Myers depôs perante este Tribunal, jurou dizer a verdade e em seguida revogou a maioria, se não a totalidade, das partes relevantes de seu depoimento no julgamento. Claramente, Ralph Myers cometeu perjúrio durante o julgamento ou cometeu perjúrio perante este Tribunal.
>
> As seguintes questões foram levadas em consideração para essa tomada de decisão: a atitude da testemunha; a oportunidade que a testemunha teve de tomar conhecimento dos fatos sobre os quais depôs no julgamento; a motivação, como declarada pela testemunha, de seu depoimento no primeiro julgamento; a motivação, como declarada pela defesa, de sua retratação; as provas de pressões externas aplicadas à testemunha antes e após o julgamento e a retratação; as ações da testemunha que deram credibilidade a seu depoimento no julgamento e as ações da testemunha que deram credibilidade à sua retratação; provas aduzidas ao julgamento que contradiziam o depoimento da testemunha a respeito de detalhes e devido à natureza desse caso, qualquer prova de alguma fonte a respeito da impossibilidade da testemunha de ter conhecimento dos fatos sobre os quais depôs no julgamento.
>
> Como o julgamento desta matéria foi conduzida perante o Honorável R. E. L. Key, Juiz da Circunscrição, agora aposentado, este juiz

não teve oportunidade de comparar a atitude da testemunha em seu depoimento no julgamento e nesta retratação.

O reexame dos outros fatores mencionados acima não oferece provas conclusivas de que a testemunha, Ralph Myers, cometeu perjúrio no julgamento inicial. Há bastante indícios de que Ralph Myers foi pressionado desde que depôs no julgamento, o que poderia implicar descrédito para sua retratação. Não há absolutamente nenhuma prova nos autos do julgamento ou em seu depoimento de retratação que coloque Ralph Myers em outro lugar que não na cena do crime no momento em que foi cometido.

Tendo esta causa sido remetida ao Tribunal para que se determinasse a existência de provas que sustentem a teoria de que Ralph Myers cometeu perjúrio no julgamento inicial e tendo este juiz determinado que não há provas suficientes que sustentem essa teoria, fica então DECIDIDO, JULGADO e DECRETADO que o depoimento de Ralph Myers no julgamento inicial não foi considerado falso testemunho.

19 de maio de 1992.

Thomas B. Norton, Jr.
Juiz da Circunscrição

Embora Chapman tivesse sugerido que Myers fora pressionado para retratar-se, o promotor não apresentou nenhuma prova para sustentar essa alegação, o que tornava difícil compreender a decisão do juiz. Eu havia avisado a Walter e a sua família que provavelmente precisaríamos levar o caso à um tribunal de segunda instância para termos alguma chance real de revogação da sentença, apesar de todos nós termos considerado que a audiência fora muito positiva.

Eu estava otimista com relação ao que poderíamos conseguir com nossas provas no Tribunal Regional Federal do Alabama. Naquele momento, era comum levarmos nossos casos àquele tribunal. Depois da minha primeira argumentação sobre o caso de McMillian, já tínhamos protocolado quase vinte recursos contra sentenças de morte e o tribunal estava começando a responder à nossa advocacia. Ganhamos quatro reformas em casos de pena de morte em 1990, outros quatro em 1991 e, em 1992, obtivemos revogação da sentença de outros oito prisioneiros do corredor da morte. Os juízes costumavam reclamar de estarem sendo forçados a determinar que houvesse novos julgamentos ou a deferir nossos pedidos de revogação, mas ainda assim decidiam a nosso favor. Em poucos anos, alguns juízes do tribunal de segunda instância começariam a ser atacados e substituídos nas eleições judiciais partidárias por candidatos que criticavam as decisões do tribunal em casos de pena de morte. Mas persistimos e continuamos a levantar erros reversíveis em casos capitais. Estávamos pressionando o tribunal a fazer cumprir a lei nesses casos e, quando recusavam nossos pedidos de concessão de revogação, vínhamos obtendo sucesso ao levá-los à Suprema Corte do Alabama.

Com base nessas experiências recentes, achei que poderíamos obter a revogação da sentença de McMillian no reexame. Mesmo que o juiz não estivesse disposto a decidir que Walter era inocente e deveria ser solto, a retenção de provas exculpatórias era bastante grave e o juiz teria dificuldade para esquivar-se dos precedentes vinculantes que determinavam que houvesse um novo julgamento. Nada estava garantido, mas expliquei a Walter que agora estávamos finalmente chegando a uma instância onde nossas alegações seriam levadas a sério.

Michael já estava conosco há bem mais de dois anos como havíamos inicialmente combinado, mas agora estava de data marcada para se mudar para San Diego e assumir o posto de defensor público federal. Estava muito angustiado por sair do nosso escritório, contudo, deixar o Alabama não lhe parecia tão difícil.

Escolhi um de nossos novos advogados, Bernard Harcourt, para substituir Michael no caso de Walter. Bernard tinha muitas coisas em comum com Michael — era inteligente, determinado e extremamente dedicado ao trabalho. Ele já tinha estagiado comigo quando era estudante de direito em Harvard. Ficou tão envolvido com o trabalho que pediu ao juiz federal que estava assessorando quando terminou a faculdade se poderia interromper o estágio de dois anos para se juntar à nossa equipe no Alabama. O juiz concordou e Bernard chegou pouco depois da partida de Michael. Como os pais de Bernard eram franceses e a família morava na cidade de Nova York, ele estudou no *Lycée Français de New York* em Manhattan, uma escola de ensino médio que adotava uma perspectiva educacional europeia. Depois de se formar em Princeton, Bernard trabalhou no setor bancário até decidir estudar direito. Estava se preparando para uma carreira tradicional no direito até que veio trabalhar conosco um verão e ficou fascinado pelas questões envolvidas nos casos de pena de morte. Ele e a namorada, Mia, se mudaram para Montgomery e ficaram intrigados com a vida no Alabama. A rápida imersão de Bernard no caso de McMillian tornou sua aventura cultural muito mais intensa do que ele poderia imaginar.

A presença da comunidade na audiência levou a um falatório a respeito do que havíamos apresentado no tribunal e isso encorajou mais pessoas a se apresentarem com informações úteis. Pessoas de todo tipo entravam em contato conosco com alegações de corrupção e má-conduta amplas e variadas. Apenas uma coisa ou outra era realmente útil para nossos esforços de libertar Walter, mas tudo era interessante. Bernard e eu continuamos a seguir pistas e a entrevistar pessoas dispostas a compartilhar suas reflexões a respeito da vida no Condado de Monroe.

As ameaças que sofremos me deixaram preocupado com relação à hostilidade que Walter enfrentaria caso fosse solto algum dia. Eu me perguntava se ele poderia viver em segurança naquela comunidade caso todos achassem que ele era um assassino perigoso. Começamos a debater a ideia de entrar em contato com algumas pessoas que pudessem nos ajudar a amplificar para o público em geral a injustiça da condenação improcedente de McMillian como forma de preparar o terreno para sua possível libertação. Se a população ficasse sabendo de tudo que nós sabíamos, talvez isso pudesse facilitar sua reinserção na comunidade. Queríamos que as pessoas entendessem este simples fato: *Walter não cometeu aquele assassinato*. Sua liberdade não seria baseada em alguma brecha legal capciosa nem na exploração de uma tecnicalidade. Ela seria baseada em justiça, pura e simples — ele era inocente.

Por outro lado, eu não acreditava que a atenção da mídia pudesse nos ajudar a ganhar o caso que agora tramitava no Tribunal Regional Federal. Era do conhecimento de todos que o juiz presidente do tribunal, John Patterson, havia processado o jornal *The New York Times* por sua cobertura do Movimento de Direitos Civis quando era governador do Alabama. Era uma tática comum utilizada pelos políticos sulistas durante os protestos a favor dos direitos civis: processar os meios de comunicação por difamação caso fizessem coberturas que favoreciam os ativistas ou retratassem os políticos sulistas e as autoridades da lei de forma desfavorável. Os juízes dos tribunais estaduais do Sul e todos os júris compostos apenas por pessoas brancas estavam sempre muito dispostos a tomar decisões favoráveis às autoridades locais "difamadas". As autoridades estaduais já tinham ganhado milhões de dólares em julgamentos realizados dessa forma. Mais importante ainda era o fato de que as ações por difamação desencorajavam as coberturas favoráveis ao ativismo por direitos civis.

Em 1960, o *New York Times* publicou um anúncio com o título *Preste Atenção nas Vozes que se Elevam*, cujo objetivo era levantar fundos para a defesa do Dr. Martin Luther King Jr. contra acusações de perjúrio no Alabama. Autoridades sulistas reagiram passando para a ofensiva e processando o jornal. O Comissário de Segurança Pública L. B. Sullivan e o Governador Patterson queixavam-se de difamação. Um júri local lhes concedeu uma indenização de meio milhão de dólares e o recurso foi levado à Suprema Corte dos Estados Unidos.

A decisão foi um marco e o caso *New York Times contra Sullivan* mudou as normas sobre difamação e ofensa escrita contra a honra exigindo que o autor da ação prove que houve malícia — ou seja, que apresente provas de que a editora tinha efetivo conhecimento que a declaração era falsa. A decisão assinalou uma vitória significativa para a liberdade de imprensa e liberou os meios de comunicação e editoras para falar sobre os protestos e o ativismo em prol dos direitos civis de forma mais franca. Mas no Sul isso gerou ainda mais desprezo com relação à imprensa e a animosidade permaneceu para além da Era dos Direitos Civis. Eu não tinha dúvidas de que uma cobertura nacional do caso de Walter não beneficiaria a nossa causa no Tribunal Regional Federal.

Entretanto, eu acreditava que uma opinião mais bem informada da condenação de Walter e do assassinato tornariam, sim, sua vida em liberdade menos perigosa — pressupondo que um dia conseguiríamos reverter sua condenação. Achamos que precisávamos divulgar a história apesar dos riscos. Fiquei preocupado com a possibilidade de as pessoas de sua comunidade não terem acesso a uma imagem imparcial do que estava acontecendo. Além da hostilidade que receávamos que Walter enfrentaria se fosse solto, estávamos preocupados com o que poderia acontecer caso se ordenasse um novo julgamento. A cobertura preconceituosa da mídia praticamente impossibilitaria que o novo julgamento fosse justo. A imprensa local nos Condados de Monroe e Mobile já haviam demonizado Walter e desafiadoramente sustentado que sua condenação era idônea e sua execução necessária.

Jornais locais pintaram Walter como um perigoso traficante que provavelmente havia matado diversos adolescentes inocentes. Os jornais de

CAPÍTULO ONZE

Monroeville e Mobile sentiram-se muito à vontade para publicar artigos chamando Walter de "chefão do tráfico", "predador sexual" e "líder de gangue". Logo que foi preso, as manchetes locais enfatizaram as absurdas acusações de má-conduta sexual que envolviam Ralph Myers. "McMillian Acusado de Sodomia" era uma manchete habitual. Na cobertura das audiências, o *Monroe Journal* chamou atenção para o perigo que Walter representava: "Para entrar na sala de audiências, as pessoas tinham que passar por um detector de metais, como tem acontecido em todos os procedimentos do processo contra McMillian, e havia diversas autoridades policiais a postos na sala". Apesar de todas as provas apresentadas na nossa audiência comprovando que Walter não tinha nada a ver com o assassinato de Pittman, a imprensa local falou sobre o caso para pintar um retrato ainda mais assustador de Walter. "Assassino Condenado Procurado pelo Assassinato em East Brewton" foi uma das primeiras manchetes no jornal de Brewton. "Ronda Não Foi a Única Garota Morta" foi a manchete no *Mobile Press Register* depois da nossa audiência. O jornal de Mobile, depois da audiência, disse: "Myers e McMillian eram parte de uma quadrilha que invadia casas, cometia roubos e falsificações, contrabandeava drogas e operava em diversos condados no Sul do Alabama, de acordo com autoridades locais. McMillian era o líder da operação". Analisando o foco da imprensa, desde a audiência preliminar que o levou ao corredor da morte até a segurança extra disponibilizada sempre que comparecia ao tribunal, ficava claro qual era a narrativa da imprensa: esse homem é extremamente perigoso.

A essa altura, as pessoas pareciam não estar interessadas na verdade a respeito do crime. Durante a audiência mais recente no Condado de Baldwin, aqueles que apoiavam a acusação abandonaram a sala de audiência em vez de ficar lá para ouvir as provas que apontavam para a inocência de Walter. Era arriscado, mas tínhamos esperança que uma cobertura da imprensa nacional contando o nosso lado da história mudasse a narrativa.

Um ano antes, um jornalista do *Washington Post*, Walt Harrington, viera ao Alabama para escrever um artigo sobre o nosso trabalho e me ouviu descrever o caso de McMillian. Ele passou essas informações para um colega, Pete Earley, que entrou em contato comigo e imediatamente se interessou pelo assunto. Depois de ler as transcrições e os autos que lhe entregamos, ele mergulhou na história, conversou com os envolvidos e logo estava tão perplexo quanto nós por ver que Walter havia sido condenado com base em provas tão pouco confiáveis.

VOANDO PARA LONGE

Naquele mesmo ano, eu tinha dado uma palestra em Yale e na plateia havia um produtor do popular programa investigativo da CBS *60 Minutes*, que também telefonou para mim. Ao longo dos últimos anos, recebemos ligações de vários programas de notícias que haviam demonstrado interesse em fazer uma matéria sobre o nosso trabalho, mas eu não me sentia seguro. Em geral, minha percepção era de que a exposição na mídia raramente ajudava nossos clientes. Além do sentimento antimídia preponderante no Sul, a pena de morte gerava muita polarização. É um assunto com uma carga política tão forte que mesmo artigos favoráveis a pessoas no corredor da morte frequentemente deflagravam uma reação local negativa que criava mais problemas para o cliente e para o caso. Embora os clientes às vezes quisessem a atenção da imprensa, eu resistia muito a dar entrevistas sobre casos pendentes. Eu sabia de inúmeros casos em que um perfil favorável na mídia tinha apressado a data de execução ou provocado maus tratos retaliativos que só pioraram as coisas.

Protocolamos nosso recurso no Tribunal Regional Federal naquele verão. Embora ainda me sentisse muito inseguro, decidi prosseguir com a matéria para o *60 Minutes*. O veterano repórter Ed Bradley e seu produtor David Gelber vieram de Nova York para Monroeville num dia de julho, com temperatura de quase quarenta graus e entrevistaram muitas pessoas que levamos para depor na audiência. Falaram com Walter, Ralph Myers, Karen Kelly, Darnell Houston, Clay Kast, Jimmy Williams, a família de Walter e Woodrow Ikner. Confrontaram Bill Hooks e fizeram uma longa entrevista com Tommy Chapman. A notícia de que o célebre jornalista estava na cidade se espalhou depressa, o que irritou as autoridades locais. O *Monroe Journal* escreveu:

> Muitos desses repórteres de fora manifestam abertamente seu desdém pelas instituições e pessoas que encontram aqui, não fazem nada além de um esforço muito superficial para reunir fatos. E pior, alguns apresentam informações incorretas. Realmente não precisamos de mais reportagens do gênero "ilustre repórter vem para cidadezinha caipira".

Mesmo antes de a matéria ir ao ar, a mídia local parecia estar incitando a comunidade a não acreditar em nada que ouvissem falar sobre o caso. Na matéria "CBS Examina Caso de Assassinato", um repórter local do *Monroe Journal* escreveu: "O Promotor de Justiça do Condado de Monroe, Tommy Chapman, disse que acredita que as pessoas que fazem pesquisa para o programa de notícias da CBS, *60 Minutes*, já tinham escolhido um lado

CAPÍTULO ONZE

antes mesmo de virem para cá". Chapman estava utilizando uma foto de Walter, tirada no momento de sua prisão, em que aparecia de barba e cabelo grande, imagem que Chapman acreditava deixar claro que se tratava de um criminoso perigoso. "A pessoa que eles entrevistaram na prisão Holman não é a mesma pessoa que o Xerife Tate prendeu por esse assassinato", Chapman explicou. O jornal acrescentava que Chapman oferecera à CBS a fotografia do "verdadeiro" McMillian tirada no momento de sua prisão, mas eles "não se interessaram". Os prisioneiros no Alabama são obrigados a se barbear com frequência, então é óbvio que Walter estava diferente quando apareceu diante das câmeras.

Quando a reportagem do *60 Minutes* foi ar meses depois, autoridades locais rapidamente a questionaram. A manchete do *Mobile Press Register* foi: "Promotor de Justiça: A Reportagem de TV sobre a Condenação de McMillian foi uma 'Desgraça'". O artigo citava Chapman: "É inacreditável e irresponsável que eles se considerem um programa de notícias respeitável". Alegou-se que a publicidade trazia mais sofrimento aos pais de Morrison. Repórteres locais reclamaram que os Morrison tinham agora que se preocupar e lidar com o estresse de que essa nova publicidade "pudesse levar muitas pessoas a achar que McMillian era inocente".

A mídia local estava ansiosa para se unir aos promotores nas críticas à reportagem do *60 Minutes* porque ela comprometia a cobertura do caso feita por eles, que, em grande parte, apresentava apenas a teoria da promotoria e o retrato que ela fazia de Walter e do crime. Mas as pessoas da comunidade sempre assistiam ao *60 Minutes* e em geral acreditavam no programa. Apesar da reação da mídia local, a cobertura da CBS deu à comunidade um resumo das provas que apresentamos na audiência e levantou questões e dúvidas a respeito da culpa de Walter. Alguns líderes influentes da comunidade também acharam que a reportagem fazia Monroeville parecer atrasada e possivelmente racista, o que era ruim para a imagem da comunidade e para os esforços que vinham fazendo para trazer novos negócios para a cidade. Os líderes empresariais começaram a fazer perguntas duras a Chapman e às autoridades policiais a respeito do que estava acontecendo com o caso.

As pessoas da comunidade negra ficaram empolgadíssimas ao ver uma cobertura honesta do caso. Eles vinham comentando a respeito da injusta condenação de Walter há anos. O caso tinha traumatizado tanto a comunidade negra que muitos se preocupavam com cada desenrolar do caso e cada decisão judicial. Costumávamos receber telefonemas de pessoas que queriam apenas uma atualização do que estava acontecendo. Alguns queriam um esclarecimento de alguma questão específica do caso que tinha sido o assunto de um debate caloroso numa barbearia ou uma festa. Para muitos negros da região, ver as provas que tínhamos apresentado no tribunal em rede nacional era terapêutico.

Na entrevista do *60 Minutes* com Chapman, ele desdenhou da sugestão de que houvera preconceito racial no processo contra Walter McMillian dizendo que aquilo era uma bobagem. Ele calmamente declarou sua total confiança e certeza de que McMillian era culpado e que deveria ser executado o mais rápido possível. Demonstrou desprezo pelos advogados de Walter e pelas "pessoas que tentam criticar os júris".

Mais tarde ficamos sabendo que apesar da confiança que imprimiu a suas declarações para a mídia local e para o *60 Minutes*, Chapman tinha começado a se preocupar com o grau de confiabilidade das provas contra Walter. Ele não podia ignorar os problemas do caso expostos na audiência. Dado o nosso sucesso em outros casos de pena de morte, a mera possibilidade de o tribunal de segunda instância anular a condenação de Walter deve ter deixado Chapman receoso. Ele tinha se tornado a figura pública que defendia a condenação e percebeu que havia colocado sua própria reputação em jogo ao confiar no trabalho dos investigadores locais — trabalho tão falho que era quase farsesco.

Chapman reuniu Tate, Ikner e Benson pouco depois da audiência e expressou suas preocupações. Quando pediu aos investigadores locais que explicassem as provas contraditórias que apresentamos, não ficou convencido com o que lhe disseram. Não muito tempo depois, fez um pedido oficial à Divisão de Investigação do Alabama (ABI) para que fosse feita uma nova investigação sobre o assassinato para confirmar a culpa do Sr. McMillian.

Chapman nunca nos contou diretamente sobre essa nova investigação, ainda que tivéssemos passado mais de dois anos pedindo exatamente a mesma coisa: uma reavaliação das provas. Quando os novos investigadores da ABI, Tom Taylor e Greg Cole, me ligaram, imediatamente concordei em disponibilizar os autos e todas as informações a respeito do caso. Depois que me encontrei com eles, fiquei ainda mais esperançoso com relação ao resultado dessa nova investigação. Os dois me pareceram ser investigadores sensatos e experientes interessados em fazer um trabalho confiável e idôneo.

CAPÍTULO ONZE

Em poucas semanas, Taylor e Cole já davam sinais de dúvida quanto à culpa de McMillian. Eles não tinham qualquer ligação com nenhuma personalidade do Sul do Alabama. Demos a eles arquivos, memorandos e até algumas provas originais porque não tínhamos nada a esconder. Eu ficava nervoso de pensar que se conseguíssemos uma reforma da sentença e tivéssemos que ir a um novo julgamento, a revelação de tantas informações aos investigadores do estado poderia nos colocar em desvantagem, pois eles estariam mais bem preparados para enfraquecer nossas provas. Mas eu ainda me sentia confiante de que qualquer investigação sensata e honesta revelaria o absurdo das acusações contra Walter.

Em janeiro, seis meses haviam se passado desde que protocolamos nosso recurso do Tribunal Regional do Alabama enquanto esperávamos uma decisão a qualquer momento. Foi então que Tom Taylor telefonou e disse que ele e Cole queriam nos encontrar novamente. Tínhamos nos falado algumas vezes durante a investigação, mas dessa vez falaríamos sobre suas descobertas. Quando chegaram, Bernard e eu nos sentamos com eles na minha sala, eles foram direto ao assunto.

— Não há a menor possibilidade de Walter McMillian ter matado Ronda Morrison — Tom Taylor falou de forma simples e direta. — Vamos relatar para o Procurador Geral, para o Promotor de Justiça e para qualquer um que nos pergunte, que McMillian não teve nada a ver com nenhum desses dois assassinatos: é inteiramente inocente.

Tentei não deixar transparecer a minha empolgação. Eu não queria espantar essa notícia tão boa.

— Que maravilha — eu disse, tentando não parecer surpreso. — Fico feliz de ouvir isso e sou muito grato por vocês terem examinado as provas de forma minuciosa e honesta.

— Bom, confirmar que McMillian não tinha nada a ver com tudo isso não foi difícil — Taylor respondeu. — Por que um chefão do tráfico viveria nas condições que ele vivia e trabalharia quinze horas por dia serrando madeira em lugares tão inóspitos? O que as autoridades locais nos disseram sobre McMillian não fazia muito sentido e a história que Myers contou no julgamento definitivamente não fazia sentido nenhum. Ainda não consigo acreditar que o júri tenha condenado ele.

— Você vai gostar muito de saber que Hooks e Hightower admitiram que seus depoimentos eram falsos — Cole acrescentou.

— Sério? — Dessa vez não consegui disfarçar minha surpresa.

— É. Quando nos pediram pra investigar esse caso, disseram que a gente também devia investigar você porque Hooks tinha dito que você ofereceu dinheiro pra ele e um apartamento no México se ele mudasse o depoimento.

— Taylor estava seríssimo.

— Um apartamento no México?

— Numa praia, acho eu — Cole acrescentou tranquilamente.

— Espera aí, eu? Eu ia dar um apartamento na praia pro Bill Hooks se ele mudasse o depoimento sobre o Walter? — Foi muito difícil conter o meu espanto.

— Bom, eu sei que deve parecer loucura pra você, mas pode acreditar que tinha gente que estava ansiosa pra indiciar você. Mas quando falamos com Hooks, não demorou muito pra ele reconhecer não só que nunca tinha falado com você e que você nunca tinha tentado subornar ele, mas também admitiu que o depoimento que deu no julgamento contra McMillian tinha sido completamente inventado.

— Bom, eu nunca tive dúvidas de que Hooks estava mentindo.

Cole deu uma risada e disse:

— Começamos a usar o polígrafo e tudo se desmantelou bem rápido.

Bernard fez a pergunta óbvia:

— Bom, e o que vai acontecer agora?

Taylor olhou para o parceiro e depois para nós.

— Bom, ainda não terminamos. Nós gostaríamos de solucionar esse crime e temos um suspeito. Será que vocês estariam dispostos a nos ajudar? Sei que vocês não estão tentando mandar ninguém pro corredor da morte, mas achamos que poderiam pelo menos considerar a ideia de nos ajudar a identificar o verdadeiro assassino. Vai ser muito mais fácil as pessoas aceitarem a inocência do Sr. McMillian se souberem quem de fato cometeu o crime.

Embora fosse ridículo pensar que a liberdade de Walter dependia da prisão de outra pessoa, eu já tinha imaginado que uma investigação eficiente podia levar a isso — e eu não tinha como contestar o fato de que mesmo que uma investigação da ABI absolvesse Walter, as pessoas ainda achariam que ele tinha cometido o crime e ficado impune até que o verdadeiro assassino fosse identificado. Há muito tempo já tínhamos chegado à conclusão de que a forma mais eficaz de libertar Walter seria encontrar o verdadeiro assassino, mas sem o poder e a autoridade dos agentes da lei, nossa possibilidade de descobrir alguma coisa era muito limitada.

Nós tínhamos uma teoria sólida. Diversas testemunhas haviam nos contado que por volta da hora do crime, um homem branco tinha sido visto saindo da lavanderia. Soubemos que antes de morrer, Ronda Morrison vinha recebendo telefonemas ameaçadores e que um homem a estava perseguindo com avidez e de forma bastante imprópria — aparecendo na lavanderia inesperadamente, talvez até a assediando. A princípio não conseguimos identificar esse desconhecido.

Mas tínhamos nossas suspeitas. Um homem branco que havia entrado em contato conosco parecia muito interessado no caso. Ele telefonava querendo falar longamente a respeito das nossas investigações. Dava pistas de que tinha informações que poderiam ser úteis para nós, mas era evasivo e não dizia nada de concreto. Sempre repetia que sabia que McMillian era inocente e que nos ajudaria a provar isso. Finalmente, depois de diversos telefonemas e horas de conversa, declarou que sabia onde poderia estar a arma do crime, que nunca fora encontrada.

Tentamos obter o máximo de informações que podíamos desse homem. Também verificamos seu passado. Ele nos contou que tivera alguns problemas com outro homem na cidade e que quanto mais ele falava mais ele culpava esse outro homem pelo assassinato de Morrison. Quando investigamos essa teoria, não ficamos nada entusiasmados. O outro homem não batia com as descrições das testemunhas que viram um homem saindo da lavanderia e ele não tinha o mesmo histórico do homem que telefonava para nós. Nosso "informante" tinha um histórico de assédio, violência contra mulheres e uma grande preocupação a respeito do assassinato de Morrison. Começamos a achar que o homem que vinha nos ligando poderia ser a pessoa que assassinou Ronda Morrison. Conversamos por telefone com ele dezenas de vezes e até nos encontramos algumas vezes. Estávamos cada vez menos convencidos que o homem que ele acusava tivesse qualquer envolvimento no crime. A certa altura, fizemos algumas perguntas diretas para ele sobre seu paradeiro no dia do assassinato, o que deve tê-lo assustado porque passou a nos telefonar cada vez menos.

Antes que eu tivesse oportunidade de contar qualquer coisa para os investigadores da ABI, Taylor disse:

— Achamos que você talvez tenha entrevistado o nosso suspeito e reunido uma boa quantidade de informações sobre esse cara. Gostaríamos de saber se você nos deixaria ver essas informações e essas entrevistas. — Ele disse o nome do nosso suspeito.

Eu lhes disse que mostraria a eles todas as informações que tínhamos. Nada daquilo era protegido pelo sigilo profissional do advogado, nós nunca havíamos representado esse homem nem tínhamos obtido nada de forma confidencial. Pedi alguns dias a Taylor e Cole para que pudéssemos organizar as informações, para em seguida entregar tudo a eles.

— Queremos tirar Walter da prisão o mais rápido possível — insisti.

— Bom, eu acho que o promotor e os advogados gostariam de manter o *status quo* por mais alguns meses até podermos prender o verdadeiro assassino.

— Certo, mas vocês compreendem que o *status quo* é um problema pra nós, não é? Walter já está no corredor da morte há quase seis anos por um crime que não cometeu.

Taylor e Cole se olharam parecendo constrangidos. Taylor respondeu:

— Nós não somos advogados então não entendo bem as motivações deles. Se eu estivesse preso por algo que eu não fiz e você fosse meu advogado, eu estaria desesperado pra você me tirar de lá o mais rápido possível.

Quando eles saíram, Bernard e eu estávamos animadíssimos, mas continuamos incomodados com esse plano de "manter o *status quo*". Decidi telefonar para o escritório da promotoria e ver se eles admitiriam erro jurídico no recurso que estava em trâmite, o que garantiria uma revogação em segunda instância e talvez agilizasse a libertação de Walter.

Outro advogado da promotoria chamado Ken Nunnelly tinha assumido o caso e era agora o responsável pelo recurso. Eu já tinha tratado com Nunnelly em diversos outros casos de pena de morte. Contei que tinha me encontrado com os investigadores da ABI e que eu entendia que havia novos desdobramentos que favoreciam o Sr. McMillian. Ficou claro que os advogados do Estado vinham discutindo o caso com certa frequência.

— Bryan, vai dar tudo certo, mas você vai precisar esperar mais alguns meses. Ele está no corredor há anos, então alguns meses a mais não vão fazer tanta diferença.

— Ken, cada dia faz diferença quando você está trancafiado no corredor da morte e foi condenado injustamente.

Tentei obter alguma promessa, mas ele não me deu nada. Solicitei uma reunião com o Procurador Geral ou qualquer outra autoridade com poder de decisão e ele disse que iria verificar o que conseguia fazer. Em alguns dias,

CAPÍTULO ONZE

o Estado protocolou uma estranha petição no Tribunal Regional Federal. O Procurador pedia que o juiz suspendesse o litígio e não expedisse uma decisão porque eles "talvez tivessem descoberto provas exculpatórias favoráveis ao Sr. McMillian que podem dar a ele o direito a um novo julgamento", mas que precisavam de mais tempo para finalizar a investigação.

Fiquei furioso de ver que o Estado estava tentando adiar uma decisão que poderia favorecer Walter. Aquilo era coerente com tudo que acontecera naqueles últimos seis anos, mas ainda assim era enlouquecedor. Rapidamente protocolamos uma resposta nos opondo à petição do Estado. Dissemos ao Juiz que havia uma quantidade avassaladora de informações que comprovavam que os direitos do Sr. McMillian haviam sido violados, e que ele tinha direito a uma revogação imediata. Adiar essa revogação da sentença causaria mais danos a um homem que havia sido condenado injustamente e sentenciado à morte por um crime que não cometeu. Instamos o juiz a negar o pedido do Estado e expedir logo sua decisão.

Agora eu falava com Minnie e a família toda semana, mantendo-os atualizados a respeito da nova investigação do Estado.

— Acho que alguma coisa boa está para acontecer, Bryan — Minnie me disse. — Deixaram ele preso durante anos. Está na hora de soltarem ele. Eles têm que soltar ele.

Eu gostava do otimismo dela, mas estava preocupado. Já havíamos ficado decepcionados tantas vezes.

— Temos que manter as esperanças, Minnie.

— Eu sempre falei pra todo mundo que "nenhuma mentira dura pra sempre" e isso tudo sempre foi uma grande mentira.

Não sabia bem como administrar as expectativas da família, eu sentia que devia ser a voz da prudência que preparava os familiares para o pior mesmo quando insistia que esperassem sempre o melhor. Essa tarefa estava ficando cada vez mais complexa à medida que assumia mais casos e via a miríade de possibilidades de as coisas darem errado. Mas eu estava desenvolvendo um reconhecimento amadurecido da importância da esperança na produção de justiça.

Eu havia começado a falar de esperança em palestras para pequenos grupos. Gostava cada vez mais de citar Václav Havel, o grande líder tcheco que dissera que a "esperança" era a única coisa de que as pessoas em dificuldades no Leste Europeu precisavam durante a era da dominação soviética.

Havel dissera que as pessoas que lutavam por independência queriam dinheiro e reconhecimento dos outros países: queriam mais críticas ao império soviético por parte do Ocidente e mais pressão diplomática. Mas Havel dissera também que essas eram as coisas que eles *queriam*: a única coisa de que *precisavam* era esperança. Não aquela coisa de acalentar sonhos fantasiosos, nem de preferir ser otimista do que pessimista, mas em vez disso "um alinhamento do espírito". O tipo de esperança que cria uma vontade de se colocar em um lugar sem esperanças e ser testemunha, que nos permite acreditar em um futuro melhor, mesmo em face de abusos de poder. Esse tipo de esperança nos fortalece.

Havel receitou exatamente aquilo que nosso trabalho parecia exigir. O caso de Walter exigia ainda mais esperança do que a maioria. Então não desencorajei Minnie. Juntos, mantínhamos a esperança.

∽

No dia 23 de fevereiro, quase seis semanas depois de receber o relatório da ABI, recebi um telefonema da escrivã do tribunal que nos informou que o Tribunal Regional Federal tinha expedido sua decisão sobre o caso de McMillian e que nós podíamos ir até lá para pegar o documento.

— Você vai gostar — ela disse enigmática.

Corri para lá e quando finalmente sentei para ler a decisão judicial de trinta e cinco páginas, estava sem fôlego. A escrivã tinha razão. A decisão invalidava a condenação de Walter e a sentença de morte. O juiz não concluiu que ele era inocente e deveria ser solto, mas sua decisão nos favorecia em todos os outros quesitos e ele ordenava que houvesse um novo julgamento. Eu não tinha me dado conta do meu medo de perder até finalmente ganharmos.

Entrei correndo no carro e saí em disparada para o corredor da morte para contar tudo a Walter pessoalmente. Fiquei olhando para ele e observando enquanto ele absorvia o que estava acontecendo. Ele se recostou e deu sua risada habitual.

— Bom — ele disse devagar —, quer saber de uma coisa, isso é bom. Isso é bom.

— Bom? É ótimo!

— É, é ótimo. — Ele agora sorria com uma liberdade que eu nunca tinha visto antes. — Ufa, nem acredito, cara, nem acredito... Ufa!

CAPÍTULO ONZE

Seu sorriso começou a desvanecer e ele balançava a cabeça de um lado para o outro bem devagar.

— Seis anos, seis anos que foram embora. — Desviou o olhar com uma expressão doída. — Esses seis anos pareceram cinquenta. Seis anos, que simplesmente foram embora. Eu estava com tanto medo deles me matarem, que nem pensei sobre o tempo que eu perdi.

Seu olhar aflito esfriou meu ânimo.

— Eu sei, Walter, e ainda não acabou — eu disse. — A decisão judicial te dá o direito de ser julgado novamente. Considerando o que a ABI disse, não acredito que eles vão querer te processar de novo, mas com essa turma não dá pra ter certeza que eles vão ter uma conduta sensata. Pode contar que eu vou fazer o possível e o impossível pra levar você pra casa o mais rápido que eu puder.

Ao pensar em casa, ficou mais animado e começamos a falar de coisas que tínhamos evitado desde que nos conhecemos por medo do que estava por vir. Ele disse:

— Quero conhecer cada pessoa que me ajudou em Montgomery, quero sair por aí com você e contar pro mundo o que fizeram comigo. Tem outras pessoas aqui que são tão inocentes quanto eu. — Fez uma pausa e voltou a sorrir. — Cara, eu quero uma comida boa, também. Não como uma comida boa de verdade há tanto tempo que nem lembro do gosto.

— Pode escolher o que quiser que é por minha conta — eu disse orgulhoso.

— Pelo que eu sei, talvez você não tenha dinheiro suficiente pro tipo de comida que eu quero — brincou. — Quero carne, frango, porco, talvez um bom xinim assado.

— Xinim?

— Ah, deixa de fingimento. Você bem que gosta de guaxinim grelhado. Por favor não vai me dizer que nunca comeu um bom xinim quando eu sei muito bem que você cresceu no interior que nem eu. Várias vezes eu e meu primo 'távamos passando de carro e um xinim atravessava a estrada correndo e ele dizia, "Para o carro, para o carro!" E eu parava o carro. Ele saía, se embrenhava no mato e voltava alguns minutos depois com um guaxinim que ele tinha pegado. A gente levava pra casa, tirava a pele e fritava ou fazia um churrasco. Caaaara... Isso sim é que ia ser uma comida boa de verdade.

— Você só pode estar de brincadeira. Eu cresci no interior, mas nunca corri atrás de nenhum animal selvagem pra comer.

Nós relaxamos e rimos muito. Já tínhamos rido juntos antes — o senso de humor de Walter não o abandonara apesar dos seis anos de corredor da morte. E agora esse caso tinha lhe dado muito material. Muitas vezes falamos sobre as pessoas e as situações relacionadas ao caso que, apesar de todo o dano que causaram, ainda assim nos fizeram rir dos seus absurdos. Mas o riso de hoje era muito diferente. Era um riso de libertação.

Voltei para Montgomery pensando em como agilizar o processo de soltura de Walter. Liguei para Tommy Chapman e disse que, à luz da decisão do Tribunal de Segunda Instância, estávamos pretendendo protocolar um pedido para que fossem retiradas todas as acusações contra Walter e esperava que ele considerasse a possibilidade de ingressar no pedido ou pelo menos não se opor a ele. Ele suspirou.

— Vamos conversar quando tudo isso acabar. Depois que você der entrada no seu pedido, eu te digo se vou ingressar. Com certeza não vamos nos opor.

Uma audiência foi marcada para analisar nosso pedido. O Estado afinal ingressou no pedido para que fossem retiradas todas as acusações contra Walter e minha expectativa era de que a audiência não durasse mais do que alguns poucos minutos. Na véspera, eu tinha ido até a casa de Minnie pegar um terno para Walter usar na audiência, já que ele finalmente poderia sair do tribunal como um homem livre. Quando cheguei, ela me deu um abraço prolongado. Parecia que tinha chorado e não tinha dormido. Nos sentamos e ela me disse mais uma vez o quanto estava feliz por saber que Walter seria solto. Mas ela parecia apreensiva. Finalmente, virou para mim e disse:

— Bryan, acho que você precisa dizer pra ele que talvez não deva vir pra cá. É que tudo isso foi coisa demais. O estresse, as fofocas, as mentiras, tudo. Ele não merece o que fizeram com ele e isso vai me doer no coração pro resto da vida, vai doer em todos nós. Mas acho que eu não consigo voltar a viver como antes.

— Bom, vocês todos vão precisar conversar quando ele chegar.

— A gente quer reunir todo mundo quando ele for solto. A gente quer fazer uma comida boa e todo mundo vai querer comemorar. Mas depois, talvez ele deva ir pra Montgomery com você.

Eu já tinha conversado com Walter sobre não passar as primeiras noites em Monroeville, por razões de segurança. Conversamos sobre a possibilidade de ele passar um tempo com seus familiares da Flórida enquanto monitorávamos a reação local à sua libertação. Mas eu não tinha falado do futuro dele com Minnie.

CAPÍTULO ONZE

Eu sempre dizia para Minnie que ela devia conversar com Walter quando ele chegasse em casa, mas estava claro que ela não tinha coragem para isso. Na viagem de volta para Montgomery, fui me dando conta, com tristeza, de que por mais que estivéssemos a poucos passos da vitória e do que deveria ser um momento de glória para Walter e sua família, esse pesadelo provavelmente nunca teria fim. Pela primeira vez ficou completamente claro para mim que a condenação, a sentença de morte e a dor e a destruição desse erro judicial tinham causado danos permanentes.

Meios de comunicação estaduais, locais e nacionais se amontoavam do lado de fora do tribunal quando cheguei na manhã seguinte. Dezenas de familiares e amigos de Walter estavam lá para cumprimentá-lo quando ele saísse. Eles haviam feito cartazes e faixas, o que me surpreendeu. Eram gestos simples, mas fiquei profundamente emocionado. Os cartazes davam voz à multidão: "Seja Bem-Vindo, Johnny D", "Deus não Falha", "Livres Afinal, Obrigado Deus Todo Poderoso, Estamos Livres Afinal".

Desci até a cela e entreguei o terno a Walter. Contei a ele que haveria uma comemoração na casa dele depois da audiência. O presídio não tinha deixado Walter trazer seus pertences para o tribunal, recusando-se a reconhecer que ele poderia ser libertado. Sendo assim, teríamos que voltar à Holman para pegar as coisas dele antes da festa de boas-vindas. Também lhe disse que eu tinha reservado um quarto de hotel para ele em Montgomery e que provavelmente seria mais seguro passar as próximas noites lá.

Relutei, mas acabei falando com ele sobre minha conversa com Minnie. Ele pareceu surpreso e magoado, mas não se agarrou a esses sentimentos.

— Hoje é um dia muito feliz. Nada consegue estragar o dia em que a gente recupera a liberdade.

— Bom, em algum momento vocês vão precisar conversar — insisti.

Subi e encontrei Tommy Chapman esperando por mim na sala de audiência.

— Quando tudo acabar, eu gostaria de apertar a mão dele — ele disse. — É possível?

— Acho que ele vai apreciar o gesto.

— Esse caso me ensinou coisas que eu nem sabia que precisava aprender.

— Todos nós aprendemos muito, Tommy.

Havia agentes da lei por todo lado. Quando Bernard chegou, conversamos rapidamente à mesa da defesa até que um oficial de justiça nos pediu para irmos à sala da Juíza. O Juiz Norton havia se aposentado algumas semanas antes da decisão do Tribunal Regional Federal. A nova Juíza, Pamela Baschab, me cumprimentou calorosamente. Trocamos algumas palavras e depois falamos a respeito do que aconteceria na audiência. Todos estavam sendo estranhamente cordiais.

— Sr. Stevenson, se o senhor puder só apresentar o pedido e fazer um breve resumo, eu não preciso de argumentação ou de declarações. Eu pretendo atender seu pedido imediatamente para vocês poderem ir para casa logo. Podemos terminar isso rápido.

Entramos na sala de audiência. Parecia que havia mais assistentes negros nessa audiência do que eu jamais vira naquele tribunal. Não havia detector de metal, nenhum cachorro ameaçador. A sala estava lotada de familiares e apoiadores de Walter. Havia mais negros do lado de fora do que cabia do lado de dentro. Uma horda de câmeras de televisão e jornalistas transbordava da sala lotada.

Finalmente trouxeram Walter com seu terno preto e camisa branca. Ele estava elegante e bem-disposto, parecia outro homem. Os agentes não o algemaram nem colocaram correntes em seus pés, então ele entrou acenando para seus familiares e amigos. Sua família não o via com outra roupa que não o uniforme branco da prisão desde o julgamento seis anos antes e muitos reprimiram uma exclamação de admiração e surpresa quando ele entrou de terno. Durante anos, os familiares e apoiadores de Walter tiveram que lidar com olhares hostis e ameaças de expulsão sempre que expressavam alguma opinião espontânea durante os procedimentos no tribunal, mas hoje os agentes aceitavam sua alegria expressiva em silêncio.

A juíza se acomodou e eu dei um passo à frente para falar. Apresentei um breve histórico do caso e informei à Juíza que tanto o réu quanto o Estado solicitavam que todas as acusações fossem retiradas. A Juíza rapidamente deferiu o pedido e perguntou se havia mais alguma questão. De repente, me senti estranhamente agitado. Eu esperava me sentir exuberante. Todos estavam de muito bom humor. A Juíza e o Promotor subitamente se tornaram generosos e solícitos. Era como se todos quisessem garantir que não haveria mágoas nem ressentimentos.

Walter, como era de se esperar, estava em êxtase, mas eu me sentia confuso com aquela raiva que começava a fervilhar dentro de mim. Estávamos prestes a sair daquela sala pela última vez e eu comecei a pensar em toda a dor e todo o sofrimento que havia sido infligido a Walter e sua família, a toda

CAPÍTULO ONZE

a comunidade. Pensei que se o Juiz Robert E. Lee Key não tivesse anulado o veredito do júri de prisão perpétua sem condicional e imposto a pena de morte — o que chamou nossa atenção para o caso —, Walter provavelmente passaria o resto da vida encarcerado e morreria numa cela de prisão. Pensei que com certeza havia centenas, talvez milhares de outras pessoas que eram tão inocentes quanto Walter, mas que nunca teriam a ajuda que precisavam. Eu sabia que aquele não era o lugar nem a hora de fazer um discurso ou me queixar, mas não consegui evitar de fazer um último comentário.

— Meritíssima, eu apenas gostaria de dizer uma coisa antes de encerrarmos esta audiência. Foi fácil demais condenar esse homem injustamente acusado de assassinato e enviá-lo para o corredor da morte por algo que ele não fez e foi difícil demais conseguir obter sua liberdade depois de provar sua inocência. Nós temos problemas muito sérios e um trabalho muito importante a fazer nesse estado.

Sentei e a Juíza declarou que Walter estava livre. E assim, sem mais nem menos, ele era agora um homem livre.

Walter me deu um abraço apertado e eu lhe dei um lenço para enxugar as lágrimas que brotavam nos seus olhos. Encaminhei-o até Chapman e eles trocaram um aperto de mão. Os agentes negros que estavam por ali nos conduziram até uma porta no fundo da sala que levava ao andar de baixo, onde uma multidão de jornalistas aguardava. Um dos agentes me deu um tapinha nas costas e declarou:

— Genial, cara. Genial!!!

Pedi a Bernard que dissesse aos familiares e apoiadores de Walter que os encontraríamos na frente do tribunal.

Walter ficou bem perto de mim enquanto respondemos às perguntas da imprensa. Pude perceber que aquilo era demais para ele, então interrompi as perguntas depois de alguns minutos e nos dirigimos para a porta da frente do tribunal. Equipes de TV nos seguiram. Assim que saímos, dezenas de pessoas gritaram animadas enquanto brandiam seus cartazes. Os parentes de Walter correram para abraçá-lo e me abraçaram também. Os netos de Walter agarraram suas mãos. Pessoas de mais idade que eu não conhecia vieram me abraçar. Walter não conseguia acreditar na quantidade de pessoas que estava ali por sua causa. Ele abraçou todo mundo. Mesmo quando alguns homens vinham apertar sua mão, ele os abraçava. Eu disse a todos que Bernard e eu precisávamos levar Walter até o presídio e que depois iríamos direto para a casa dele. Levamos quase uma hora para conseguir passar pela multidão e entrar no carro.

No caminho para o presídio, Walter disse que o pessoal do corredor da morte fez uma cerimônia especial para ele na sua última noite ali. Vieram rezar para ele e dar seus abraços finais. Walter falou que se sentia culpado de abandoná-los. Eu lhe disse para não se sentir assim — todos estavam empolgadíssimos de saber que Walter estava indo para casa. Sua liberdade era, de certa forma, um sinal de esperança em um lugar desesperançado.

Apesar de eu ter assegurado a todos que logo estaríamos na casa de Walter, todo mundo nos seguiu até o presídio. A imprensa, as equipes de TV, a família, todo mundo. Quando chegamos a Holman, uma caravana de mídia e simpatizantes vinha atrás de nós. Estacionei e fui até o portão da frente para explicar ao guarda da torre que eu não tinha nada a ver com toda aquela gente — eu sabia que o diretor do presídio tinha uma política rígida com relação à presença de pessoas que não tinham nada para fazer ali. Mas o guarda acenou para entrarmos. Ninguém tentou fazer a multidão ir embora.

Fomos ao escritório do presídio para pegar os pertences de Walter: seus materiais jurídicos e sua correspondência comigo, cartas de familiares e apoiadores, uma Bíblia, o relógio Timex que estava usando quando foi preso e a carteira que estava com ele lá atrás em junho de 1987 quando seu pesadelo começou. A carteira ainda tinha vinte e três dólares dentro dela. Walter tinha dado para outros prisioneiros do corredor da morte seu ventilador, um dicionário e as comidas que ele guardava na cela. Vi o diretor nos espiando de dentro de seu escritório enquanto pegávamos as coisas de Walter, mas ele não saiu de lá.

Alguns guardas nos observaram enquanto passávamos pelo portão da frente do presídio. Inúmeras pessoas ainda estavam reunidas do lado de fora. Vi a Sra. Williams. Walter foi até ela e a abraçou. Quando se soltaram, ela olhou para mim e piscou. Eu tive que rir.

De suas celas, alguns homens podiam ver a multidão do lado de fora e começaram a gritar palavras de encorajamento para Walter enquanto ele se afastava. Nós não os víamos de onde estávamos, mas suas vozes eram ouvidas ainda assim — as vozes eram estranhas porque eram incorpóreas, mas estavam plenas de entusiasmo e esperança. Uma das últimas vozes que ouvimos foi a de um homem que gritava:

— Força, cara. Força!

CAPÍTULO ONZE

Walter gritou de volta:

— Deixa comigo!

Enquanto caminhava para o carro, Walter ergueu os braços e suavemente começou a movê-los para cima e para baixo como se quisesse levantar voo. Olhou para mim e disse:

— Estou me sentindo como um pássaro, estou me sentindo como um pássaro.

CAPÍTULO DOZE
MÃE

Numa noite fresca e agradável em meados de março, Marsha Colbey saiu às ruas da cidade de Nova York trajando um elegante vestido azul royal junto com seu marido. Há anos ela sonhava com um momento como esse. Observava tudo com sua curiosidade aguçada enquanto caminhavam pelas calçadas movimentadas. Enormes edifícios se alongavam até o céu e o trânsito ruidoso zumbia pelas ruas de Greenwich Village. Atravessaram o Washington Square Park e os grupos de estudantes e artesãos que ali estavam mal se aperceberam de sua presença. Ela notou um trio de jazz amador tocando clássicos numa esquina no parque. Tudo à sua volta parecia saído de um filme.

Marsha, uma mulher branca de uma cidade pobre do interior do Alabama, nunca estivera em Nova York, mas estava prestes a ser homenageada em um jantar para duzentos convidados. Tudo aquilo era sensacional, mas enquanto se encaminhava para o local do evento, sentia algo incomum. Logo percebeu o que era. Liberdade. Caminhava tranquilamente pelas ruas da cidade mais fascinante do mundo com seu marido e estava livre. Era uma sensação gloriosa. Tudo nos últimos três meses desde que foi solta tinha sido mágico, ia muito além do que poderia imaginar mesmo antes de ter sido condenada à prisão perpétua sem direito à condicional no Presídio Feminino Julia Tutwiler.

Quando o Furacão Ivan chegou à costa do Alabama trazendo caos e calamidade à vida de Marsha, ela pensou que pior do que estava não poderia ficar. Ivan originou cento e dezenove tornados e gerou danos de dezoito bilhões de dólares. Com seis filhos para cuidar, Marsha não teve tempo para se desesperar com o fato de terem perdido sua casa nem por causa da violenta destruição de tudo à sua volta. O que preocupava Marsha era a incerteza. Onde ela e seu

CAPÍTULO DOZE

marido encontrariam trabalho? Quanto tempo seus filhos ficariam sem aulas? Como conseguiriam dinheiro? Como conseguiriam comida? Todos na Costa do Golfo sentiam-se vulneráveis diante de um futuro tão incerto. A onda constante de tempestades tropicais e furacões que ameaçavam a costa dos estados da Louisiana, Alabama, Mississippi e Flórida no verão de 2004 transformaram suas vidas tranquilas em uma luta apocalíptica por sobrevivência.

Marsha e Glen Colbey moravam em uma apertada casa-trailer com os filhos e sabiam que corriam perigo quando os alertas de furacão começaram. Eles não eram os únicos, muitas outras famílias estavam na mesma situação, o que representava algum alento. Mas quando Ivan destruiu a casa dos Colbey em setembro, saber que estavam na mesma situação que milhares de outras pessoas que buscavam assistência da Agência Federal de Gestão de Emergências (FEMA) não lhes servia de consolo. A ajuda acabou chegando. Os Colbeys receberam da FEMA um trailer de acampamento para ser utilizado como casa em caráter temporário e o estacionaram no próprio terreno para que os filhos pudessem permanecer nas escolas das redondezas. Marsha e Glen tinham conseguido trabalho na área de construção no início do verão, mas agora levaria semanas até que começassem a surgir empregos na área.

Marsha sabia que estava grávida. Aos quarenta e três anos, ter mais filhos não estava nos seus planos. Só conseguia pensar que em alguns meses a gravidez limitaria sua capacidade de trabalhar em construções. Sua preocupação às vezes descambava para uma ansiedade mais profunda que deflagrava uma antiga tentação: drogas. Mas não podia se render, pois havia muitas pessoas que dependiam dela e muito o que fazer. Cinco anos antes, a polícia foi chamada quando enfermeiras encontraram cocaína em seu organismo durante a gravidez de seu filho mais novo, Joshua e as autoridades haviam aterrorizado Marsha com acusações e ameaças de processos penais, prisão e perda da guarda dos filhos. Ela não iria se arriscar novamente.

Ela e Glen eram paupérrimos, mas Marsha sempre compensou os filhos pelas coisas que não podia lhes dar, entregando a eles todo o seu coração. Lia para eles, conversava com eles, brincava com eles, abraçava e beijava todos constantemente e sempre os mantinha bem perto dela. Contrariando todas as expectativas, construiu uma família preciosa unida por um amor intenso. Seus filhos mais velhos, até mesmo o de dezenove anos, ficavam perto dela em casa apesar de todas as distrações que surgiram quando terminaram o ensino médio. Marsha gostava de ser mãe. Por isso não se importava de ter tantos filhos. Engravidar do sétimo filho não era o que ela tinha planejado nem o que teria escolhido, mas ela amaria essa criança do mesmo jeito que amou todos os outros.

No inverno, as coisas tinham se acalmado no Condado de Baldwin. Os empregos voltaram e Glen finalmente encontrou um trabalho mais estável. A família ainda tinha problemas financeiros, mas quase todas as crianças estavam de volta à escola e parecia que haviam sobrevivido à pior parte de toda aquela destruição.

Marsha sabia que uma gravidez na sua idade era muito arriscada, mas não tinha dinheiro para se consultar com um médico. Já tendo passado por seis partos, ela sabia o que esperar e decidiu fazer o melhor possível sem o cuidado pré-natal. Tentou não se preocupar embora viesse sentindo dores e tendo problemas com essa gravidez que não lembrava de ter tido antes. Houve sangramentos e se tivesse como pagar um exame, o médico teria encontrado indícios de descolamento de placenta.

A velha casa-trailer dos Colbey ficava ao lado do novo trailer da FEMA e estava praticamente inabitável, mas ainda tinha água encanada e uma banheira, o que proporcionava a Marsha um refúgio tranquilo de vez em quando. Certo dia, ela não estava se sentindo bem e achou que um longo banho quente de banheira lhe faria bem. Acomodou-se na banheira de água quente minutos antes do início de um violento trabalho de parto. Sentiu que tudo estava indo rápido demais e, quando viu, tinha dado à luz um natimorto. Tentou desesperadamente reanimar o bebê, mas ele não chegou a respirar.

Embora a princípio tenha ficado aflita com a gravidez, Marsha chorou a morte de seu bebê e insistiu em dar a ele um nome e um enterro em família. Deram-lhe o nome de Timothy e o enterraram ao lado do pequeno trailer onde agora moravam, assinalando o local de sua sepultura. Aquele parto teria sido uma tragédia particular para Marsha e sua família se não fosse uma vizinha intrometida que há muito tempo suspeitava dos Colbey.

Debbie Cook notou que Marsha não estava mais grávida, mas não tinha um novo bebê, o que aguçou seu interesse sobre os detalhes do parto. Marsha não confiava em Debbie e foi evasiva diante de suas indagações. Cook, que trabalhava na escola de ensino básico que os filhos da Sra. Colbey frequentavam, acabou ordenando uma das funcionárias da cafeteria da escola a telefonar para a polícia para falar sobre o bebê desaparecido. O policial Kenneth Lewellen conversou com Debbie Cook e em seguida foi até a casa dos Colbey.

CAPÍTULO DOZE

Marsha, ainda de luto por causa de seu bebê e incomodada com a intromissão, reagiu mal ao interrogatório da polícia. Inicialmente, tentou dar informações erradas para o policial e para os investigadores numa tentativa de proteger sua privacidade. Não foi uma atitude sensata, mas Marsha estava indignada com aquela intromissão. Quando Lewellen viu a sepultura ao lado da casa dos Colbey, Marsha admitiu que seu bebê natimorto estava enterrado ali.

Kathleen Enstice, uma patologista forense que trabalhava para o estado, foi chamada para fazer a exumação do corpo do bebê. Marsha ficou horrorizada de ver que as autoridades iriam realmente fazer aquilo — algo que os deixaria tão tristes e abalados e sem nenhuma justificativa. Assim que o bebê foi exumado, mas antes que tivesse oportunidade de examinar o corpo, Enstice disse ao investigador que acreditava que o bebê tinha nascido vivo. Mais tarde admitiu que naquele momento não tinha nenhuma base sólida para formar tal opinião e que sem autópsia e exames não havia como saber se o bebê tinha nascido vivo. Como acabou se revelando, Enstice tinha um histórico de declarar mortes como homicídios de forma prematura e incorreta sem provas para sustentar suas teorias.

Em seguida, a patologista fez uma autópsia no corpo do bebê no laboratório do Departamento de Ciência Forense de Mobile. Ela não só concluiu que o bebê de Marsha nascera vivo, como também afirmou que, com assistência médica, a criança teria sobrevivido. Embora a maioria dos especialistas concorde que patologistas forenses — que lidam principalmente com pessoas mortas — não estão qualificados para estimar as chances de sobrevivência, o Estado permitiu que os promotores fossem adiante com a denúncia.

Inacreditavelmente, poucas semanas após dar à luz seu filho natimorto, Marsha Colbey estava presa sob acusação de assassinato passível de pena de morte. O Alabama figura na lista cada vez mais longa de estados que consideram o assassinato de pessoas com menos de quatorze anos um crime punível com pena de morte. A categoria vítima-criança resultou em um espantoso aumento no número de jovens mães e menores de idade mandadas para o corredor da morte. Todas as cinco mulheres no corredor da morte do Alabama foram condenadas pela morte inexplicável de seus filhos pequenos ou pela morte de maridos ou namorados abusivos — todas elas. Na verdade, em todo o país, a maioria das mulheres no corredor da morte aguarda execução por crimes em família que envolvem alegação de abuso infantil ou violência doméstica por parte de seus parceiros.

No julgamento, Kathleen Enstice prestou testemunho afirmando que Timothy nascera vivo e morreu afogado. Declarou que sua conclusão de que o bebê nascera vivo baseava-se em um "diagnóstico de exclusão" — ou seja, ela não encontrara provas de que se tratava de um natimorto e não tinha nenhuma outra explicação para sua morte. Seu depoimento foi confrontado e considerado questionável pelo perito chamado para depor pelo próprio Estado, Dr. Dennis McNally, obstetra/ginecologista que examinou a Sra. Colbey duas semanas após o parto. O Dr. McNally declarou que a gravidez da Sra. Colbey corria alto risco de "morte fetal inexplicada" por causa de sua idade e falta de cuidado pré-natal. A conclusão de Enstice também foi refutada pelo Dr. Werner Spitz, autor do tratado médico que Enstice estudou durante sua formação em patologia. O Dr. Spitz declarou para a defesa que ele "jamais" declararia que o bebê nascera vivo, muito menos que fora assassinado, diante das circunstâncias desse caso.

Sem nenhuma prova científica confiável de que um crime fora cometido, o Estado decidiu introduzir provas que pudessem provocar sentimentos desfavoráveis a Marsha. Disseram que ela pobre, que fora usuária de drogas e que obviamente não era uma boa mãe, já que não procurou assistência pré-natal. Os investigadores da polícia entraram em sua casa e fotografaram o vaso sanitário sujo, porque não se tinha dado descarga e uma lata de cerveja no chão e mostraram as imagens ostensivamente ao júri como prova de que Marsha era negligente e não sabia criar os filhos.

Em inúmeros interrogatórios, a Sra. Colbey sempre afirmou que dera à luz um natimorto. Contou aos investigadores que seu filho nasceu morto e não respirou apesar dos seus esforços para reanimá-lo. A Sra. Colbey rejeitou o acordo proposto pela promotoria, segundo o qual ficaria presa por dezoito anos, porque tinha absoluta certeza de que não fizera nada de errado.

O processo criminal contra Marsha Colbey acabou atraindo a atenção da imprensa, que ficou excitada com mais uma história de "mãe perigosa". O crime foi tratado com muito sensacionalismo pela mídia local, que enaltecia a polícia e o promotor por protegerem um bebê indefeso. A demonização de mães irresponsáveis tinha se tornado uma mania na época do julgamento de Marsha. Narrativas trágicas de mães que matavam os filhos eram uma sensação nacional. Quando Andrea Yates afogou seus cinco filhos no Texas em 2001, a tragédia se transformou em história nacional. Os esforços de Susan Smith para colocar a culpa em mulheres negras, escolhidas de forma

CAPÍTULO DOZE

aleatória, pela morte dos filhos dela na Carolina do Sul fascinou a população do país tão obcecada por crimes — mais tarde, Susan Smith admitiu que foi ela mesma que matou os filhos. Com o tempo, o interesse da mídia por esse tipo de história acabou se tornando uma preocupação nacional. A revista *Time* chamou o processo contra Casey Anthony, a jovem mãe da Flórida que acabou sendo absolvida da morte de sua filha de dois anos, de o "julgamento das mídias sociais do século" depois que a história começou a gerar um fluxo ininterrupto de coberturas nas redes a cabo.

Uma criança ser assassinada pelo pai ou pela mãe é um horror e o crime costuma envolver algum tipo de doença mental grave, como nos casos de Yates e Smith. Mas esses casos também tendem a criar distorções e preconceitos. A polícia e a promotoria são influenciadas pela cobertura da mídia e a presunção de culpa já recaiu em milhares de mulheres — principalmente mulheres pobres em circunstâncias difíceis — cujos filhos morrem inesperadamente. Apesar da posição preeminente dos Estados Unidos na lista de países desenvolvidos, sempre tivemos que lutar contra altas taxas de mortalidade infantil — muito acima da maioria dos países desenvolvidos. O fato de que muitas mulheres não têm como obter assistência médica adequada, o que inclui o cuidado pré-natal e pós-parto, há décadas é um problema muito sério nesse país. Mesmo com as recentes melhorias, as taxas de mortalidade infantil continuam sendo uma vergonha para uma nação que gasta mais em assistência médica do que qualquer outro país do mundo. A criminalização da mortalidade infantil e a perseguição às mulheres pobres cujos filhos morrem adquiriram novas dimensões no século 21, e os presídios passaram a testemunhar essa realidade.

As comunidades passaram a ficar alertas para verificar se alguma mãe negligente deveria ser mandada para a prisão. Por volta da mesma época do processo contra Marsha, Bridget Lee deu à luz um bebê natimorto no Condado de Pickens, Alabama. Ela foi acusada de assassinato punível com pena de morte e foi presa injustamente. Lee, pianista de uma igreja, mãe de dois filhos e guarda-livros de um banco, engravidou durante um caso extraconjugal. Aos trinta e quatro anos, assustada e deprimida, escondeu a gravidez e esperava dar a criança em adoção em segredo. Mas ela entrou em trabalho de parto cinco semanas antes da data prevista e o bebê nasceu morto. Ela não contou ao marido sobre o parto, o que levantou suspeitas. As circunstâncias desonrosas da gravidez de Lee foram suficientes para influenciar o patologista que fez a autópsia e que concluiu que o bebê nascera vivo e Lee

MÃE

o sufocara. Meses depois que Lee foi presa e acusada de crime punível com pena de morte, seis outros patologistas examinaram o corpo e unanimemente concluíram que o que matou o bebê foi uma pneumonia neonatal — causa clássica para nascimentos de natimortos com características muito comuns. Essa nova informação levou o promotor a retirar as acusações, poupando Lee de um julgamento por crime capital e de ser, possivelmente, sentenciada à morte. O patologista desacreditado deixou o Alabama, mas continua trabalhando como médico legista no Texas.

Em centenas de outros casos, mulheres falsamente acusadas nunca receberam a assistência jurídica necessária para evitar condenações arbitrárias. Alguns anos atrás, antes de representar Marsha Colbey, assumimos o caso de Diane Tucker e Victoria Banks. Banks era uma mulher negra com deficiência intelectual que morava no Condado de Choctaw, no Alabama, que foi acusada de matar seu bebê recém-nascido, embora a polícia não tivesse nenhuma base sólida para acreditar que ela tivesse algum dia estado grávida. Banks havia supostamente contado a um policial que estava grávida para evitar ser presa por uma outra questão. Quando foi vista, meses depois, sem filho nenhum, a polícia a acusou de matar seu bebê. Banks, portadora de deficiência e desprovida de assistência jurídica adequada, foi coagida a se declarar culpada de matar, junto com sua irmã Diane Tucker, uma criança que nunca existiu. Como as acusações contra ela eram passíveis de pena de morte, Banks fez um acordo para aceitar uma pena de vinte anos de prisão. As autoridades policiais se recusaram a investigar suas alegações de inocência antes de mandá-la para a prisão. Conseguimos obter sua liberdade depois de provar que ela tinha feito laqueadura tubária cinco anos antes de sua prisão, o que a tornava biologicamente impossibilitada de engravidar e muito menos de dar à luz.

Além de mortes inexplicáveis de filhos de mulheres pobres, outros tipos de "criação negligente dos filhos" também foram criminalizados. Em 2006, foi promulgada no Alabama uma lei que passou a considerar crime a exposição de crianças a "ambientes perigosos" onde possam encontrar drogas. Esse "estatuto de exposição de crianças a risco químico" foi aparentemente aprovado para proteger crianças que moravam em locais onde havia laboratórios de metanfetamina ou operações de tráfico de drogas. Mas a lei foi aplicada de forma muito mais ampla e em pouco tempo milhares de mães que moravam com seus filhos em comunidades pobres e marginalizadas, onde não

CAPÍTULO DOZE

há qualquer controle sobre uso de drogas e vício, corriam risco de serem processadas criminalmente.

Com o tempo, a Suprema Corte do Alabama passou a interpretar que o termo *ambiente* incluía o útero e o termo *criança* incluía feto. Mulheres grávidas agora podiam ser processadas criminalmente e mandadas para a prisão por décadas se houvesse qualquer indício de que usaram drogas durante a gestação. Dezenas de mulheres foram presas por causa dessa lei nos últimos anos em vez de receberem a ajuda de que precisavam.

A histeria que cercava as mães negligentes tornou muito mais difícil que Marsha Colbey tivesse um julgamento imparcial. Durante a seleção do júri, diversos jurados disseram que não conseguiriam ser imparciais com relação à Sra. Colbey. Alguns declararam que consideravam as alegações de assassinato de uma criança tão perturbadoras que não conseguiam honrar a presunção de inocência. Diversos deles revelaram que tinham uma relação tão próxima com um dos investigadores da promotoria — uma testemunha-chave da acusação que era especialmente categórica ao identificar mães negligentes — que "imediatamente confiariam" nele e "acreditavam que tudo que ele dissesse era confiável". Outro jurado admitiu confiar a tal ponto nas autoridades policiais que iriam depor — pessoas que ele conhecia — que "acreditaria em tudo que dissessem".

O juiz permitiu que quase todos esses jurados permanecessem no júri apesar das objeções da defesa. Assim, o júri selecionado para decidir o destino de Marsha Colbey acabou sendo composto por pessoas que iriam julgá-la carregados de presunções e preconceitos.

O júri chegou ao veredito de que Marsha era culpada de assassinato punível com pena de morte. Antes de darem o veredito, os jurados declararam estar preocupados com o fato de que a Sra. Colbey estaria sujeita à pena de morte, então o Estado concordou em não pedir sua execução caso ela fosse considerada culpada. Essa concessão resultou em uma condenação imediata. O juiz sentenciou a Sra. Colbey à prisão perpétua sem direito à condicional e logo ela estava acorrentada dentro de um furgão a caminho do Presídio Feminino Julia Tutwiler.

Construído em 1940, o Presídio Tutwiler fica em Wetumpka, Alabama. Batizado em homenagem à mulher que promoveu a educação de prisioneiros e defendeu condições humanas de confinamento, o abarrotado e perigoso presídio se tornou um pesadelo para as mulheres presas ali. Juízes vêm repetidamente declarando que o presídio está inconstitucionalmente superlotado, com quase o dobro da sua capacidade. Nos Estados Unidos, o número de presidiárias aumentou 646 por cento entre 1980 e 2010, um aumento 1,5 vezes maior que o aumento entre os homens. Com quase duzentas mil mulheres detidas em cadeias e presídios nos Estados Unidos e mais de um milhão de mulheres sob supervisão ou controle do sistema de justiça penal, o encarceramento de mulheres alcançou níveis recorde.

Em Tutwiler, as mulheres ficam amontoadas em dormitórios e espaços improvisados. Marsha ficou chocada com a superlotação. Por ser o único presídio feminino do estado, Tutwiler não tem como classificar e alocar as mulheres de forma eficiente e adequada. Mulheres que lutam contra graves doenças mentais ou sérios problemas emocionais são colocadas junto com outras mulheres, tornando a vida nos dormitórios caótica e estressante para todas. Marsha nunca conseguiu se acostumar a ouvir mulheres gritando e berrando inexplicavelmente ao longo da noite em um dormitório lotado.

A maioria das presidiárias — quase dois terços delas — estão presas por crimes não-violentos, infrações leves envolvendo drogas ou crimes contra o patrimônio. Em especial, as leis relacionadas às drogas tiveram um enorme impacto no aumento do número de mulheres mandadas para as prisões. As leis das "três infrações" também desempenharam um papel significativo. Comecei a questionar as condições de confinamento em Tutwiler em meados da década de 1980, quando era um jovem advogado trabalhando para o Comitê de Defesa de Prisioneiros do Sul. Naquela época, fiquei horrorizado ao ver mulheres encarceradas por delitos tão pequenos. Uma das primeiras presidiárias que conheci era uma jovem mãe que cumpria uma longa pena de prisão por passar cheques sem fundo quando comprou presentes de Natal para seus três filhos pequenos. Como um personagem de um romance de Victor Hugo, com lágrimas nos olhos, ela me contou sua história que era de partir o coração. Eu não conseguia acreditar que aquela história pudesse ser verdadeira até que olhei os autos do seu processo e verifiquei que ela realmente havia sido condenada e sentenciada a passar mais de dez anos na prisão por ter passado cinco cheques sem fundos, incluindo três para a loja de brinquedos Toys"R"Us. Nenhum dos cheques tinha valor superior a US$150,00. Seu caso não era exceção. Milhares de mulheres foram condenadas a longas penas por passar cheques sem fundos ou por crimes leves contra o patrimônio que impõem penas mínimas compulsórias.

CAPÍTULO DOZE

Os efeitos colaterais do encarceramento de mulheres são significativos. Entre 75 e 80 por cento das presidiárias são mães de menores. Quase 65 por cento morava com crianças menores de idade na época em que foram presas — crianças que ficaram vulneráveis e em situação de risco como resultado do encarceramento de suas mães e que permanecerão da mesma forma para o resto da vida, mesmo depois que suas mães voltarem para casa. Em 1996, o Congresso aprovou uma modificação na legislação de assistência social que injustificadamente incluía um dispositivo que autorizava os estados a impedir que pessoas com condenações por envolvimento com drogas tivessem direito aos benefícios públicos e à assistência social. A população mais afetada por essa lei equivocada são mães que já foram presas, a maioria delas por crimes relacionados às drogas. Essas mulheres e seus filhos não podem mais viver em habitações públicas, receber vales alimentação destinados a pessoas carentes, nem ter acesso a serviços básicos. Nos últimos vinte anos, criamos uma nova classe de "intocáveis" na nossa sociedade, formada pelas mães mais vulneráveis e seus filhos.

Marsha passou seus primeiros dias em Tutwiler num estado de total incredulidade. Conheceu outras mulheres como ela que foram presas depois de darem à luz bebês natimortos. Efernia McClendon, uma adolescente negra de Opelika, Alabama, engravidou no ensino médio e não contou nada para os pais. Deu à luz aos cinco meses de gestação e deixou os restos mortais do bebê natimorto em uma valeta de drenagem. Quando o corpo foi encontrado, ela foi interrogada pela polícia até admitir que não estava cem por cento segura de que o bebê não se mexeu antes de morrer, embora, devido ao parto prematuro, as chances de o bebê sobreviver fossem extremamente remotas. Ameaçada com a pena de morte, juntou-se ao crescente grupo de mulheres presas por gravidezes não planejadas e decisões equivocadas.

As vidas e o sofrimento dessas mulheres se emaranhavam em Tutwiler. Para Marsha, era impossível não perceber que algumas mulheres nunca recebiam visitas. A princípio, tentou se manter indiferente, mas não conseguiu. Havia pessoas ao seu redor que pareciam estar sofrendo de uma angústia profunda — eram essas que choravam mais do que o normal, ou sentiam-se mais aflitas a respeito dos filhos ou pais que tinham deixado para trás, ou que pareciam especialmente abatidas ou deprimidas. Misturadas umas com as outras como estavam, um dia horrível para uma delas inevitavelmente seria um dia horrível para todas. O único consolo naquela situação era que os momentos felizes também eram compartilhados. A concessão de liberdade condicional, a chegada de uma carta há muito aguardada, a visita de um familiar que há muito tempo não aparecia, eram acontecimentos que levantavam o astral de todas aquelas mulheres.

Se os problemas das outras mulheres fossem o maior desafio de Marsha em Tutwiler, os anos que passou ali teriam sido difíceis, mas administráveis. Mas havia problemas maiores, causados pelos próprios agentes penitenciários. As mulheres em Tutwiler estavam sendo estupradas por guardas do presídio. As mulheres estavam sofrendo assédio e abuso sexual, sendo sexualmente exploradas e estupradas pelos guardas de incontáveis maneiras. O diretor, homem, permitia que os guardas, homens também, entrassem nos chuveiros durante a contagem das prisioneiras. Os guardas observavam as mulheres de forma maliciosa e faziam comentários grosseiros e ameaças sugestivas. As mulheres não tinham privacidade nos banheiros, pois os guardas podiam ficar olhando enquanto elas usavam o vaso sanitário. Havia cantos e corredores escuros em Tutwiler — espaços aterrorizantes onde as mulheres podiam ser espancadas ou estupradas. A EJI tinha solicitado ao Departamento Correcional que instalasse câmeras de segurança nos dormitórios, mas o pedido foi recusado. A cultura de violência sexual estava tão entranhada que até o capelão do presídio estuprava as mulheres que iam à capela.

Pouco depois que Marsha chegou à Tutwiler, conseguimos libertar Diane Jones, que havia sido injustamente condenada e sentenciada a morrer na prisão por um crime que não cometera. Diane tinha sido injustamente implicada em uma operação de tráfico de drogas na qual seu ex-namorado estava envolvido. Foi considerada culpada de diversas acusações que impunham pena compulsória de prisão perpétua sem direito à condicional. Contestamos sua condenação, sua pena e conseguimos libertá-la. A libertação de Diane Jones, condenada à prisão perpétua, trouxe esperança a todas as outras detentas que cumpriam a mesma pena. Recebi cartas de mulheres que nunca conheci me agradecendo por ajudá-las. Enquanto estava trabalhando no caso de Diane, eu costumava ir à Tutwiler para encontrá-la e ela me contava que todas as detentas ali precisavam desesperadamente de ajuda.

— Bryan, eu tenho uns nove bilhetes que me pediram pra te entregar. Eram bilhetes demais pra conseguir passar pelos guardas, então eu não trouxe, mas essas mulheres querem a sua ajuda.

CAPÍTULO DOZE

— Não tente trazer nenhum bilhete escondido. Elas podem escrever para nós.

— Algumas disseram que já escreveram.

— Nós estamos atolados de trabalho, Diane. Sinto muito, mas vamos tentar responder.

— A minha maior preocupação é com as que estão em perpétua. São essas que vão morrer aqui.

— Estamos tentando — mas não temos como dar conta de tudo.

— Eu digo isso pra elas, eu sei. É que elas 'tão desesperadas, do mesmo jeito que eu 'tava desesperada antes de vocês me ajudarem. Marsha, Ashley, Monica, Patricia, elas 'tão insistindo muito pra eu pedir pra você mandar alguém pra ajudar elas.

∼

Pouco depois disso, conhecemos Marsha Colbey e começamos a trabalhar em seu recurso. Decidimos contestar o caso da Promotoria e a forma como o júri foi selecionado. Charlotte Morrison, bolsista do prestigiado programa de bolsas Rhodes e minha ex-aluna, era agora advogada sênior da EJI. Ela e a advogada da nossa equipe, Kristen Nelson, formada em Harvard e que já havia trabalhado na Defensoria Pública no Distrito de Columbia, a principal defensoria pública do país, se encontravam periodicamente com Marsha. Ela falava de seu caso, de como era difícil manter sua família unida enquanto ela estava na prisão e de vários outros problemas. Mas o assunto que surgia com mais frequência durante essas visitas era a violência sexual em Tutwiler.

Charlotte e eu assumimos o caso de outra mulher que havia proposto uma ação cível federal depois de ser estuprada em Tutwiler. Ela não tinha recebido nenhuma assistência jurídica por causa de falhas nas suas petições e das alegações que fez em sua denúncia, só conseguimos obter um pequeno acordo de sentença para ela. Mas os detalhes da experiência dessa mulher eram tão dolorosos que não podíamos mais ignorar a violência. Demos início a uma investigação e entrevistamos mais de cinquenta mulheres. Ficamos horrorizados de ver como o problema da violência sexual estava disseminado. Diversas mulheres tinham sido estupradas e engravidado. Mesmo quando um exame de DNA provava que um guarda era o pai dessas crianças, praticamente não se tomava nenhuma atitude. Alguns guardas acusados de estupro por muitas mulheres foram temporariamente realocados para outras funções ou outros presídios, mas acabavam voltando para Tutwiler onde continuavam a molestar as detentas. Acabamos protocolando uma denúncia no Departamento de Justiça dos EUA e divulgamos diversos relatórios públicos sobre o problema, o que gerou uma ampla cobertura da mídia. Tutwiler entrou na lista, elaborada pela revista *Mother Jones*, das dez piores prisões dos Estados Unidos: era a única penitenciária feminina a ser tão desmoralizada. Audiências legislativas e mudanças nas políticas do presídio vieram na sequência. Os guardas do sexo masculino agora são proibidos de entrar nos chuveiros e banheiros e um novo diretor assumiu a penitenciária.

Marsha se manteve firme apesar de todas essas dificuldades e começou a interceder a favor de algumas mulheres mais jovens. Ficamos arrasados quando o Tribunal de Segunda Instância confirmou sua condenação e sua pena. Decidimos pleitear um reexame do caso na Suprema Corte do Alabama e conseguimos obter um novo julgamento com base na recusa do juiz de excluir do corpo de jurados pessoas claramente tendenciosas que não poderiam ser imparciais. Marsha e nossa equipe ficamos todos animadíssimos, as autoridades do Condado de Baldwin não tanto. Ameaçaram reprocessar Marsha. Chamamos especialistas em patologia e convencemos as autoridades locais que não havia nenhuma fundamentação para condenar Marsha por assassinato. Levamos dois anos para chegar a um acordo e mais um ano discutindo com o Departamento Correcional para que computassem todo o tempo de pena que Marsha já havia cumprido, até que ela finalmente foi solta em dezembro de 2012 após dez anos de prisão indevida.

Havíamos começado a organizar jantares beneficentes anuais, sempre em março, na cidade de Nova York, para arrecadar fundos para a EJI. Costumávamos homenagear expoentes do serviço público e um cliente. Já tínhamos homenageado Marian Wright Edelman, a heroica advogada de direitos civis e fundadora do Fundo de Defesa da Criança. Em 2011, homenageamos o Desembargador da Suprema Corte dos Estados Unidos, já aposentado, John Paul Stevens. Conheci o Desembargador Stevens em uma pequena conferência quando eu era um jovem advogado e ele havia sido extremamente gentil comigo. Ao se aposentar, era a voz mais crítica contra punições excessivas e o encarceramento em massa. Em 2013, junto com Marsha Colbey, decidimos homenagear a carismática ex-diretora do Fundo de Defesa Legal da NAACP — Associação Nacional para o Progresso de Pessoas de Cor —, Elaine Jones, e os ícones progressistas dos sorvetes Ben (Cohen) e Jerry (Greenfield).

CAPÍTULO DOZE

Roberta Flack, a lendária cantora e compositora, concordou em fazer uma apresentação. Ela cantou a canção de George Harrison *Isn't It a Pity*[15] antes da entrega do prêmio a Marsha.

Ao apresentá-la, contei ao público como, no dia em que foi libertada, Marsha foi até nosso escritório agradecer a todos. Seu marido e suas duas filhas foram pegá-la em Tutwiler. Sua filha mais nova, que tinha cerca de doze anos, levou quase todos às lágrimas porque se recusava a soltar a mãe, um segundo que fosse, durante todo o tempo em que estiveram no escritório. Ela se agarrava à cintura de Marsha, segurava seu braço e se encostava nela como se nunca mais fosse permitir que ninguém as separasse fisicamente. Tiramos fotos de Marsha com alguns membros da equipe e a filha dela aparece em todas porque se recusava a soltar a mãe. Isso nos disse muito a respeito do tipo de mãe que Marsha Colbey era. Marsha subiu ao palco em seu lindo vestido azul.

— Quero agradecer a todos vocês por me reconhecerem e reconhecerem também tudo que eu passei. Vocês estão sendo muito generosos comigo. Estou muito feliz de estar livre.

Ela falou para aquele vasto público com calma e muita serenidade. Expôs seus pensamentos de forma articulada e encantadora. Só se emocionou quando falou das outras mulheres que tinha deixado para trás.

— Sou uma mulher de sorte. Consegui a ajuda que a maioria das mulheres não consegue ter. É isso que mais me incomoda agora, saber que elas ainda estão lá e eu estou em casa. Espero que possamos fazer mais para ajudar mais pessoas.

Seu vestido brilhava sob as luzes e a plateia se levantou para aplaudir Marsha enquanto ela chorava pelas mulheres que tinha deixado para trás.

Quando subi ao palco depois de Marsha, não sabia o que dizer.

— Precisamos de mais esperança. Precisamos de mais piedade. Precisamos de mais justiça.

Em seguida apresentei Elaine Jones, que começou sua fala dizendo:

— Marsha Colbey — ela não é linda?

---

[15] *Não é uma Pena?* (N. da T.)

CAPÍTULO TREZE
RECUPERAÇÃO

Os acontecimentos dos dias e semanas que se seguiram à soltura de Walter foram completamente inesperados. O jornal *The New York Times* cobriu sua absolvição e a ida para casa em uma matéria de primeira página. Recebemos uma chuva de solicitações da mídia: Walter e eu demos entrevistas para a televisão local, nacional e até para a imprensa internacional que queria cobrir a história. Apesar da minha habitual relutância quanto ao envolvimento da mídia em casos em andamento, eu acreditava que se as pessoas do Condado de Monroe vissem inúmeras reportagens relatando que Walter havia sido solto porque era inocente, haveria menos resistência para aceitá-lo quando voltasse para casa.

Walter não era a primeira pessoa a ser libertada do corredor da morte depois de provar sua inocência. Dezenas de pessoas inocentes injustamente condenadas ao corredor da morte foram soltas antes dele. O Centro de Informações sobre a Pena de Morte declarou que Walter foi a quinquagésima pessoa a ter a inocência comprovada e a ação penal contra ele julgada improcedente na era moderna. Ainda assim, poucos casos receberam muita atenção da mídia. A libertação de Clarence Brantley em 1990 no Texas atraiu alguma cobertura — seu caso também foi apresentado no programa *60 Minutes*. Randall Dale Adams inspirou um contundente e premiado documentário, *A Tênue Linha da Morte*, dirigido por Errol Morris. O filme teve seu papel na absolvição de Adams e ele foi libertado do corredor da morte do Texas pouco tempo depois do lançamento. Mas nunca havia ocorrido nada semelhante à cobertura envolvendo a absolvição de Walter.

Em 1992, um ano antes da libertação de Walter, trinta e oito pessoas foram executadas nos Estados Unidos. Esse foi o maior número de execuções

CAPÍTULO TREZE

em apenas um ano desde o início da era moderna da pena de morte em 1976. Esse número aumentou para noventa e oito em 1999. A libertação de Walter coincidiu com o aumento do interesse da mídia na pena de morte, estimulado pelo ritmo crescente de execuções. Sua história era uma contranarrativa para a retórica de imparcialidade e credibilidade sustentada por políticos e autoridades de segurança pública que queriam ainda mais execuções, realizadas mais rapidamente. O caso de Walter complicou o debate de um modo bastante revelador.

Walter e eu viajamos para conferências jurídicas, falamos sobre sua experiência e sobre pena de morte. A Comissão Judiciária do Senado dos Estados Unidos marcou audiências para abordar a pena de morte e a inocência alguns meses depois da libertação de Walter e nós dois demos depoimentos. O livro *Circumstantial Evidence*[16] de Pete Earley foi publicado poucos meses depois de Walter ser solto e trazia um relato detalhado do caso. Walter apreciava as viagens e a atenção que recebia, apesar de não gostar muito de falar em público. Os políticos às vezes diziam coisas provocadoras — como, por exemplo, que sua absolvição era prova de que o sistema funciona — o que me irritava e enfurecia. Meu próprio discurso às vezes adquiria um tom quase beligerante. Mas Walter se mantinha calmo, alegre, sincero e isso funcionava muito bem. Assistir Walter contar sua história com tanto bom humor, inteligência e sinceridade aumentava o horror que o público sentia ao ver que o Estado havia mandado executar esse homem em nome de todos nós. Era uma apresentação arrebatadora. Passamos um bom tempo juntos e Walter ocasionalmente me dizia que os casos dos homens que deixou para trás no corredor da morte ainda o perturbavam. Ele considerava o pessoal do corredor seus amigos. Por trás do tom tranquilo de suas apresentações, Walter tinha se tornado um ferrenho opositor da pena capital — questão que ele admitia nunca ter ocupado seus pensamentos até ser obrigado a confrontá-la.

Alguns meses depois de Walter ganhar sua liberdade, ainda me sentia nervoso com relação à sua volta para o Condado de Monroe. A grande festa que se seguiu à sua soltura levou centenas de pessoas à casa de Walter para celebrar sua liberdade, mas eu sabia que nem todos na comunidade estavam exultantes. Não falei para Walter das ameaças de morte e de atentados a bomba que recebemos antes de ele ser libertado, mas disse a ele que deveríamos ser cuidadosos.

---

[16] *Provas Circunstanciais*. (N. da T.)

RECUPERAÇÃO

Passou sua primeira semana fora da prisão em Montgomery. Depois se mudou para a Flórida para morar com a irmã por alguns meses. Ainda nos falávamos quase todos os dias. Ele tinha aceitado que Minnie quisesse seguir adiante sem ele e, de maneira geral, parecia feliz e otimista. Mas aquilo não significava que o tempo que passou na prisão não tinha deixado sequelas. Começou a falar mais e mais sobre como fora insuportável viver sob a constante ameaça de execução no corredor da morte. Confessou medos e inquietações que não mencionara quando estava preso. Ele havia testemunhado seis homens serem levados para execução enquanto esteve no corredor. Na hora das execuções, lidava com isso como os demais presos — através de protestos simbólicos e momentos íntimos de angústia. Mas me contou também que não havia percebido o quanto toda aquela experiência o tinha aterrorizado até sair da prisão. Ele não entendia por que aquilo tudo o incomodava agora que estava livre.

— Por que continuo pensando sobre isso?

Às vezes reclamava de pesadelos. Um amigo ou parente dizia alguma coisa sobre ser a favor da pena de morte — mas não para Walter — e ele ficava abalado.

A única coisa que eu podia dizer a ele era que tudo ia melhorar.

∼

Depois de alguns meses, Walter queria muito voltar para o lugar onde passou sua vida inteira. Isso me deixou nervoso, mas ele foi adiante e colocou um trailer em um terreno de sua propriedade no Condado de Monroe e se reestabeleceu ali. Voltou a trabalhar como madeireiro enquanto planejávamos entrar com uma ação cível contra todos os envolvidos no seu indevido processo criminal e sua condenação.

A maioria das pessoas libertadas da prisão depois de ter sua inocência provada não recebe dinheiro, nem assistência, nem ajuda psicológica — não recebe nada do Estado que os colocou injustamente na prisão. Na época da libertação de Walter, apenas dez estados e o Distrito de Columbia tinham leis autorizando indenização para pessoas presas injustamente. Desde então o número tem aumentado, mas ainda hoje quase a metade de todos os estados (vinte e dois) não oferece nenhuma reparação pela prisão indevida. Muitos estados que autorizam alguma ajuda monetária limitam sensivelmente o valor da reparação. Independentemente de quantos anos uma pessoa inocente tenha ficado presa indevidamente, o limite de reparação de New

Hampshire é de US$20.000,00; em Wisconsin é de US$25.000,00; Oklahoma e Illinois limitam a quantia total que uma pessoa inocente pode receber a US$200.000,00, mesmo que a pessoa tenha passado décadas na prisão. Enquanto outros estados têm um limite de mais de um milhão de dólares e muitos não têm nenhum limite, diversos estados impõem rígidos critérios de elegibilidade. Em algumas jurisdições, se a pessoa não tiver o apoio do advogado da promotoria que o condenou injustamente, a reparação será negada.

Quando Walter foi solto, o Alabama não figurava entre os poucos estados que ofereciam ajuda a inocentes libertados da prisão. O poder legislativo do Alabama podia aprovar projetos de lei especiais concedendo reparação para uma pessoa condenada injustamente, mas isso quase nunca acontecia. Um membro do poder legislativo local apresentou um projeto de lei pedindo uma indenização para Walter que incentivou a mídia local a divulgar que Walter estava pedindo nove milhões de dólares. O projeto proposto, do qual Walter não tinha nenhum conhecimento, não deu em nada. Mas a cobertura sobre os possíveis nove milhões de reparação indignou as pessoas em Monroeville que ainda questionavam a inocência de Walter e deixou alguns dos amigos e familiares de Walter muito animados — alguns começaram a solicitar ajuda financeira de forma quase agressiva. Uma mulher chegou a entrar com uma ação de paternidade alegando que Walter era o pai de seu filho — uma criança que nasceu menos de oito meses após Walter ser solto. Os testes de DNA confirmaram que ele não era o pai.

De vez em quando Walter expressava sua frustração com o fato de as pessoas não acreditarem quando ele dizia que não tinha recebido nada. Continuamos pressionando e nos esforçando para conseguir reparação através de uma ação, mas havia obstáculos. Nossa ação cível esbarrou em leis que dão imunidade especial à polícia, promotores e juízes quanto à responsabilidade civil em questões de justiça criminal. Embora Chapman e as autoridades do estado ligadas ao caso agora admitissem a inocência de Walter, nenhum deles estava disposto a assumir qualquer responsabilidade pelos erros do processo criminal e pela indevida condenação à pena de morte. O Xerife Tate, que foi muito diligente em enviar Walter de forma arbitrária para o corredor da morte antes do julgamento e cujas ameaças racistas e táticas de intimidação eram as que poderiam mais facilmente se tornar objeto de uma ação cível, supostamente aceitou a inocência de Walter quando ele foi solto, mas depois começou a dizer que ainda acreditava que Walter era culpado.

RECUPERAÇÃO

Meu velho amigo Rob McDuff, de Jackson, Mississipi, concordou em se juntar à nossa equipe nas ações cíveis. Rob é branco, nascido no Mississipi, e seu charme e maneiras sulistas acentuavam sua extraordinária habilidade litigiosa nos tribunais do Alabama. Ele havia recentemente me pedido para ajudá-lo num processo de direitos civis no Alabama que envolvia má conduta de agentes de segurança pública. O caso envolvia uma batida policial em um clube noturno no Condado de Chambers em que cidadãos negros foram detidos ilegalmente, maltratados e abusados pelas autoridades locais que se recusaram a aceitar qualquer responsabilidade por sua má conduta. Acabamos levando o processo até a Suprema Corte dos Estados Unidos e, por fim, obtivemos uma decisão favorável.

A ação cível de Walter também iria para a Suprema Corte. Processamos quase uma dúzia de autoridades, órgãos estaduais e locais. Como era de se esperar, todos os réus alegaram imunidade pela conduta que havia resultado na condenação indevida de Walter. A imunidade concedida a promotores e juízes com relação à responsabilidade civil é ainda mais ampla do que a proteção dada aos agentes de segurança pública. Sendo assim, embora fosse evidente que Ted Pearson, o promotor que atuou no processo contra Walter, ilegalmente ocultara provas e que essa atitude teve influência direta na condenação injusta de Walter, nós provavelmente não obteríamos um resultado favorável em uma ação cível contra ele. Como Pearson era o maior responsável pela arbitrária acusação e indevida condenação de Walter, era difícil conciliar sua imunidade com sua culpabilidade no caso como um todo, mas não havia muito o que pudéssemos fazer. O Estado e os tribunais federais sistematicamente protegiam os promotores para que não fossem responsabilizados por má conduta grave que resultasse em pessoas inocentes sendo mandadas para o corredor da morte.

Em 2011, a Suprema Corte dos Estados Unidos mais uma vez reafirmou as proteções que impediam que promotores fossem responsabilizados por sua conduta em processos. Um mês antes de um presidiário chamado John Thompson ter sua execução marcada na Louisiana, foi revelado o laudo de um laboratório forense que contradizia o processo de acusação do Estado contra ele por um latrocínio ocorrido quatorze anos antes. Os tribunais do Estado reformaram sua condenação e a sentença de morte: em seguida, ele foi absolvido de todas as acusações e libertado. Thompson deu entrada em uma ação cível e um júri de Nova Orleans concedeu quatorze milhões de

CAPÍTULO TREZE

dólares a ele. O júri decidiu que o promotor de justiça, Harry Connick Sr., havia ilegalmente suprimido provas da inocência de Thompson e o deixara passar quatorze anos na prisão por um crime que não cometera.

Connick recorreu da sentença e a Suprema Corte revogou a indenização numa decisão muito apertada: 5 votos contra 4. Em função da lei de imunidade, a Corte sustentou que um promotor não poderia ser responsabilizado por má conduta em um processo criminal, mesmo que ele intencionalmente e ilegalmente ocultasse provas que inocentassem os réus. A decisão da Corte foi fortemente criticada por acadêmicos e observadores da Corte. A juíza Ruth Bader Ginsburg escreveu uma divergência categórica, mas Thompson não recebeu nenhuma reparação.

Enfrentamos obstáculos semelhantes no processo de Walter. Após um ano de depoimentos, audiências e disputas judiciais antes do julgamento, enfim chegamos a um acordo com a maioria dos réus que resultaria em algumas centenas de milhares de dólares para Walter. Não foi possível conseguir um acordo na ação de Walter contra o Condado de Monroe pela má conduta do Xerife Tate, então recorremos à Suprema Corte. Agentes de segurança pública geralmente não possuem recursos pessoais para indenizar as vítimas de má conduta, portanto, a cidade, o condado ou o órgão governamental que os emprega costuma ser o alvo de qualquer ação cível que busca reparação. Foi por essa razão que havíamos pleiteado que o Condado de Monroe pagasse uma indenização pela má conduta de seu xerife. O condado argumentou que embora a jurisdição do xerife seja limitada ao condado, que ele seja eleito apenas pelas pessoas do condado e seja pago pelo condado, ele não é um funcionário do condado. O xerife do condado era um funcionário do Estado do Alabama, o condado alegou.

Os governos estaduais são amplamente protegidos para não terem que pagar indenizações por causa da má conduta de seus funcionários, a menos que o funcionário trabalhe para um órgão que possa ser processado. Se o Xerife Tate era agente do estado, o Condado de Monroe não tinha nenhuma responsabilidade por sua má conduta portanto não conseguiríamos obter nenhuma indenização do Estado do Alabama. Para o infortúnio de Walter, a Suprema Corte decidiu, em outra votação apertada de 5 votos contra 4, que xerifes de condados no Alabama eram agentes do estado, o que limitou nossa possibilidade de obter reparação pelos danos decorrentes da mais flagrante e revoltante má conduta no caso de Walter. Por fim, chegamos a um acordo com todas as partes, mas fiquei desapontado de não poder obter mais para

Walter. Para piorar, Tate foi reeleito xerife e continua no posto até hoje: ele é o xerife do Condado de Monroe há mais de vinte e cinco anos.

∼

Ainda que o valor da indenização não fosse o que queríamos, Walter pôde retomar seu trabalho de madeireiro. Ele adorou voltar aos bosques para cortar madeira. Um dia me disse que trabalhar da manhã até a noite, ao ar livre, era o que o fazia sentir-se normal novamente. Até que uma tarde, uma tragédia aconteceu. Ele estava cortando uma árvore quando um galho se desprendeu e o atingiu, quebrando seu pescoço. Foi uma lesão grave que deixou Walter em condições bem precárias por várias semanas. Não havia quem pudesse lhe dar a assistência necessária, então ele veio morar comigo em Montgomery por vários meses até se recuperar. Acabou recuperando sua mobilidade, embora a lesão o tenha incapacitado para cortar árvores e executar serviços de paisagismo mais difíceis. Fiquei admirado com a tranquilidade com que ele parecia aceitar as adversidades.

— Vou pensar em alguma outra coisa pra fazer quando estiver de pé novamente — ele me disse.

Depois de alguns meses, voltou ao Condado de Monroe e começou a recolher peças de carros para revender. Ele era dono do terreno onde colocou seu trailer e havia se convencido, a conselho de amigos, que conseguiria ter uma renda trabalhando com ferro velho — recolhendo e revendendo veículos abandonados e peças de carros. O trabalho era menos árduo do que cortar madeira e lhe permitia ficar ao ar livre.

Em pouco tempo seu terreno estava entulhado de veículos desmontados e ferro velho.

Em 1998, Walter e eu fomos convidados para participar de uma conferência nacional em Chicago onde ex-presidiários do corredor da morte que haviam sido inocentados planejavam se reunir. No final dos anos 1990, os avanços nos exames de DNA haviam ajudado a revelar dezenas de condenações injustas. Em muitos estados, o número de prisioneiros inocentes excedia o número de execuções. O problema era tão grave em Illinois que, em 2003, o Governador Republicano George Ryan, citando a falta de confiabilidade na pena capital, comutou a sentença de morte de todas as 167 pessoas no corredor da morte. Preocupações relacionadas à inocência e à pena de morte se intensificavam e o nível de aprovação da pena de morte nas pesquisas de opinião começava a cair.

CAPÍTULO TREZE

Os defensores da extinção da pena de morte sentiam-se mais confiantes de que pudesse haver uma reforma mais profunda ou quem sabe até a descontinuação da pena de morte. O tempo que passamos em Chicago com outros ex-presidiários do corredor que foram inocentados foi revigorante para Walter. Ele agora parecia mais motivado do que nunca a falar sobre sua experiência.

Por volta dessa mesma época, comecei a dar aulas na Faculdade de Direito da Universidade de Nova York. Eu viajava para Nova York para dar minhas aulas e retornava a Montgomery para gerenciar a EJI. Todo ano eu pedia a Walter para ir a Nova York comigo para conversar com os alunos: o momento em que entrávamos na sala de aula era sempre marcante. Walter era um sobrevivente de um sistema jurídico-penal que no seu caso havia provado como podia ser brutalmente injusto e cruel. Sua personalidade, sua presença e testemunho diziam algo extraordinário a respeito da humanidade das pessoas diretamente impactadas pelo abuso sistêmico. Sua perspectiva pessoal sobre a provação que as pessoas injustamente condenadas enfrentavam era profundamente significativa para os alunos, que muitas vezes pareciam consternados com o depoimento de Walter. Ele geralmente falava por muito pouco tempo e dava respostas curtas às perguntas dirigidas a ele. Mas causou um impacto imenso nos alunos que o conheceram. Ele ria e brincava, dizia a eles que não tinha raiva nem ressentimentos, apenas muita gratidão por estar livre. Ele contava como sua fé o havia ajudado a sobreviver às centenas de noites no corredor da morte.

Um dia, Walter se perdeu durante a viagem a Nova York e me telefonou para dizer que não conseguiria chegar. Parecia confuso e não me dava uma explicação coerente sobre o que havia acontecido no aeroporto. Quando voltei para casa, fui vê-lo e ele parecia o mesmo de sempre, apenas um pouco tristonho. Contou que o negócio do ferro-velho não estava indo bem. Quando falou de suas finanças, ficou claro que estava gastando o dinheiro que tínhamos conseguido para ele mais rapidamente do que seria prudente. Estava comprando equipamentos para simplificar seu depósito de carros, mas o negócio não estava gerando a receita necessária para cobrir os custos. Depois de uma ou duas horas conversando sobre assuntos angustiantes, ele relaxou um pouco e voltou a ser o Walter descontraído que eu conhecia. Decidimos que a partir daquele momento sempre viajaríamos juntos.

∼

RECUPERAÇÃO

Walter não era o único com problemas financeiros. Quando uma maioria conservadora tomou o poder no Congresso em 1994, a ajuda legal para presos do corredor da morte se tornou um alvo político e as verbas federais de financiamento foram rapidamente eliminadas. A maioria dos centros de assistência jurídica para casos de pena capital teve que fechar. Nunca havíamos recebido apoio dos estados para nosso trabalho e sem os dólares do governo federal enfrentamos sérias dificuldades financeiras.

Fomos sobrevivendo com o pouco que tínhamos e conseguimos apoio financeiro privado suficiente para continuar nosso trabalho. A obrigação de lecionar e arrecadar fundos se juntou à minha já volumosa pauta de processos, mas de alguma forma as coisas progrediam. Nossa equipe estava sobrecarregada, mas eu estava entusiasmado com os advogados e profissionais talentosos que trabalhavam conosco. Prestávamos serviços para clientes no corredor da morte, contestávamos penas excessivas, ajudávamos presos deficientes, auxiliávamos crianças colocadas no sistema prisional de adultos e buscávamos formas de expor o preconceito racial, a discriminação contra pobres e o abuso de poder. O trabalho era árduo, mas gratificante.

Um dia recebi uma ligação inesperada do Embaixador da Suécia nos Estados Unidos me informando que a EJI havia sido selecionada para o prêmio internacional Olof Palme de Direitos Humanos. Eles me convidaram para ir a Estocolmo para recer o prêmio. Eu havia estudado o modelo sueco de reabilitação progressiva de criminosos durante a pós-graduação e há muito tempo admirava como seu sistema parecia focado na recuperação. As punições eram humanas e os legisladores levavam a reabilitação de criminosos muito a sério, o que me deixou entusiasmado quanto ao prêmio e à viagem. O fato de estarem dando um prêmio que levava o nome de um querido primeiro ministro, tragicamente assassinado por um homem desequilibrado, para alguém que representava pessoas no corredor da morte dizia muito sobre seus valores. A visita a Estocolmo foi planejada para janeiro. Enviaram uma equipe de filmagem para me entrevistar um ou dois meses antes da viagem. A equipe também queria conversar com alguns clientes. Agendei uma entrevista com Walter.

— Eu posso ir até aí pra entrevista — eu disse a Walter.

— Não precisa, não. Não tenho que viajar, então eu posso falar com eles. Não vai gastar seu tempo dirigindo até aqui.

— Você quer ir à Suécia? — perguntei, meio de brincadeira.

— Não sei exatamente onde fica isso, mas se a gente tem que ficar muito tempo dentro de um avião pra chegar lá, não tô muito interessado, não. Acho que prefiro ficar no chão de agora em diante. — Rimos e ele parecia bem.

Ele então ficou em silêncio e fez uma última pergunta antes de desligarmos.

— Talvez você possa vir me ver quando voltar? Eu tô bem, mas a gente podia passar um tempo juntos.

Foi um pedido incomum, então prontamente concordei.

— Claro, seria ótimo. Podemos ir pescar — brinquei.

Eu nunca havia pescado na minha vida e Walter achava isso tão absurdo que sempre me questionava a esse respeito. Quando viajávamos juntos, eu nunca pedia peixe e ele tinha certeza que eu não comia peixe porque nunca peguei um. Tentei seguir sua lógica e fiz promessas, mas nunca conseguimos marcar uma pescaria.

A equipe sueca de filmagem estava ansiosa para enfrentar o desafio de encontrar o trailer de Walter nas zonas rurais do Sul do Alabama. Expliquei para eles como chegar lá. Eu sempre estava com Walter quando ele falava com a imprensa, mas achei que não haveria problema com essa entrevista.

— Ele não faz discursos. É normalmente muito direto e sucinto — eu disse para os entrevistadores. — Ele é ótimo, mas vocês devem fazer boas perguntas. Talvez seja melhor conversar com ele fora de casa, também. Ele prefere ficar ao ar livre.

Assentiram com a cabeça, mas pareciam intrigados com a minha ansiedade. Liguei para Walter antes de embarcar para a Suécia e ele me disse que a entrevista tinha sido boa, o que me tranquilizou.

Gostei muito de Estocolmo, apesar da neve constante e das temperaturas gélidas. Dei algumas palestras e fui a alguns jantares. Foi uma viagem curta e gelada, mas as pessoas foram amáveis e extraordinariamente gentis comigo. Fiquei surpreso ao perceber como era gratificante sentir seu entusiasmo pelo nosso trabalho. Quase todos que conheci me ofereceram apoio e me encorajaram. Alguns anos antes, eu tinha sido convidado para ir ao Brasil falar a respeito de penas, punições e sobre o tratamento injusto dado a pessoas menos favorecidas. Passei bastante tempo nas comunidades locais, principalmente nas favelas da periferia de São Paulo, onde conheci centenas de pessoas terrivelmente pobres que tinham um imenso interesse em conversar. Passei horas falando com pessoas de todo tipo, de mães batalhadoras e sofridas a crianças pobres que cheiravam cola para lidar com a fome e a brutalidade policial. O intercâmbio cultural das conversas com essas pessoas, cujas histórias e dificuldades eram as mesmas dos meus clientes nos Estados Unidos, causou um imenso impacto em mim. Na Suécia, as pessoas que conheci se mostraram igualmente interessadas e receptivas, apesar de nunca terem passado sérias necessidades nem terem sido obrigadas a lutar contra um sistema de justiça abusivo. As pessoas em todo o país pareciam motivadas a se unir a partir de um lugar comum de imensa compaixão.

Os organizadores me pediram para falar em uma escola de ensino médio na periferia de Estocolmo. Kungsholmens Gymnasium é uma área extraordinariamente bela de Estocolmo, uma ilha rodeada por uma arquitetura do século 17. Sendo um americano com limitada experiência fora dos Estados Unidos, fiquei fascinado de saber como aquelas construções eram antigas e deslumbrado com sua arquitetura ornamentada. A própria escola tinha quase cem anos. Fui conduzido até uma escada estreita e sinuosa com corrimões feitos à mão que levava a um imenso auditório. Centenas de alunos do ensino médio lotavam o salão, à espera da minha apresentação. O teto abobadado do enorme salão era coberto por uma delicada pintura feita à mão e frases em latim escritas com letras cursivas decorativas. Anjos flutuantes e bebês tocando trombetas dançavam nas paredes e no teto. Um vasto balcão repleto com mais alunos parecia ascender elegantemente pelas pinturas.

Embora o salão fosse bastante antigo, a acústica era perfeita e havia um equilíbrio e precisão naquele espaço que parecia quase mágico. Examinei as centenas de adolescentes escandinavos sentados no salão enquanto eu era apresentado. Fiquei impressionado de ver seu entusiasmo. Falei por quarenta e cinco minutos para um grupo de adolescentes estranhamente quietos e atentos. Eu sabia que o inglês não era sua primeira língua e não tinha certeza se estavam realmente acompanhando a minha fala, mas quando terminei, eles aplaudiram efusivamente. A reação deles até me deu um susto. Eram tão jovens, mas tão interessados na aflição dos meus clientes condenados a milhares de quilômetros de distância. O diretor se juntou a mim no palco para agradecer e sugeriu aos alunos que oferecessem seu próprio agradecimento na forma de uma canção. A escola tinha um programa de música e um coral de alunos de renome internacional. O diretor pediu aos alunos do coral para se levantarem onde estivessem no auditório e cantarem algo rapidamente. Cerca de cinquenta jovens se levantaram dando risadinhas e olharam uns para os outros.

CAPÍTULO TREZE

Após um minuto de hesitação, um jovem ruivo de dezessete anos ficou de pé na cadeira e disse algo em sueco para seus colegas do coral. Os estudantes riram, mas em seguida ficaram sérios. Quando todos pararam de se mexer e fizeram um silêncio absoluto, o rapaz cantarolou uma nota com uma bela voz de tenor. Sua afinação era perfeita. Então ele moveu os braços lentamente sinalizando para que aquelas crianças extraordinárias cantassem. Suas vozes ecoaram nas paredes, no teto daquele salão histórico e se uniram numa harmonia gloriosa que eu nunca havia escutado antes. Depois de dar início ao canto, o rapaz desceu da cadeira e se juntou aos colegas em uma melodia emocionante com imensa precisão e cuidado. Eu não entendia uma palavra da letra em sueco, mas parecia angelical. Dissonância e tensão harmônicas lentamente se uniram em um caloroso acorde — o som era transcendental. O canto se desenvolvia gloriosamente a cada linha. De pé no palco acima dos cantores, com o diretor ao meu lado, olhei para o teto — para a obra de arte majestosa. Minha mãe havia falecido alguns meses antes desta viagem. Ela foi musicista de igreja a maior parte da vida e trabalhou com dezenas de corais de crianças. Quando olhei para cima e vi os desenhos de anjos no teto abobadado, pensei nela. Logo percebi que não conseguiria recuperar minha serenidade olhando para cima, então voltei a olhar para os alunos e me forcei a sorrir. Quando os alunos terminaram sua canção, os demais os aclamaram e aplaudiram entusiasticamente. Me juntei aos aplausos e tentei manter o controle. Quando desci do palco, os alunos vieram me agradecer pela palestra, fazer perguntas e tirar fotos. Eu estava absolutamente encantado.

Foi um dia longo e exaustivo, mas lindo. Quando voltei ao hotel me senti agradecido pelas duas horas de intervalo antes do compromisso seguinte. Não sei o que me levou a ligar a televisão, mas estava longe de casa há quatro dias e não tinha visto nenhuma notícia. O noticiário local adentrou o meu quarto. Os âncoras da televisão sueca, desconhecidos para mim, conversavam tranquilamente quando escutei meu nome. Era a reportagem que a equipe tinha feito comigo: a tela se encheu de imagens familiares. Pude me ver entrando com o repórter na igreja Dr. Martin Luther King Jr. na Avenida Dexter em Montgomery e depois subindo a rua até o Memorial dos Direitos Civis. A cena então mudou para Walter no seu macacão, em pé em meio à pilha de carros velhos em Monroeville. Walter cuidadosamente colocou no chão um gatinho que estava segurando quando começou a responder às perguntas dos repórteres. Ele havia me dito que vários gatos buscavam abrigo no seu terreno cheio de sucata. Ele disse coisas que eu já tinha escutado dezenas de vezes. Então vi sua expressão mudar: ele começou a falar com mais animação e empolgação, de uma forma que eu nunca tinha visto. Ficou excepcionalmente emotivo.

— Eles me colocaram no corredor da morte por seis anos! Me ameaçaram por seis anos. Me torturaram com a promessa de execução por seis anos. Perdi meu trabalho. Perdi minha esposa. Perdi minha reputação. Eu perdi minha ... perdi minha dignidade.

Ele falava alto e seu tom era arrebatado e parecia estar a ponto de chorar.

— Eu perdi tudo — prosseguiu.

Ele se acalmou e tentou sorrir, mas não funcionou. Olhava seriamente para a câmera.

— É duro, é duro, cara. É duro.

Assisti com preocupação quando vi Walter se agachar próximo ao chão e começar a soluçar violentamente. A câmera se manteve nele enquanto chorava. A reportagem voltou para mim, eu falava algo abstrato e filosófico e enfim terminou. Eu estava atordoado. Queria ligar para Walter, mas não conseguia descobrir como discar da Suécia. Eu sabia que era hora de voltar para o Alabama.

CAPÍTULO QUATORZE
CRUEL E INCOMUM

Na manhã de 4 de maio de 1989, Michael Gulley, de quinze anos, e Nathan McCants, de dezessete, convenceram Joe Sullivan, de treze, a invadir uma casa vazia em Pensacola, Flórida, junto com eles. Os três entraram na casa de Lena Bruner pela manhã, quando não havia ninguém lá. McCants pegou algum dinheiro e joias. Em seguida, os três garotos foram embora. Naquela tarde, a Sra. Bruner, uma senhora branca por volta dos setenta anos, foi abusada sexualmente em sua casa. Alguém bateu na porta e quando ela foi abrir, outra pessoa, que havia entrado pelos fundos da casa, a agarrou por trás. Foi um estupro violento e chocante: a Sra. Bruner nem mesmo conseguiu ver bem quem a atacou. Ela apenas o descreveu como "um rapaz bem escuro" de "cabelo crespo". Gulley, McCants e Sullivan são todos afro-americanos.

Alguns minutos depois do ataque, Gulley e McCants foram presos juntos. McCants estava com as joias da Sra. Bruner. Vendo-se acusado de crimes graves, Gulley, que tinha um extenso histórico criminal com pelo menos um crime sexual, acusou Joe da agressão sexual. Joe não foi preso naquele dia, mas se entregou voluntariamente no dia seguinte ao saber que Gulley e McCants o haviam denunciado. Joe admitiu ter ajudado os rapazes no roubo que ocorreu naquela manhã, mas negou veementemente qualquer conhecimento ou envolvimento no estupro.

O promotor decidiu indiciar Joe Sullivan, de treze anos, por agressão sexual e outras acusações no juizado de adultos. Não houve qualquer avaliação para decidir se Joe deveria ser julgado na vara de infância e juventude ou no juizado de adultos. A Flórida é um dos poucos estados que permite ao promotor decidir indiciar um menor de idade como adulto para certos tipos de crimes e não estabelece uma idade mínima para julgar uma criança como adulto.

CAPÍTULO QUATORZE

Em seu depoimento durante o julgamento, Joe admitiu que havia participado da invasão à casa da Sra. Bruner, mas negou haver cometido o estupro. A promotoria se baseou fundamentalmente nos relatos de McCants e Gulley que beneficiavam a eles próprios, incluindo a alegação de Gulley de que Joe havia confessado o estupro a ele num centro de detenção antes do julgamento. Depois de implicar Joe, McCants foi sentenciado a quatro anos e meio de prisão e cumpriu apenas seis meses. Gulley, apesar de admitir seu envolvimento em um outro crime sexual e em cerca de vinte invasões de domicílios, foi julgado e sentenciado como menor, passou apenas um curto período de tempo em um centro de detenção para menores infratores.

A única prova material que implicava Joe era uma impressão latente e parcial da palma de uma mão, que o perito do estado testemunhou ser compatível com a dele. Isso condizia com o fato de Joe ter estado no quarto antes do estupro, como ele próprio admitiu. A polícia havia coletado líquido seminal e sangue, mas o estado decidiu não apresentar nada disso no tribunal e depois destruiu tudo antes que pudesse ser examinado pela defesa. A promotoria também apresentou o testemunho de um policial que vira "de relance" um jovem afro-americano sair correndo da casa da vítima. Esse policial havia observado Joe Sullivan na delegacia de polícia sendo interrogado como suspeito do estupro. Ele identificou Joe como o jovem que fugia.

Por fim, a promotoria apresentou o testemunho da vítima que, apesar de ter sido preparada e de ter ensaiado seu depoimento sem a presença do júri, não pôde efetivamente identificar Joe Sullivan como o agressor. Durante o julgamento, Joe foi obrigado a falar o que a vítima lembrava que a pessoa que a atacou havia dito, mas ela declarou apenas que a voz de Joe "poderia facilmente ser" a do agressor.

Joe foi condenado por um júri de seis pessoas depois de um julgamento que durou apenas um dia. As declarações de abertura começaram pouco depois das 9h e o júri voltou com o veredito às 16h55. Mais tarde, o advogado designado para defender Joe teve sua licença suspensa e nunca mais advogou. O advogado de defesa não protocolou nenhuma peça processual e a transcrição de sua fala no momento de fixação da pena não passa de doze linhas. Havia muito para dizer que nunca foi dito.

∼

Quando foi preso em 1989, Joe Sullivan era um menino de treze anos, portador de deficiência mental que lia como os alunos do primeiro ano do ensino fundamental, sofrera abuso físico sistemático do pai e grave negligência. Sua família havia se desintegrado, constituindo aquilo que as autoridades do estado chamam de "abuso e caos". Dos dez anos de idade até sua prisão, Joe não teve um lar estável: durante esses três anos teve pelo menos dez endereços diferentes. Passava a maior parte do tempo nas ruas, onde a polícia já o havia detido por violações como invasão de propriedade, roubo de uma bicicleta e crimes contra o patrimônio cometidos com seu irmão e outros adolescentes mais velhos.

Joe havia sido levado ao tribunal e julgado apenas uma vez, quando tinha doze anos de idade. A agente de condicional juvenil designada para tratar do caso de Joe atribuiu seu comportamento ao fato de que ele "se deixa influenciar facilmente e se associa a maus elementos". Ela observou que "é óbvio que Joe é uma pessoa muito ingênua e imatura, que é um seguidor, não um líder" e tem potencial "para ser um indivíduo bom e produtivo".

O histórico de Joe, em grande parte de incidentes juvenis equivalentes a contravenções, quase todos não violentos e que não mereceram mais do que um único julgamento em um período de dois anos, foi visto de forma diferente pelo juiz que o sentenciou. Ele concluiu que "o sistema de justiça juvenil foi absolutamente incapaz de lidar com o Sr. Sullivan" e que Joe tinha "recebido uma oportunidade atrás da outra para se endireitar e aproveitar as segundas e terceiras chances que lhe foram dadas". Na verdade, Joe nunca havia recebido uma segunda, muito menos uma terceira oportunidade para "se endireitar", ainda assim aos treze anos de idade foi taxado de "reincidente violento" ou "serial" pelos promotores. O juiz o sentenciou à prisão perpétua sem direito à condicional.

∽

Apesar de haver inúmeros fundamentos meritórios para recorrer da sentença, o advogado de apelação designado para o caso de Joe protocolou um *Anders brief*[17] — o que indicava que, na sua opinião, não havia fundamentação

---

[17] Petição protocolada pelo advogado de defesa designado pelo Estado para renunciar ao direito de recorrer de uma decisão por considerar que o recurso carece de mérito. A petição recebeu essa denominação em função do caso *Anders contra a Califórnia*. (N. da T.)

legítima para recurso e nenhum fundamento razoável para questionar a condenação ou a sentença — ele recebeu autorização para se retirar do caso. Joe, tendo entrado na adolescência há apenas um ano, foi mandado para um presídio de adultos, onde teve início um pesadelo que durou dezoito anos. Na prisão, foi repetidamente estuprado e abusado sexualmente. Tentou o suicídio inúmeras vezes. Desenvolveu esclerose múltipla, o que acabou o colocando em uma cadeira de rodas. Os médicos depois concluíram que seu transtorno neurológico pode ter sido causado pelos traumas que sofreu na prisão.

~

Um outro detento nos escreveu contando que Joe era deficiente, vinha sendo terrivelmente maltratado e havia sido condenado injustamente a morrer na prisão por um crime que não envolvia homicídio aos treze anos de idade. Em 2007, escrevemos para Joe e descobrimos que ele não tinha assessoria jurídica: havia passado os últimos dezoito anos na prisão sem que ninguém o ajudasse a contestar sua condenação nem a sentença. Quando recebi a resposta de Joe à minha carta — um bilhete mal escrito com uma caligrafia de criança —, ele ainda só conseguia ler em um nível equivalente ao terceiro ano do ensino fundamental, apesar de já ter trinta e um anos de idade. Ele me disse em sua carta que estava "bem". Então escreveu: "Se eu não fiz nada, eu não deveria poder ir para casa agora? Sr. Bryan, se isso é verdade, o senhor poderia me escrever de volta e vir me buscar"?

Escrevi para Joe dizendo que iríamos examinar seu caso mais a fundo e que estávamos convencidos de que sua alegação de inocência era cabível. Tentamos provar sua inocência solicitando um exame de DNA, mas como o estado havia destruído todas as provas biológicas relevantes, o pedido foi indeferido. Desapontados, decidimos questionar a sentença de prisão perpétua alegando se tratar de uma pena inconstitucionalmente cruel e incomum.

Saí de Montgomery, passei pelo Sul do Alabama e cheguei à Flórida. Em seguida, passei por um emaranhado de estradas secundárias cortando uma floresta até chegar ao Centro de Detenção de Santa Rosa na cidade de Milton para encontrar Joe pela primeira vez. O Condado de Santa Rosa, muito conhecido pela agricultura, fica no Golfo do México, na região conhecida como *Florida Panhandle*, situada no noroeste do estado. Entre 1980 e 2000, a população do condado dobrou de tamanho quando as áreas litorâneas passaram a atrair casas de praia e *resorts*. Muitas famílias abastadas trocaram

CRUEL E INCOMUM

Pensacola pelo Condado de Santa Rosa e famílias de militares da vizinha Base Aérea de Eglin estabeleceram-se por lá. Mas havia uma outra indústria na cidade — o encarceramento.

O Departamento Correcional da Flórida construiu a prisão para abrigar mil e seiscentas pessoas nos anos 1990, quando os Estados Unidos estavam construindo presídios num ritmo nunca visto na história da humanidade. Entre 1990 e 2005, uma nova prisão era aberta nos Estados Unidos a cada dez dias. O aumento do número de presídios e o consequente "complexo industrial de prisões" — os negócios que lucram com a construção de prisões — tornaram o encarceramento tão lucrativo que milhões de dólares eram gastos para fazer *lobby* com membros do poder legislativo estadual para, cada vez mais, usar o encarceramento como solução para praticamente qualquer tipo de problema. O encarceramento se tornou a resposta para tudo: para problemas de saúde pública como o vício em drogas, para a pobreza que levava alguém a emitir um cheque sem fundos, para lidar com crianças com transtornos de comportamento, ou com pessoas pobres portadoras de deficiências mentais e até mesmo questões de imigração geravam reações, por parte dos legisladores, que envolviam mandar mais pessoas para a prisão. Nunca se havia gasto tanto dinheiro com *lobby* para expandir a população carcerária do país, barrar reformas penais, criar novas categorias de crimes e sustentar o medo e a raiva que servem de combustível para o encarceramento em massa como se viu nos últimos vinte e cinco anos nos Estados Unidos.

Quando cheguei ao Centro de Detenção, não encontrei nenhuma pessoa de cor entre os funcionários, apesar de 70 por cento dos presidiários serem negros ou hispânicos. Isso era um tanto atípico, frequentemente eu via agentes penitenciários negros ou hispânicos em outras prisões. Fui submetido a um processo complicado de admissão e me deram um alarme para acionar caso me sentisse ameaçado ou em perigo dentro da prisão. Fui escoltado até uma sala de aproximadamente 12m por 12m onde mais de vinte presidiários abatidos estavam sentados, enquanto guardas uniformizados entravam e saiam apressados.

No canto da sala, havia três jaulas de metal de um 1m80 de altura que não podiam medir mais do que 1m20 por 1m20. Em todos os anos que passei visitando presídios, nunca tinha visto jaulas tão pequenas para abrigar detentos dentro de um presídio de segurança máxima. Fiquei imaginando que perigo

CAPÍTULO QUATORZE

esses homens enjaulados poderiam representar a ponto de não poderem sentar com os demais presidiários nos bancos. Dois rapazes estavam de pé nas primeiras duas jaulas. Na terceira jaula, que estava encaixada num canto da sala, havia um homem numa cadeira de rodas. Sua cadeira estava virada para a parte de trás da jaula, de modo que não podia olhar para a sala. Eu não conseguia ver seu rosto, mas tinha certeza que era Joe. Um dos guardas entrava constantemente na sala e chamava um nome, fazendo sinal para um dos homens se levantar e segui-lo pelo corredor onde se encontraria com um diretor assistente ou qualquer outra pessoa agendada para vê-los. Finalmente, o guarda chamou "Joe Sullivan, visita jurídica". Caminhei até o homem e falei que eu era o advogado da visita jurídica. Ele chamou dois agentes que foram até a jaula de Joe para destrancá-la. A jaula era tão pequena que quando tentaram remover a cadeira de rodas de Joe, os aros de metal da cadeira ficaram agarrados nas grades da jaula e eles não conseguiam desprendê-la.

Fiquei ali assistindo durante vários minutos enquanto mais guardas se envolveram numa manobra complicada para retirar a cadeira de rodas de Joe da jaula apertada. Eles puxaram a cadeira. Depois empurraram a cadeira, levantando a parte da frente, mas isso também não funcionou. Deram um puxão na cadeira grunhindo alto e tentaram soltá-la à força, mas ela estava realmente presa.

Dois presos de confiança que estavam passando pano no chão pararam para olhar a luta entre os guardas, a cadeira de rodas e a jaula. Eles finalmente ofereceram ajuda, apesar de ninguém haver pedido. Os guardas silenciosamente aceitaram a ajuda dos presos, mas nenhum deles conseguia pensar numa solução. Os funcionários iam ficando mais frustrados por não conseguir tirar Joe da jaula. Enquanto isso, escutavam-se conversas sugerindo o uso de alicates e serrotes, ou então de colocar a jaula de lado com Joe dentro dela. Alguém sugeriu tentar levantar Joe da cadeira de rodas e tirá-lo de lá sem a cadeira, mas tanto Joe quanto a cadeira estavam tão espremidos na jaula que ninguém podia entrar para movê-lo.

Perguntei aos guardas por que ele estava na jaula, para início de conversa, o que gerou uma resposta rude:

— Perpétua. Todos os presos condenados à prisão perpétua têm que ser deslocados com protocolos de segurança máxima.

Eu não conseguia ver o rosto de Joe enquanto tudo isso acontecia, mas podia ouvi-lo chorar. De vez em quando ele gemia e seus ombros sacudiam para cima e para baixo. Quando os funcionários sugeriram virar a jaula de lado, ele deu um gemido alto. Por fim, os presos de confiança sugeriram levantar a jaula e incliná-la levemente, e todos concordaram. Os dois presos levantaram e inclinaram a pesada jaula, enquanto os guardas deram um puxão violento na cadeira de Joe, conseguindo finalmente soltá-la. Os guardas comemoraram entre si, os presos de confiança silenciosamente se afastaram e Joe ficou sentado em sua cadeira no meio da sala sem se mover, olhando para os pés.

Caminhei até ele e me apresentei. Seu rosto tinha marcas de choro e seus olhos estavam vermelhos, mas ele me olhou e começou a bater palmas animadamente.

— Oba! Oba! Sr. Bryan. — Ele sorriu e me ofereceu as duas mãos que logo segurei.

Empurrei a cadeira de Joe até um escritório apertado para nossa visita jurídica. Ele continuou comemorando baixinho e batendo palmas animado. Tive que discutir com o guarda que nos acompanhava para poder fechar a porta e conversar com Joe em particular. O guarda acabou cedendo. Joe pareceu relaxar quando fechei a porta. Apesar do início aterrorizante da visita, ele estava extremamente alegre. Eu não conseguia evitar a sensação de que estava falando com uma criança pequena.

Expliquei a Joe o quanto estávamos desapontados com o fato de o Estado ter destruído todas as provas biológicas que poderiam ter nos permitido provar sua inocência através de um exame de DNA. Descobrimos que a vítima e um dos corréus haviam morrido. O outro corréu não dizia nada sobre o que de fato tinha acontecido, tornando bastante difícil contestar a condenação de Joe. Falei para ele sobre a nova ideia que tivemos de contestar sua sentença como inconstitucional, o que poderia nos proporcionar um outro caminho para que ele pudesse ir para casa. Ele sorriu durante minha explicação, embora estivesse claro que não entendia tudo. Ele tinha um bloco de notas no colo e quando terminei, ele me disse que havia preparado algumas perguntas para o nosso encontro.

Durante toda a visita eu pensava que ele estava muito mais entusiasmado e animado do que eu esperava, tendo em conta sua história. Quando me falou sobre as perguntas que tinha preparado para mim, ele estava praticamente explodindo de euforia. Explicou que se um dia saísse da prisão, queria ser repórter para "poder dizer às pessoas o que realmente estava acontecendo". Falou com imenso orgulho quando anunciou que estava pronto para fazer suas perguntas.

— Joe, vou ficar feliz em responder às suas perguntas. Pode mandar.

CAPÍTULO QUATORZE

Ele lia com alguma dificuldade.
— Você tem filhos? — Ele me olhou com expectativa.
— Não, não tenho filhos. Mas tenho sobrinhos e sobrinhas.
— Qual é sua cor favorita? — Mais uma vez ele sorriu ansioso.

Eu ri, já que não tenho uma cor favorita. Mas eu queria dar uma resposta a ele.
— Marrom.
— Certo, minha última pergunta é a mais importante. — Ele me olhou brevemente com os olhos arregalados e sorriu. Então ficou sério e leu sua pergunta:
— Quem é seu personagem de desenhos favorito? — Ele estava radiante quando olhou para mim. — Por favor, diga a verdade. Eu realmente quero saber.

Eu não conseguia pensar em nada e tive que me esforçar para continuar sorrindo.
— Caramba, Joe. Eu sinceramente não sei. Posso pensar sobre isso e te responder depois? Eu te escrevo contando a minha resposta. — Ele assentiu com a cabeça entusiasmado.

∽

Durante os três meses seguintes recebi um monte de cartas com rabiscos de Joe, praticamente uma por dia. As cartas eram geralmente frases curtas sobre o que ele tinha comido naquele dia ou que programa havia assistido na televisão. Às vezes eram apenas dois ou três versos da Bíblia que ele havia copiado. Ele sempre me pedia para escrever de volta e dizer se sua caligrafia estava melhorando. Às vezes as cartas continham apenas umas poucas palavras ou uma pergunta simples como: "Você tem amigos?

Entramos com uma petição para contestar a pena de Joe como inconstitucionalmente cruel e incomum. Sabíamos que haveria objeções processuais por nossa petição estar sendo protocolada quase vinte anos depois da fixação da pena, mas imaginamos que a recente decisão da Suprema Corte que baniu a pena de morte para menores de idade poderia fornecer um fundamento para sua revogação. Em 2005, a Suprema Corte reconhecera que as diferenças existentes entre adultos e crianças demandavam que as crianças fossem protegidas da pena de morte com base na Oitava Emenda. Minha equipe e eu discutimos como poderíamos usar a lógica constitucional que baniu a execução de crianças como base legal para contestar a pena de prisão perpétua sem direito à condicional para menores.

Protocolamos recursos similares relativos a penas de prisão perpétua sem direito à condicional em vários outros casos que envolviam crianças, inclusive o de Ian Manuel. Ian ainda estava preso na solitária na Flórida. Entramos com ações no Missouri, Michigan, Iowa, Mississippi, Carolina do Norte, Arkansas, Delaware, Wisconsin, Nebraska e Dakota do Sul. Entramos com uma ação na Pensilvânia para ajudar Trina Garnett, a menina que condenada por incêndio criminoso. Ela ainda estava enfrentando inúmeras dificuldades no presídio feminino, mas ficou animada por estarmos tentando modificar sua pena. Entramos com uma ação na Califórnia para o caso de Antonio Nuñez.

Demos entrada em duas ações no Alabama. Ashley Jones era uma menina de quatorze anos que fora condenada por matar dois familiares quando seu namorado, mais velho que ela, tentou ajudá-la a fugir da família. Ashley tinha uma história terrível de abuso e negligência. Quando era adolescente e cumpria sua pena no presídio feminino de Tutwiler, começou a me escrever perguntando sobre várias decisões legais que lia nos jornais. Nunca me pediu assistência jurídica, simplesmente perguntava sobre o que havia lido e expressava seu interesse nas leis, no direito e também no nosso trabalho. Começou a enviar bilhetes parabenizando a mim e à EJI a cada vez que ganhávamos um recurso de pena de morte. Quando decidimos contestar penas de prisão perpétua impostas a crianças, eu disse a ela que poderíamos finalmente contestar sua pena. Ela ficou animadíssima.

Evan Miller era outra criança de quatorze anos condenada a morrer na prisão no Alabama. Evan é de uma família branca pobre do Norte do Alabama. Sua vida difícil foi pontuada por tentativas de suicídio que começaram aos sete anos de idade quando ainda cursava o ensino fundamental. Tinha pais abusivos viciados em drogas, então Evan entrava e saía de lares adotivos temporários. Na época do crime, entretanto, estava morando com a mãe. Certa noite, um vizinho de meia idade, Cole Cannon, foi à casa deles para comprar drogas da mãe de Evan. Evan, de quatorze anos e seu amigo, de dezesseis, foram à casa do homem para jogar cartas. Cannon deu drogas aos adolescentes e eles jogaram jogos que envolviam bebidas alcóolicas. A certa altura, ele mandou os garotos saírem para comprar mais drogas. Os meninos voltaram e ficaram lá até bem tarde. Em um dado momento, os garotos pensaram que Cannon havia desmaiado e tentaram roubar sua carteira.

CAPÍTULO QUATORZE

Cannon acordou sobressaltado e pulou em Evan. O menino mais velho reagiu acertando a cabeça do homem com um taco de beisebol. Os dois garotos começaram a bater nele e depois incendiaram seu trailer. Cole Cannon morreu. Evan e seu amigo foram indiciados por homicídio passível de pena de morte. O menino mais velho fez um acordo com os promotores e conseguiu uma pena de prisão perpétua com direito à condicional, enquanto Evan foi condenado e sentenciado à prisão perpétua sem direito à condicional.

Eu me envolvi no caso de Evan logo após seu julgamento e entrei com um recurso para reduzir sua pena, embora essa fosse a punição obrigatória para pessoas condenadas por homicídio punível com pena de morte que fossem muito jovens para ser executadas. Na audiência, pedi ao juiz que reconsiderasse a sentença de Evan levando em conta sua idade. O promotor argumentou: "Eu acho que ele deveria ser executado. Ele merece a pena de morte". Ele então lamentou que a lei não mais permitisse a execução de menores porque ele mal podia esperar para colocar esse menino de quatorze anos numa cadeira elétrica e matá-lo. O juiz negou nosso pedido.

Quando eu visitava Evan na prisão, tínhamos longas conversas. Ele adorava falar sobre qualquer coisa que viesse à sua cabeça quando estávamos juntos para prolongar nossos encontros. Falávamos sobre esportes e exercícios, falávamos sobre livros, falávamos sobre sua família, falávamos sobre música, falávamos sobre tudo que ele queria fazer quando crescesse. Ele geralmente estava animado e entusiasmado com alguma coisa, embora ficasse extremamente deprimido quando passava muito tempo sem notícias da família ou tinha que lidar com algum acontecimento desagradável na prisão. Não conseguia entender os comportamentos violentos ou hostis que via em alguns detentos ou em outras pessoas à sua volta. Uma vez me contou que um guarda tinha dado um soco em seu peito só porque ele perguntou sobre a hora das refeições. Ele começou a chorar quando me contou essa história porque simplesmente não conseguia entender por que o guarda havia feito isso.

Evan foi mandado para o Centro de Detenção de St. Clair, uma prisão de segurança máxima para adultos. Pouco depois de chegar, foi atacado por um prisioneiro que lhe deu nove facadas. Recuperou-se sem nenhum problema físico grave, mas ficou traumatizado com a experiência e desnorteado com a violência. Quando falava sobre a violência que ele próprio cometera, se mostrava perplexo sem conseguir entender como podia ter feito algo assim tão destrutivo.

A maioria dos menores condenados à prisão perpétua com quem trabalhamos mostrava-se tão confusa quanto Evan com relação a seu próprio comportamento na adolescência. Muitos haviam amadurecido e se tornado adultos muito mais conscientes e ponderados: eles agora eram capazes de tomar decisões responsáveis e adequadas. Quase todos os casos envolviam pessoas condenadas marcadas pela trágica ironia de que hoje não se parecem em nada com as crianças confusas que cometeram crimes violentos — todos se modificaram de maneira significativa. Isso os diferenciava da maioria dos meus clientes que cometeram crimes quando já eram adultos. O fato de eu estar envolvido em casos de adolescentes que haviam cometido crimes violentos, era por si só uma ironia.

∾

Eu tinha dezesseis anos e morava no Sul de Delaware. Estava saindo um dia quando o telefone tocou. Vi minha mãe atender quando passei por ela. Um minuto depois, a ouvi gritar dentro de casa. Voltei correndo e a vi deitada no chão, soluçando: "Papai, papai" — o gancho do telefone pendurado pelo fio. Peguei o telefone: minha tia estava na linha. Ela contou que meu avô havia sido assassinado.

∾

Meus avós estavam separados há muitos anos e já fazia algum tempo que meu avô morava sozinho em um projeto habitacional no Sul da Filadélfia. Foi lá que ele foi atacado e esfaqueado até a morte por vários adolescentes que invadiram seu apartamento para roubar sua televisão preto e branca. Ele tinha oitenta e seis anos de idade.

Nossa família ficou arrasada com seu assassinato absurdo. Minha avó, que tinha se separado de meu avô muitos anos antes, ficou especialmente transtornada com o crime e com sua morte. Eu tinha primos mais velhos que trabalhavam na segurança pública e buscaram informações sobre os garotos que haviam cometido o crime. Lembro que eles ficaram mais estarrecidos do que rancorosos diante da imaturidade e da falta de bom senso que os menores demonstraram. Todos dizíamos e pensávamos a mesma coisa: eles não precisavam matá-lo. Não havia possibilidade de um homem de oitenta e seis anos poder impedi-los de sair com seu roubo irrisório. Minha mãe nunca conseguiu compreender o crime. E eu também não. Eu conhecia crianças

CAPÍTULO QUATORZE

na escola que pareciam descontroladas e violentas, mas ainda assim me perguntava como alguém poderia ser tão gratuitamente destrutivo. O assassinato de meu avô nos trouxe muitos questionamentos.

Agora, décadas depois, eu estava começando a compreender. Ao preparar as ações em favor das crianças que representávamos, ficou claro que esses crimes chocantes e sem sentido não podiam ser avaliados honestamente sem entender as vidas que essas crianças tinham sido obrigadas a suportar. Ao banir a pena de morte para menores, a Suprema Corte demonstrara estar atenta às novas pesquisas médicas que surgiam sobre o desenvolvimento de adolescentes, sobre neurociência e sua relevância nos crimes e na culpabilidade de menores infratores.

Estudos recentes nas áreas de neurologia, psicologia e sociologia demonstraram que crianças são afetadas por seus julgamentos imaturos, por uma capacidade ainda não totalmente desenvolvida de se auto regularem e se responsabilizarem, por serem vulneráveis a influências negativas e pressões externas por uma falta de controle sobre seus próprios impulsos e seu ambiente. Em geral considera-se que a adolescência se estende dos doze aos dezoito anos de idade: ela é marcada por uma transformação radical, incluindo as óbvias e frequentemente perturbadoras mudanças físicas associadas à puberdade (aumento de peso e altura e mudanças sexuais), e também pelo desenvolvimento progressivo da capacidade de fazer julgamentos sensatos e maduros, de controlar impulsos e de adquirir autonomia. Como explicamos na Suprema Corte, os especialistas haviam chegado à seguinte conclusão:

> "O rápido e dramático aumento da atividade dopaminérgica no sistema socioemocional durante a puberdade" leva jovens adolescentes a uma busca acentuada de sensações e exposição a riscos: "esse aumento na busca de gratificação precede o amadurecimento estrutural do sistema de controle cognitivo e se conecta a áreas do sistema socioemocional. O processo de amadurecimento que é gradual se desenvolve ao longo da adolescência e permite que haja uma autorregulação, um controle de impulsos mais avançados... O intervalo de tempo entre o aparecimento do sistema socioemocional, que se estabelece no começo da adolescência e o amadurecimento completo do sistema de controle cognitivo, que ocorre mais tarde, cria um período de aumento da vulnerabilidade a riscos no meio da adolescência".

Esses avanços biológicos e psicossociais explicam algo que é óbvio para pais, professores e qualquer adulto que reflita sobre sua própria adolescência: jovens adolescentes não têm a maturidade, a independência e a orientação para o futuro que os adultos já adquiriram. Parecia estranho ter que explicar em um tribunal de justiça algo tão elementar sobre a infância, mas o empenho em punir crianças com severidade era tão intenso e reacionário que tivemos que expor esses fatos básicos.

Argumentamos no tribunal que, comparada a dos adultos, a capacidade de julgamento de um jovem adolescente é deficiente em praticamente todos os aspectos: jovens adolescentes não têm experiência de vida nem conhecimento prévio para guiar suas decisões; eles têm dificuldade para conceber opções e imaginar as consequências e, talvez por uma boa razão, não têm a autoconfiança necessária para tomar decisões racionais e segui-las. Argumentamos que a neurociência e as novas informações a respeito da química do cérebro ajudam a explicar a capacidade limitada de julgamento que os adolescentes frequentemente exibem. Quando esses déficits básicos que afetam todas as crianças se combinam com o ambiente a que algumas crianças pobres são expostas — ambientes marcados por abuso, violência, disfunção, negligência e a falta de alguém que cuide delas com amor —, a adolescência pode tornar as crianças suscetíveis a tomar péssimas decisões que resultam em trágica violência.

Conseguimos apresentar argumentos convincentes sobre as diferenças entre crianças e adultos, mas esse não era o único obstáculo a ser ultrapassado. O precedente da Oitava Emenda da Suprema Corte determina não apenas que uma determinada sentença ofenda "padrões progressivos de decência", mas também que seja "incomum". O número de sentenças contestadas com base na Oitava Emenda que a Suprema Corte de fato revogou não passava de cento e poucas no país inteiro. Em 2002, havia cerca de cem pessoas com algum tipo de retardo mental aguardando execução quando a Suprema Corte aboliu a pena de morte para pessoas com deficiências intelectuais. Em 2005, havia menos de setenta e cinco menores infratores no corredor da morte quando a Suprema Corte aboliu a pena de morte para crianças. Números ainda menores acompanharam a decisão da Suprema Corte de abolir a pena de morte para crimes que não envolvessem homicídio.

O fato de que mais de 2.500 crianças haviam sido condenadas à prisão perpétua sem direito à condicional nos Estados Unidos complicava a nossa estratégia. Decidimos nos concentrar em dois subgrupos de crianças para ajudar a Suprema Corte a revogar as sentenças ainda que não estivesse preparada para abolir todas as sentenças de prisão perpétua sem direito à condicional para menores. Priorizamos as crianças mais jovens, de treze ou quatorze anos. Havia menos de cem crianças com menos de quinze anos condenadas à prisão perpétua sem direito à condicional. Também demos prioridade às crianças que, como Joe Sullivan, Ian Manuel e Antonio Nuñez, haviam sido condenadas por crimes que não envolviam homicídio. A maioria dos menores sentenciados à prisão perpétua sem condicional haviam sido condenados por crimes que envolviam homicídios. Nossa estimativa era de que havia menos de duzentos menores infratores cumprindo prisão perpétua sem direito à condicional para crimes que não envolviam homicídios.

Argumentamos que o fim da pena de morte tinha implicações porque uma sentença que impõe a uma pessoa morrer na prisão também é terminal e imutável, é um julgamento definitivo sobre a vida inteira de um ser humano que declara ele nunca estar apto a viver em sociedade. Pedimos aos juízes que reconhecessem que esses julgamentos não podiam ser racionalmente aplicados a crianças abaixo de uma certa idade porque elas são produtos inacabados, seres humanos em construção. Elas estão em um momento especialmente vulnerável de suas vidas. Seu potencial de crescimento e mudança é imenso. Quase todas irão abandonar comportamentos criminosos e é praticamente impossível detectar os poucos que não irão. Elas são "produtos de um ambiente sobre o qual não têm nenhum controle de fato — são passageiros que viajam por caminhos estreitos em um mundo que não construíram", como escrevemos em nossa petição.

Enfatizamos a incongruência que existe em não permitir que crianças fumem, bebam, votem, dirijam sem restrições, doem sangue, comprem armas e uma série de outras práticas, devido à sua falta de maturidade e de capacidade de julgamento que são amplamente reconhecidas, enquanto simultaneamente tratamos algumas das que estão mais em risco, mais negligenciadas e comprometidas, exatamente da mesma forma como tratamos adultos crescidos no sistema de justiça criminal.

No início tivemos pouco sucesso com esses argumentos. O juiz do caso de Joe Sullivan decidiu que nossas alegações "não tinham mérito". Em outros estados, esbarramos no mesmo tipo de ceticismo e resistência. Por fim, exaurimos as opções disponíveis no estado da Flórida para o caso de Joe Sullivan e protocolamos uma apelação na Suprema Corte dos Estados Unidos.

Em maio de 2009, a Suprema Corte concordou em reexaminar o caso. Parecia um milagre. Conseguir que a Suprema Corte reexamine um caso já é bastante raro, mas pensar que a Corte talvez concedesse revogação constitucional para crianças sentenciadas a morrer na prisão tornou a oportunidade ainda mais empolgante. Tínhamos a chance de mudar as regras em todo o país.

A Suprema Corte decidiu reexaminar o caso de Joe e outro caso da Flórida, já que também se tratava de um adolescente de dezesseis anos condenado por um crime que não envolvia homicídio e que fora sentenciado à prisão perpétua sem direito à condicional. Terrance Graham era de Jacksonville, na Flórida, e estava sob condicional quando foi acusado de tentar roubar uma loja. Como consequência de sua nova detenção, o juiz revogou a condicional e o sentenciou a morrer na prisão. Como ambos os casos, de Joe e Graham, não envolviam homicídios, era provável que, se obtivéssemos uma decisão favorável da Suprema Corte, isso se aplicaria apenas a sentenças de prisão perpétua sem direito à condicional impostas a menores condenados por crimes que não envolviam homicídio, mas era, sem dúvida, uma possibilidade animadora.

Os casos atraíram a atenção da mídia nacional. Quando protocolamos nossa petição na Suprema Corte dos Estados Unidos, organizações nacionais se juntaram a nós e protocolaram petições *Amicus curiae*[18] instando a Suprema Corte a decidir em nosso favor. Recebemos apoio da Associação Americana de Psicologia, da Associação Americana de Psiquiatria, da Associação Médica Americana, de ex-juízes, ex-promotores, assistentes sociais, grupos de direitos civis, grupos de direitos humanos e até de alguns grupos de direitos das vítimas. Alguns ex-menores infratores que mais tarde se tornaram figuras públicas conhecidas protocolaram declarações de apoio, incluindo políticos conservadores como o ex-Senador Alan Simpson, do Wyoming. Simpson havia passado dezoito anos no Senado, sendo dez como líder da bancada Republicana — apenas um senador do seu partido ficou mais tempo no Senado do que Simpson. Ele também fora um menor infrator.

Simpson fora declarado delinquente juvenil aos dezessete anos devido às múltiplas condenações por incêndio criminoso, roubo, agressão, violência

---

[18] Do latim "amigo" ou "colaborador da corte", esse tipo de petição é em geral uma intervenção feita por terceiros que não fazem parte do processo em julgamento, mas têm interesse em seu resultado. Seu objetivo é fornecer informações complementares ao tribunal que auxiliem o entendimento do mérito.

armada e, finalmente, por atacar um policial. Mais tarde confessou: "Eu era um monstro". Sua vida não começou a mudar até se ver aprisionado num "mar de vômito e urina" quando foi mais uma vez detido. O Senador Simpson sabia, por experiência própria, que não se pode julgar todo o potencial de uma pessoa por suas condutas erradas da menoridade. Outra petição foi protocolada em nome de crianças usadas como "soldados" cujo comportamento aterrorizante adquirido depois de serem forçadas a se juntar a milícias africanas faziam os crimes de nossos clientes parecerem muito menos graves. Ainda assim, essas crianças ex-combatentes, depois de resgatadas de seus exércitos, haviam de modo geral se recuperado e foram acolhidas por universidades e faculdades dos Estados Unidos, onde muitas delas foram bem-sucedidas.

Em novembro de 2009, depois que protocolamos as petições dos casos de Joe e Graham, fui a Washington para minha terceira sustentação oral na Suprema Corte dos Estados Unidos. Houve muito mais atenção da mídia e cobertura de noticiários nacionais do que qualquer dos meus casos anteriores. A Corte estava lotada. Havia centenas de pessoas do lado de fora também. Diversos ativistas de direitos das crianças, advogados e especialistas em doenças mentais observavam atentamente quando pedimos à Corte que declarasse inconstitucional a imposição de prisão perpétua sem direito à condicional a crianças.

Durante minha argumentação, a Corte mostrava-se aguerrida, e era impossível prever o que os juízes fariam. Eu disse à Corte que os Estados Unidos são o único país no mundo que impõe sentenças de prisão perpétua sem direito à condicional a crianças. Expliquei que a condenação de crianças viola a lei internacional que proíbe esse tipo de pena para crianças. Mostramos à Corte que essas penas eram impostas de maneira desproporcional a crianças de cor. Argumentamos que o fenômeno das penas de prisão perpétua impostas a crianças é em grande parte resultado das punições severas que foram criadas para adultos com extenso histórico de crimes e que nunca foram destinadas a crianças— o que tornava incomum a imposição dessa pena a menores como Terrance Graham e Joe Sullivan. Também declarei à Corte que dizer para uma criança de treze anos que a única coisa para a qual ela serve é morrer na prisão é algo cruel. Eu não tinha como saber se havia convencido a Suprema Corte.

Eu prometera a Joe, cujo nome e caso estavam sendo constantemente debatidos na televisão, que o visitaria depois da argumentação na Suprema Corte. A princípio Joe ficou animado com toda a atenção que seu caso estava recebendo, mas depois os guardas e outros prisioneiros começaram a rir dele, a tratá-lo de maneira mais violenta do que o habitual. Eles pareciam ressentir-se da atenção que Joe estava recebendo. Eu disse a ele que agora que a argumentação tinha terminado, as coisas se acalmariam.

Há semanas ele vinha se esforçando para memorizar um poema que ele disse ter escrito. Quando perguntei se ele realmente escrevera o poema, admitiu que outro preso o havia ajudado, mas sua animação não diminuiu. Ele me prometera diversas vezes que o recitaria para mim quando o visitasse depois da argumentação. Quando cheguei ao presídio, empurraram a cadeira de Joe até a área de visitação sem nenhum incidente. Falei com ele sobre a argumentação em Washington, mas ele estava muito mais interessado em me preparar para ouvir seu poema. Pude perceber que estava nervoso sem saber se conseguiria recitá-lo. Encerrei meu relato sobre seu caso para ouvir o poema. Ele fechou os olhos para se concentrar e então começou a recitar os versos:

> *Rosas são vermelhas,*
> *Violetas são azuis.*
> *Logo vou para casa e com você morarei,*
> *Minha vida será melhor, feliz eu serei.*
> *Meu pai e minha família você vai ser,*
> *Vamos nos divertir e todos vão ver,*
> *Sou uma boa pessoa... hã... Sou uma boa pessoa... Sou...*
> *uma... boa... pessoa... hã...*

Ele não conseguia se lembrar do último verso. Olhou para o teto, depois para o chão, se esforçando para lembrar. Apertou os olhos, tentando trazer à mente as últimas palavras, mas elas não vinham. Me senti tentado a sugerir um verso apenas para ajudá-lo a continuar — "vamos agradecer" ou "todos vão saber". Mas cheguei à conclusão de que criar o verso para ele não era a coisa certa a fazer e decidi aguardar.

Finalmente ele pareceu aceitar que não iria se lembrar do verso. Pensei que ficaria chateado, mas quando ficou claro que não se lembraria do último verso, ele começou a rir. Sorri para ele, aliviado. Por alguma razão ele achava cada vez mais engraçado o fato de não conseguir se lembrar do último verso — até que de repente parou de rir e me olhou.

— Ah, espera. Acho que o último verso... na verdade ... hã ... acho que o último verso é só isso que eu falei. O último verso é só "Sou uma boa pessoa".

CAPÍTULO QUATORZE

Fez uma pausa e eu o olhei desconfiado por vários segundos. Então eu disse sem pensar:

— Sério?

Eu deveria ter parado, mas continuei:

— Vamos nos divertir e todos vão ver, sou uma boa pessoa?

Ele me olhou por um instante com uma expressão séria, então nós dois caímos na maior gargalhada. Eu não tinha certeza se deveria estar rindo, mas Joe estava rindo, o que me fez pensar que estava tudo bem. Sinceramente, não consegui me controlar. Em alguns segundos estávamos os dois rindo histericamente. Ele ria e se balançava na cadeira de rodas de um lado para o outro, batendo palmas. Eu também não conseguia parar de rir, estava me esforçando para parar, mas não conseguia. Olhamos um para o outro enquanto ríamos. Eu olhava para Joe, que ria como um menininho, mas via as rugas do seu rosto e até alguns cabelos brancos prematuros. Ainda estava rindo quando me dei conta de que sua infância infeliz foi seguida por anos de uma adolescência infeliz na prisão, seguida de um encarceramento infeliz como o jovem adulto que agora era. De repente me ocorreu que era um milagre que ele ainda conseguisse rir. Pensei no quanto o mundo estava errado sobre Joe Sullivan e no quanto eu queria ganhar o seu caso.

Ambos finalmente nos acalmamos. Tentei falar da forma mais sincera possível.

— Joe, é um poema muito, muito bom. — Fiz uma pausa. — Achei lindo.

Ele deu um sorriso radiante e bateu palmas.

CAPÍTULO QUINZE
DESTROÇOS

O declínio de Walter foi rápido. Os momentos de confusão duravam cada vez mais. Começou a se esquecer de coisas que havia feito poucas horas antes. Os detalhes de seu negócio lhe escapavam e o gerenciamento do trabalho complicou-se de um jeito que ele não conseguia compreender, o que isso o deprimiu. A certa altura, examinamos juntos os seus registros: ele estava vendendo as coisas por uma fração do valor real e perdendo muito dinheiro.

Uma equipe de filmagem irlandesa veio para o Alabama fazer um documentário de curta-metragem sobre pena de morte que abordaria o caso de Walter e de dois outros prisioneiros do corredor da morte do Alabama. James "Bo" Cochran tinha sido solto depois de passar quase vinte anos no corredor da morte do Alabama, sendo concedido a ele um novo julgamento depois que juízes federais anularam sua condenação devido ao preconceito racial na escolha do júri. Em seu novo julgamento, um júri racialmente diversificado declarou que ele era inocente e o libertou. O terceiro homem apresentado no filme, Robert Tarver, também foi irredutível em afirmar sua inocência. O promotor mais tarde admitiu que o júri fora ilegalmente selecionado de forma racialmente discriminatória, mas os juízes se recusaram a reexaminar a alegação porque o advogado de defesa não fez uma objeção adequada, então Tarver foi executado.

Fizemos uma pré-estreia do filme no escritório e convidei Walter e Bo para assistirem e falarem para a plateia. Cerca de setenta e cinco pessoas da comunidade se reuniram na sala de reuniões da EJI onde passamos o filme. Foi difícil para Walter. Ele foi mais sucinto do que costumava ser e, a cada pergunta que lhe faziam, olhava para mim desesperado. Eu lhe disse que não precisaria fazer mais nenhuma apresentação. Sua irmã me contou

CAPÍTULO QUINZE

que Walter começara a vagar pelas ruas durante a noite e se perdia. Começou a beber muito, coisa que nunca fizera. Ele me disse que estava sempre ansioso e que o álcool acalmava seus nervos. Até que um dia ele desmaiou. Quando conseguiram falar comigo em Montgomery, Walter já estava em um hospital em Mobile. Fui até lá para falar com o médico que me disse que Walter tinha demência em estado avançado, provavelmente causado por trauma, e que necessitaria de cuidados constantes. O médico também disse que a demência iria progredir e que Walter provavelmente se tornaria incapaz.

Nos reunimos com a família de Walter no escritório e concordamos que ele deveria se mudar para Huntsville onde um parente poderia lhe dar assistência constante. Por um tempo, esse arranjo funcionou, mas Walter ficou inquieto lá. Ele também já não tinha dinheiro, então voltou para Monroeville e foi morar com a irmã, Katie Lee, que concordou em cuidar dele. Por um tempo, ele ficou muito melhor em Monroeville, mas depois seu estado começou a se deteriorar novamente.

Não demorou muito e Walter teve que ser transferido para uma clínica de idosos e enfermos. A maioria das clínicas não o aceitou porque ele havia sido condenado por um crime. Mesmo quando explicávamos que ele tinha sido condenado injustamente e que sua inocência tinha sido provada, ninguém o aceitava. A EJI tinha agora uma assistente social, Maria Morrison, que ajudou Walter e sua família a encontrar um local adequado para ele. Foi um processo exasperante e enlouquecedor. Maria finalmente encontrou um lugar em Montgomery que concordou em receber Walter por um curto período — não mais que noventa dias. Ele foi para lá enquanto buscávamos uma solução mais definitiva.

Toda essa história me deixou imensamente triste. Nossa carga de trabalho aumentava rápido demais. Eu tinha acabado de defender o caso de Joe Sullivan na Suprema Corte dos Estados Unidos e aguardava ansiosamente a sentença. A Suprema Corte do Alabama tinha marcado a data de execução de diversos prisioneiros do corredor da morte após o fim do processo de apelações. Durante anos temíamos o que aconteceria quando um número considerável de prisioneiros condenados esgotasse todos os seus recursos. Mais de doze pessoas agora estavam em situação de vulnerabilidade podendo ter suas execuções agendadas a qualquer momento. Sabíamos que seria difícilimo suspender essas execuções dado o clima jurídico que o Alabama vivia naquele momento, somado aos limites de reexame de casos de crime capital na justiça federal.

Fiz uma reunião com a minha equipe e tomamos a difícil decisão de representar todas as pessoas com execuções agendadas que não tinham advogado.

Algumas semanas depois, eu estava profundamente angustiado. Estava preocupado com as datas de execução marcadas para cada dois meses no Alabama. Estava preocupado com relação ao que a Suprema Corte dos Estados Unidos faria a respeito de todas as crianças condenadas a morrer na prisão, agora que precisava lidar com essa questão. Estava preocupado com nosso financiamento: se tínhamos pessoal e recursos suficientes para dar conta da demanda da nossa pauta que só fazia crescer. Estava preocupado com diversos clientes que enfrentavam dificuldades. Quando cheguei à casa de repouso em Montgomery para ver Walter, que já estava lá há uma semana, minha sensação era que eu passava o dia todo me preocupando.

Walter estava numa sala com pessoas mais velhas do que ele que pareciam estar sob efeito de forte medicação. Fiquei desconcertado ao vê-lo ali com um camisolão de hospital no meio de pessoas tão comprometidas e enfermas. Parei antes de entrar na sala e olhei para ele, que ainda não tinha me visto. Parecia sonolento e triste, afundado em uma cadeira reclinável, com a cabeça apoiada na mão. Olhava fixamente na direção da televisão, mas não parecia estar assistindo ao programa. Não tinha feito a barba e alguma coisa que comera tinha ficado grudada no seu queixo. Havia uma tristeza no seu olhar que eu nunca tinha visto antes. Ao olhar para ele, senti um aperto no coração: uma parte de mim queria ir embora. Uma enfermeira me viu do lado de fora da sala e perguntou se eu estava ali para ver alguém. Respondi que sim e ela sorriu solidária.

Quando a enfermeira me acompanhou para dentro da sala, fui até Walter e coloquei a mão em seu ombro. Ele se mexeu e olhou para cima, depois abriu um largo sorriso.

— Ei, olha ele aí!

Sua voz era alegre e, de repente, quem estava diante de mim era o velho Walter de sempre. Começou a rir e ficou de pé. Eu o abracei. Fiquei aliviado pois, recentemente, ele não reconhecera alguns familiares.

— Como você está? — perguntei enquanto ele se encostava de leve em mim.

— Bom, é, eu tô bem.

Começamos a nos dirigir para o quarto dele onde poderíamos conversar em particular.

— Está se sentindo melhor?

CAPÍTULO QUINZE

Não foi uma pergunta muito boa, mas ver Walter daquele jeito me deixava desanimado. Ele tinha emagrecido e seu camisolão não estava amarrado na parte de trás, coisa que ele parecia não perceber. Eu o detive.

— Espera, deixa eu te ajudar.

Amarrei o camisolão e seguimos para o quarto. Ele andava devagar e com cuidado, arrastando os chinelos pelo chão como se tivesse desaprendido a levantar os pés. Na metade do caminho, segurou meu braço, se apoiou em mim e continuamos andando bem devagar.

— Eu falei pro pessoal que eu tenho um monte de carros, um monte de carros — ele falava de forma enfática, com muito mais animação do que vinha falando ultimamente. — De tudo quanto é cor, formato e tamanho. E aí o cara diz, "Seus carros não funcionam". Eu disse pra ele que meus carros funcionam, sim. — Olhou para mim. — Talvez você tenha que falar com esse cara sobre os meus carros, tá?

Fiz que sim com a cabeça e pensei na imensa quantidade de metal que havia em seu terreno.

— Você tem um monte de carros ...

— Eu sei! — Ele me interrompeu e começou a rir. — Tá vendo, eu disse pro pessoal, mas eles não acreditaram em mim. Eu disse pra eles.

Ele agora sorria e dava umas risadinhas, mas parecia confuso e diferente dele mesmo.

— Esse pessoal acha que eu não sei do que eu tô falando, mas eu sei exatamente do que eu tô falando — disse em tom desafiador.

Chegamos ao quarto e ele se sentou na cama enquanto eu puxei uma cadeira. Walter ficou parado, em silêncio e de repente parecia muito preocupado.

— Bom, parece que eu voltei pro mesmo lugar — disse com um suspiro profundo. — Me colocaram de volta no corredor da morte.

Sua voz era um lamento.

— Eu tentei, tentei, tentei, mas eles não me deixam em paz. — Ele me olhou nos olhos. — Eu nunca vou entender por que eles querem fazer com alguém o que 'tão fazendo comigo. Por que as pessoas são assim? Eu não me meto na vida de ninguém. Não faço mal a ninguém. Eu tento fazer as coisas certas e não importa o que eu faça, as pessoas vêm e me jogam de volta no corredor da morte... por nada. Nada. Eu não fiz nada de mal pra ninguém. Nada, nada, nada.

Ele estava ficando agitado, então coloquei a mão em seu braço.

— Ei, tá tudo bem — eu disse da maneira mais suave possível. — Não é tão ruim quanto parece. Eu acho...

— Você vai me tirar daqui, não vai? Você vai me tirar do corredor de novo?

— Walter, você não está no corredor. Você não andava se sentindo bem, então veio pra cá pra se tratar. Você está num hospital.

— Eles me pegaram de novo e você tem que me ajudar.

Começou a entrar em pânico e eu não sabia bem o que fazer. Em seguida começou a chorar.

— Por favor, me tira daqui. Por favor! Vão me executar sem motivo nenhum e eu não quero morrer na cadeira elétrica. — Ele agora chorava com tanta intensidade que fiquei assustado.

Sentei na cama ao seu lado e passei o braço em volta de seu ombro.

— Tá tudo bem, tá tudo bem. Walter, vai ficar tudo bem. Vai ficar tudo bem.

Ele tremia e eu me levantei para que ele pudesse deitar. Parou de chorar quando deitou a cabeça no travesseiro. Comecei a falar baixinho com ele sobre as providências que eu tomaria para tentar levá-lo para casa, que precisávamos encontrar alguém para ajudar e que o problema era que agora não era muito prudente ele ficar sozinho. Pude ver seus olhos pesando enquanto eu falava, em questão de minutos ele já estava dormindo profundamente. Eu estava ali com Walter há menos de vinte minutos. O cobri com o cobertor e fiquei olhando para ele enquanto dormia.

No corredor, perguntei a uma enfermeira como ele estava indo.

— Ele é muito doce — ela respondeu. — Nós adoramos ele. Ele é gentil com os funcionários, muito educado e amável. Às vezes ele fica nervoso, começa a falar da prisão e do corredor da morte. A gente não sabia do que ele estava falando, mas uma das meninas procurou na Internet e foi aí que lemos a respeito do que aconteceu com ele. Alguém falou que uma pessoa como ele não devia estar aqui, mas eu disse que o nosso trabalho é ajudar todo mundo que precisa de ajuda.

— O Estado reconheceu que ele não fez nada de errado. Ele é inocente.

A enfermeira me olhou com ternura.

— Eu sei, Sr. Stevens, mas muitas pessoas aqui acham que se você vai pra prisão, não importa se você devia ir ou não, você se torna uma pessoa perigosa... eles não querem nem chegar perto de você.

— É uma pena. — Foi só o que eu consegui dizer.

CAPÍTULO QUINZE

~

Saí da clínica abalado e perturbado. Meu celular tocou assim que coloquei o pé do lado de fora. A Suprema Corte do Alabama acabara de marcar a execução de outro prisioneiro do corredor da morte. Um dos melhores advogados da EJI era agora nosso diretor assistente. Randy Susskind tinha sido nosso estagiário quando estudava direito na Universidade de Georgetown e começou a trabalhar como advogado conosco assim que se formou. Ele se mostrou um advogado excepcional e um gerente de projeto extremamente eficiente. Liguei para Randy e conversamos a respeito do que faríamos para impedir a execução, embora nós dois soubéssemos que naquela altura seria difícil conseguir uma suspensão. Contei para Randy sobre minha visita a Walter e como tinha sido doloroso vê-lo. Ficamos em silêncio no telefone por um instante, algo que acontece com frequência quando nos falamos.

O crescente número de execuções no Alabama ia contra a tendência nacional. A cobertura da mídia sobre todas as pessoas inocentes indevidamente condenadas teve um impacto no índice de sentenças de morte no país: esse índice começou a cair em 1999. Mas os ataques terroristas em Nova York em 11 de setembro de 2001, somados às ameaças de terrorismo e aos conflitos globais, pareceram atrapalhar o progresso que o país fazia no sentido de revogarmos a pena de morte. Mas, alguns anos depois, os índices de execuções e de sentenças de morte voltaram a cair. Em 2010, o número de execuções anuais caiu para menos da metade do número de 1999. Diversos estados discutiam seriamente o fim da pena de morte. Nova Jersey, Nova York, Illinois, Novo México, Connecticut e Maryland eliminaram a pena capital. Até mesmo no Texas, onde aconteceram quase 40 por cento de aproximadamente mil e quatrocentas execuções da era moderna nos Estados Unidos, o número de sentenças de morte teve uma queda acentuada e o ritmo das execuções tinha finalmente desacelerado. O número de sentenças de morte no Alabama também tinha diminuído a partir do final da década de 1990, mas ainda era o maior do país. No final de 2009, o Alabama tinha o maior índice de execuções per capita do país.

A cada dois meses alguém seria executado e nós estávamos nos virando para dar conta. Jimmy Callahan, Danny Bradley, Max Payne, Jack Trawick e Willie McNair foram executados em 2009. Havíamos tentado de todas as formas impedir essas execuções, principalmente questionando a maneira como essas execuções eram realizadas. Em 2004, defendi um caso na Suprema Corte dos Estados Unidos que levantou questões a respeito da constitucionalidade de certos métodos de execução. Os estados haviam, na sua maioria, abandonado as execuções por eletrocussão, câmaras de gás, pelotão de fuzilamento e enforcamento — utilizavam injeções letais. Consideradas mais estéreis e serenas, as injeções letais haviam se tornado o método mais comum para as mortes sancionadas em praticamente todos os estados que ainda tinham pena de morte. Mas surgiam mais e mais perguntas a respeito da eficácia da injeção letal e se ela era realmente indolor.

No caso que defendi perante a Suprema Corte, contestamos a constitucionalidade dos protocolos do Alabama para a aplicação de injeções letais. As veias de David Nelson eram bastante comprometidas. Ele tinha mais de sessenta anos e fora viciado em drogas na juventude, o que dificultava o acesso a suas veias. Os agentes penitenciários não conseguiram introduzir um cateter em seu braço de forma a realizar a execução sem que houvesse complicações médicas. O juramento de Hipócrates impede que médicos e equipes médicas participem de execuções, então as autoridades do Alabama propuseram que agentes penitenciários, sem formação pegassem uma faca, fizessem uma incisão de cinco centímetros no braço ou na virilha do Sr. Nelson para encontrar uma veia na qual pudessem injetar toxinas e matá-lo. Argumentamos que sem anestesia, esse procedimento seria desnecessariamente doloroso e cruel.

O Estado do Alabama argumentara que havia regras processuais que impediam que o Sr. Nelson contestasse a constitucionalidade do protocolo. A Suprema Corte dos Estados Unidos interveio. A questão legal era se prisioneiros condenados podiam propor ações de direitos civis para contestar métodos de execução discutivelmente inconstitucionais. A Desembargadora Sandra Day O'Connor foi especialmente atuante durante a sustentação oral e me fez diversas perguntas a respeito da admissibilidade de agentes penitenciários se envolverem em procedimentos médicos. A decisão da Corte foi unânime a nosso favor e determinou que prisioneiros condenados podiam contestar métodos de execução inconstitucionais propondo ações relacionadas aos direitos civis. David Nelson morreu de causas naturais um ano depois de conseguirmos a revogação de sua sentença.

Após a disputa judicial do caso de Nelson, foram levantadas questões a respeito da combinação de medicamentos que a maioria dos estados usava para aplicar as injeções letais. Muitos estados usavam medicamentos cuja utilização

CAPÍTULO QUINZE

havia sido proibida na eutanásia de animais porque causavam uma morte dolorosa e torturante. Os medicamentos não eram facilmente encontrados nos Estados Unidos, então os estados começaram a importá-los de fabricantes europeus. Quando se espalhou a notícia de que os medicamentos estavam sendo utilizados em execuções nos Estados Unidos, os produtores europeus pararam de vendê-los. Os medicamentos tornaram-se escassos, o que levou as autoridades correcionais dos estados a obtê-los de forma ilegal, sem obedecer às regras da FDA[19] que regulamentam as vendas interestaduais e a transferência de medicamentos. As diversas operações de busca e apreensão realizadas em unidades correcionais estaduais foram uma consequência bastante bizarra desse surreal tráfico de drogas utilizadas em execuções. A Suprema Corte dos Estados Unidos, no caso *Baze contra Rees*, posteriormente decidiu que os protocolos de execução e as combinações de medicamentos não eram inerentemente inconstitucionais. As execuções voltariam a acontecer.

O significado disso para os prisioneiros do corredor da morte e a equipe da EJI foram dezessete execuções em trinta meses. Isso aconteceu na mesma época em que estávamos representando crianças, no país todo, que haviam sido sentenciadas a prisão perpétua sem direito à condicional. Pouco tempo antes, eu tinha ido a Iowa, Dakota do Sul, Michigan, Missouri, Arkansas, Virginia, Wisconsin e Califórnia para defender casos em nome de crianças condenadas. Os tribunais, os procedimentos e as pessoas envolvidas eram sempre diferentes e as viagens eram exaustivas. Nossa atuação na defesa de crianças condenadas no Mississippi, Geórgia, Carolina do Norte, Flórida e Louisiana — estados sulistas onde havíamos previamente atuado — ainda era grande. E, obviamente, nossa pauta de processos no Alabama nunca estivera tão abarrotada e complicada. Num período de duas semanas, fui à Califórnia me encontrar com Antonio Nuñez em um remoto presídio no meio do estado antes de defendê-lo em um tribunal de segunda instância local, enquanto, ao mesmo tempo, tentava de todas as formas revogar a sentença de Trina Garnett na Pensilvânia e de Ian Manuel na Flórida. Eu havia me encontrado com Ian e Joe Sullivan no presídio da Flórida, ambos estavam passando por momentos bastante difíceis. Os agentes penitenciários não vinham permitindo que Joe utilizasse sua cadeira de rodas com regularidade e

---

[19] *Food and Drug Administration* — órgão do governo federal dos Estados Unidos que controla a segurança e a eficácia de medicamentos e alimentos. (N. da T.)

ele já tinha caído diversas vezes e se machucado. Ian ainda estava na solitária. O quadro de saúde de Trina estava se agravando.

Eu estava com imensa dificuldade para dar conta de tudo. Na mesma época, o período que Walter tinha sido autorizado a permanecer na clínica em Montgomery acabou, então corremos para providenciar sua transferência de volta para casa, onde sua irmã faria o melhor possível para cuidar dele. A situação era preocupante para ele e para sua família, na verdade para todos nós.

Quando a execução de Jimmy Dill for marcada no Alabama, toda a equipe da EJI estava exausta. A data de execução não poderia ter chegado num momento pior. Nós não tínhamos atuado no caso do Sr. Dill antes, o que significava que precisávamos correr nesses trinta dias até a data da execução. Era um crime incomum. O Sr. Dill fora acusado de atirar numa pessoa durante uma discussão ocorrida no momento em que estavam negociando drogas. A vítima do tiro não morreu, mas o Sr. Dill foi preso e acusado de agressão qualificada. Ficou preso por nove meses aguardando julgamento enquanto a vítima recebeu alta do hospital e se recuperava bem. Mas depois de passar muitos meses cuidando do marido em casa, a esposa da vítima o abandonou e ele ficou gravemente doente. Quando ele morreu, os promotores do estado modificaram as acusações contra o Sr. Dill de agressão para assassinato passível de pena capital.

Jimmy Dill era portador de deficiência intelectual: havia sofrido abusos sexuais e físicos durante toda a infância. Lutou contra o vício em drogas até ser preso. O advogado designado para defendê-lo fez muito pouco na preparação do caso para o julgamento. Quase nenhuma investigação foi realizada a respeito dos cuidados médicos precários que a vítima recebera, cuidados esses que representavam a verdadeira causa de sua morte. O Estado ofereceu um acordo de vinte anos, mas isso nunca foi devidamente informado ao Sr. Dill, então ele foi a julgamento, foi condenado e sentenciado à morte. Os tribunais de segunda instância confirmaram a condenação e a sentença. O Sr. Dill não conseguiu obter um advogado voluntário para trabalhar nos recursos pós-condenação, então a maioria de seus pedidos foram barrados porque ele perdeu os prazos de apresentação.

A primeira vez que examinamos o caso do Sr. Dill, poucas semanas antes da data de execução, nenhum juiz havia reexaminado questões cruciais relacionadas à confiabilidade de sua condenação e sua sentença. Para que um assassinato seja passível de punição com pena de morte, é necessário que haja intenção de matar e havia um argumento bastante convincente de que nesse caso não houve intenção de matar e que a morte da vítima fora decorrente dos precários cuidados médicos que recebeu. A maioria das vítimas de tiros não morrem nove meses depois de serem baleadas e era surpreendente que a promotoria estivesse pedindo a pena de morte nesse caso. E mais, a Suprema Corte dos Estados Unidos anteriormente havia proibido a execução de pessoas portadoras de retardo mental, então o Sr. Dill deveria ter sido resguardado e a pena de morte não deveria ter sido pedida já que era portador de deficiência intelectual. Entretanto, ninguém havia investigado ou apresentado provas para sustentar essa alegação.

Além de outros problemas, o Sr. Dill tinha enorme dificuldade para falar. Tinha um distúrbio de fala que causava uma gagueira severa. Quando ficava ansioso ou agitado, gaguejava ainda mais. Como nenhum advogado havia se reunido e nem mesmo falado com ele. O Sr. Dill achou que nossa intervenção no seu caso era quase um milagre. Depois que assumimos o caso, enviei meus advogados mais jovens para reuniões periódicas com ele, e o Sr. Dill me telefonava com frequência.

Tentamos desesperadamente conseguir que os tribunais de segunda instância suspendessem a execução com base nas novas informações que havíamos descoberto, mas foi em vão. Os juízes resistem demasiadamente a rever pedidos uma vez que um prisioneiro condenado já passou por todas as etapas do processo de apelações. Até mesmo a alegação de retardo mental foi barrada porque nenhum juiz quis conceder uma audiência a essa altura. Embora eu soubesse que nossas chances eram remotas, as graves deficiências do Sr. Dill me davam alguma esperança de que talvez um juiz pudesse se interessar pelo caso e ao menos nos deixasse apresentar as provas adicionais. Mas a resposta de todos os juízes era: "Tarde demais".

No dia da execução, lá estava eu novamente conversando com um homem prestes a ser amarrado e morto. Eu havia pedido que o Sr. Dill me telefonasse ao longo do dia porque estávamos aguardando a decisão de nosso último pedido de suspensão protocolado na Suprema Corte dos Estados Unidos. De manhã cedo, ele me pareceu ansioso, mas insistia que tudo daria certo e me disse que não deixaria de ter esperança. Tentou expressar sua gratidão pelo que havíamos feito nas semanas que antecederam sua execução. Também me agradeceu por ter enviado advogados para visitá-lo. Localizamos alguns familiares do Sr. Dill com quem ele reestabeleceu contato. Dissemos para ele que acreditávamos que sua condenação e sua sentença eram injustas.

Embora ainda não tivéssemos conseguido convencer um juiz a suspender sua execução, parecia que nossos esforços haviam ajudado o Sr. Dill a lidar com aquela situação. Mas então a Suprema Corte negou nosso recurso final para que a execução fosse suspensa e agora já não havia mais nada a fazer. Ele seria executado em menos de uma hora e eu tinha que lhe dizer que a Suprema Corte não lhe concederia a suspensão. Eu me sentia massacrado.

Conversamos pelo telefone um pouco antes de ele ser levado para a câmara de execução. Ouvir o Sr. Dill foi muito difícil. Ele gaguejava mais do que o normal, estava com muita dificuldade para articular as palavras. Sua iminente execução o assustava, mas ele tentava bravamente expressar sua gratidão. Fiquei sentado um bom tempo segurando o telefone enquanto ele se esforçava para falar. Em certo momento, me lembrei de uma coisa que eu tinha esquecido completamente até aquele momento.

Quando eu era menino, minha mãe me levava à igreja. Quando eu tinha uns dez anos, estava do lado de fora da igreja com meus amigos e um deles tinha trazido um parente para o culto. A criança que estava de visita era um menino tímido e bem magro, mais ou menos da minha altura, que se agarrava ao primo, demonstrando estar nervoso. Ele não disse nada enquanto conversávamos no nosso grupo de amigos. Perguntei de onde ele era e quando ele tentou responder, tropeçou horrivelmente. Ele tinha um problema de fala grave e não conseguia fazer sua boca cooperar. Não conseguiu nem mesmo dizer o nome da cidade onde morava. Eu nunca tinha visto alguém gaguejar daquela forma, achei que ele devia estar brincando, então eu ri. Meu amigo olhou para mim aflito, mas eu não parei de rir. Pelo canto do olho, vi minha mãe me olhando com uma expressão que eu nunca vira antes. Era uma mistura de horror, raiva e vergonha, tudo apontado para mim. Parei de rir imediatamente. Sempre senti que minha mãe me adorava, então fiquei assustado quando ela me chamou.

Quando cheguei perto dela, ela estava muito zangada comigo.

— O que você está fazendo?

— Como assim? Eu não fiz...

— *Nunca* ria de uma pessoa porque ela não consegue falar direito. *Nunca mais faça isso!*

— Desculpa. — Fiquei arrasado de levar uma bronca tão grande da minha mãe. — Eu não queria fazer nada errado, mãe.

— Você devia saber que isso não se faz, Bryan.

— Desculpa. Eu pensei...

CAPÍTULO QUINZE

— Eu não quero saber, Bryan. Não tem desculpa, estou muito decepcionada com você. Agora, eu quero que você vá até lá e peça desculpas pro menino.
— Sim, senhora.
— Depois quero que você dê um abraço no menino.
— Hã?
— Depois eu quero que você diga pra ele que você o ama.

Olhei para ela e, para meu espanto e horror, vi que ela estava falando sério, muito sério. Eu tinha me desculpado ao máximo, mas isso era demais.

— Mãe, eu não posso ir até lá e dizer para aquele menino que eu amo ele. As pessoas vão...

Ela me lançou aquele olhar novamente. De cabeça baixa, me virei e voltei para o meu grupo de amigos. Obviamente eles tinham visto a bronca da minha mãe. Deu para perceber porque estavam todos me encarando quando me aproximei do menino que tinha dificuldade para falar.

— Desculpa, cara.

Eu estava realmente arrependido de ter rido e me mais ainda mais de ter me colocado naquela situação. Olhei para a minha mãe que ainda me encarava e me aproximei ainda mais do menino e lhe dei um abraço meio sem jeito. Acho que eu até o assustei quando o agarrei daquela forma, mas quando ele percebeu que eu estava tentando abraçá-lo, seu corpo relaxou e ele me abraçou de volta.

Meus amigos me olharam de um jeito estranho quando eu falei.

— É... eu, é... eu te amo!

Tentei dizer aquilo da maneira menos sincera que consegui e dei um meio sorriso ao falar. Eu ainda estava abraçando o menino, então ele não viu a expressão dissimulada no meu rosto de criança.

Dar aquele sorriso fazendo parecer que tudo aquilo era uma brincadeira fez eu me sentir menos incomodado. Mas aí o menino me abraçou mais forte e sussurrou no meu ouvido. Ele falou com perfeição, sem gaguejar nem hesitar um instante sequer.

— Eu também te amo.

Havia tanta ternura e sinceridade na sua voz que eu achei que fosse chorar.

~

Eu estava no meu escritório, falando com Jimmy Dill na noite da sua execução e me vi pensando em algo que acontecera quase quarenta anos antes.

Também vi que estava chorando. As lágrimas escorriam pelo meu rosto — as danadas escaparam quando eu não estava prestando atenção. O Sr. Dill ainda se esforçava para dizer suas palavras, tentava desesperadamente me agradecer por tentar salvar sua vida. À medida que o horário da sua execução se aproximava, falar se tornava cada vez mais difícil para ele. Os guardas faziam barulho por trás dele. Pude perceber que estava chateado por não conseguir dizer o que queria, mas não quis interrompê-lo. Então esperei e deixei as lágrimas escorrerem pelo meu rosto.

Quanto mais ele tentava falar, mais eu queria chorar. As longas pausas me deram muito tempo para pensar. Ele nunca teria sido condenado por crime passível de pena capital se tivesse podido pagar um advogado decente. Nunca teria sido sentenciado à morte se alguém tivesse investigado seu passado. Tudo era muito trágico. Seu imenso esforço para formar palavras e sua determinação em expressar gratidão reforçavam sua humanidade ... e pensar na sua iminente execução se tornou insuportável. *Por que eles não conseguiam ver o que eu via?* A Suprema Corte havia proibido a execução de portadores de deficiência intelectual, mas estados como o Alabama se recusavam a avaliar de forma honesta se os condenados tinham alguma deficiência. Devemos condenar as pessoas com justiça depois de considerar todas as circunstâncias de suas vidas, mas em vez disso exploramos a incapacidade dos pobres de obter a assistência jurídica de que necessitam — tudo isso para que possamos matá-los com menos resistência.

Enquanto estava ao telefone com o Sr. Dill, pensei em todas as dificuldades que ele tinha enfrentado, todas as coisas terríveis que tinham acontecido com ele e nos danos que suas deficiências haviam lhe causado. Não havia como justificar o fato de que ele tinha atirado numa pessoa, mas matá-lo não fazia sentido. Comecei a ficar com raiva. Por que queremos matar todas as pessoas que sofreram algum tipo de dano? O que há de errado conosco que nos faz pensar que isso está certo?

Tentei não deixar que o Sr. Dill me ouvisse chorar. Tentei não demonstrar que ele estava partindo meu coração. Ele finalmente conseguiu falar.

— Sr. Bryan, só quero te agradecer por ter lutado por mim. Te agradeço por ter se importado comigo. Amo todos vocês por terem tentado me salvar.

Quando desliguei o telefone naquela noite, meu rosto estava molhado e meu coração despedaçado. A falta de compaixão que eu testemunhava todos os dias tinha finalmente me exaurido. Olhei o escritório à minha volta, olhei

CAPÍTULO QUINZE

para as pilhas de autos de processos e para os papeis: cada pilha repleta de histórias trágicas. De repente eu não queria mais ver toda aquela angústia e sofrimento ao meu redor. Enquanto permaneci ali, me senti um tolo por tentar consertar situações que já estavam tão fatalmente comprometidas. *Está na hora de parar. Não posso mais continuar.*

Pela primeira vez me dei conta de que a minha vida era simplesmente repleta de danos e destroços, de destruição. Eu trabalhava em um sistema de justiça fraturado. Doenças mentais, pobreza e racismo destroçaram meus clientes. Problemas de saúde, drogas e álcool, orgulho, medo e raiva os despedaçaram. Pensei em Joe Sullivan e pensei em Trina, Antonio, Ian e dezenas de outras crianças destroçadas, com quem trabalhávamos, que lutavam para sobreviver na prisão. Pensei nas pessoas destruídas pela guerra, como Herbert Richardson; pessoas arruinadas pela pobreza, como Marsha Colbey; pessoas comprometidas por deficiências, como Avery Jenkins. Destroçados comprometidos, arruinados, eles foram julgados e condenados por pessoas cujo compromisso com a equanimidade fora destroçado, arruinado, comprometido pelo cinismo, pela desesperança e pelo preconceito.

Olhei para o meu computador e para o calendário na parede. Voltei a olhar ao meu redor e vi as pilhas de arquivos. Vi a lista com os nomes de todos da nossa equipe, que agora contava com quase quarenta pessoas. E de repente me vi falando comigo mesmo em voz alta: "Eu posso simplesmente ir embora. Por que eu estou fazendo isso?"

Levei um tempo para entender, mas enquanto estava ali e Jimmy Dill estava sendo morto no Presídio Holman, me dei conta de uma coisa. Depois de trabalhar por mais de vinte e cinco anos, compreendi que eu não faço o que faço porque é imprescindível ou necessário ou importante. Eu não faço o que faço por que não tenho escolha.

Eu faço o que faço porque eu também fui destroçado, comprometido, arruinado, eu também sou feito de destroços.

Todos os anos que passei lutando contra a desigualdade, o abuso de poder, a pobreza, a opressão e a injustiça tinham finalmente me revelado algo sobre mim mesmo. A proximidade com o sofrimento, a morte, as execuções e as punições cruéis não trouxe à tona apenas os destroços alheios, mas num momento de angústia e imensa tristeza, também expôs meus próprios destroços. Não há como combater o abuso de poder, a pobreza, a desigualdade, a doença, a opressão ou a injustiça de forma eficiente sem ser atingido, sem se despedaçar.

Todos nós sofremos danos de algum tipo, todos nos sentimos destroçados. Todos nós já ferimos alguém e fomos feridos. Todos nós compartilhamos essa condição de despedaçamento, mesmo que nossos pedaços, nossos destroços não sejam equivalentes. Eu desejava desesperadamente que tivessem compaixão por Jimmy Dill e teria feito qualquer coisa para conseguir justiça para ele, mas eu não podia fingir que as batalhas que ele travava não tinham nenhuma ligação com as minhas. As coisas que me feriram — e as feridas que causei — são diferentes de tudo que Jimmy Dill sofreu e dos sofrimentos que causou. Mas nossa dor comum, nossos destroços criavam um laço entre nós.

Paul Farmer, o renomado médico que passou a vida tentando curar as pessoas mais doentes e mais pobres do mundo, uma vez citou para mim algo que o escritor Thomas Merton dissera: Somos feitos de pedaços de ossos. Acho que eu sempre soube, mas nunca havia verdadeiramente compreendido, que são esses pedaços, é essa fragmentação que nos torna humanos. Todos temos nossas razões. Às vezes são nossas escolhas que nos causam fraturas; às vezes o que nos despedaça são coisas que nunca escolheríamos. Mas nossos destroços são também a fonte de nossa humanidade comum, a base da nossa busca comum por conforto, significado e cura. A vulnerabilidade e a imperfeição que compartilhamos nutre e sustenta nossa capacidade de ter compaixão.

Temos escolha. Podemos abraçar nossa humanidade, o que significa abraçar nossa natureza fragmentada e a compaixão, que continua sendo nossa maior esperança de cura. Ou podemos negar que somos feitos de destroços, abjurar a compaixão e, consequentemente, negar nossa humanidade.

Pensei nos guardas amarrando Jimmy Dill na maca naquele exato instante. Pensei nas pessoas que comemorariam sua morte e a considerariam um tipo de vitória. Percebi que essas pessoas também são feitas de destroços, mesmo que nunca o admitam. Tantos de nós passamos a sentir medo e raiva. Passamos a ter tanto medo e tanta sede de vingança que jogamos crianças fora, descartamos deficientes e sancionamos a prisão de pessoas doentes e debilitadas — não porque elas sejam uma ameaça à segurança pública ou não possam ser reabilitadas, mas porque pensamos que isso nos faz parecer fortes, menos despedaçados. Pensei nas vítimas de crimes violentos e naqueles cujos entes queridos foram assassinados. Pensei em como nós os pressionamos para reciclar sua dor e angústia e devolvê-la para as pessoas que processamos. Pensei nas diversas formas que encontramos para legalizar punições vingativas e cruéis,

CAPÍTULO QUINZE

em como permitimos que o fato de sermos vítimas justifique transformarmos outras pessoas em vítimas também. Nos submetemos ao instinto implacável de esmagar aqueles entre nós que trazem seus destroços mais à vista, cujo comprometimento é mais visível.

Mas simplesmente punir as pessoas mais comprometidas — nos afastando delas ou as escondendo de vista — só faz garantir que continuem comprometidas, fragmentadas e nós também. Não há como nos sentirmos inteiros, não há como atingir a plenitude fora da nossa humanidade recíproca.

Frequentemente eu tinha conversas difíceis com clientes que estavam passando por situações muito complicadas e sentiam-se desesperados — por causa das coisas que tinham feito, ou que tinham feito com eles, que os levaram àqueles momentos tão dolorosos. Sempre que as coisas ficavam realmente difíceis e eles questionavam o valor de suas vidas, eu os lembrava que todos nós somos melhores do que a pior coisa que fizemos na vida. Eu lhes dizia que se alguém conta uma mentira, essa pessoa não é *só* um mentiroso. Se você pega algo que não lhe pertence, você não é *só* um ladrão. Mesmo se você matar alguém, você não é *só* um assassino. Naquela noite, eu disse para mim mesmo o que vinha dizendo para meus clientes há anos. Eu sou mais do que os meus destroços. Na verdade, há uma força, uma potência até, em compreender essa fragmentação, porque abraçar nossos destroços cria uma necessidade, um desejo de compaixão e talvez uma necessidade equivalente de agir com compaixão. Quando você conhece a compaixão, você aprende coisas que dificilmente se aprendem de outra forma. Você vê coisas que de outra forma não consegue ver. Você ouve coisas que de outra forma não consegue ouvir. Você começa a reconhecer a humanidade que habita em cada um de nós.

De repente me senti mais forte. Comecei a pensar no que aconteceria se todos simplesmente assumíssemos que somos comprometidos e fragmentados, admitíssemos nossa fraqueza, nossas carências, nossos preconceitos, nossos medos. Se fizéssemos isso, talvez não mais quiséssemos matar as pessoas comprometidas e destroçadas que mataram outras pessoas. Talvez procurássemos com mais afinco soluções para cuidar dos deficientes, dos que sofreram abusos, dos que foram negligenciados e dos que sofreram traumas. Fiquei com a sensação de que se reconhecêssemos nossa própria fragmentação, nossos destroços, não poderíamos mais nos orgulhar do encarceramento em massa, das execuções, da nossa deliberada indiferença pelos mais vulneráveis.

Quando eu estava na faculdade, consegui um emprego de músico em uma igreja de negros numa área pobre do Leste da Filadélfia. Em um determinado momento do culto, eu tocava o órgão antes que o coro começasse a cantar. O pastor ficava de pé, abria os braços e dizia: "Faze-me ouvir de novo júbilo e alegria; e os ossos que esmagaste exultarão". Eu nunca havia compreendido verdadeiramente o que ele dizia até a noite em que Jimmy Dill foi executado.

∼

Tive o privilégio de conhecer Rosa Parks assim que me mudei para Montgomery. Ela costumava voltar para Montgomery, vindo de Detroit, onde morava, para visitar amigos próximos. Johnnie Carr fazia parte do seu grupo de amigos. Carr se tornara minha amiga e rapidamente percebi que ela era uma força da natureza — carismática, poderosa e inspiradora. Fora ela, em grande medida, a verdadeira arquiteta do Boicote aos Ônibus de Montgomery. Organizara as pessoas e os transportes durante o boicote e fora a responsável por grande parte do trabalho pesado que fez dessa ação a primeira grande ação bem-sucedida da era moderna do Movimento de Direitos Civis: foi a sucessora do Dr. Martin Luther King Jr. na presidência da Associação de Melhoria de Montgomery. Quando a conheci, ela beirava os oitenta anos de idade.

— Então, Bryan, vou ligar pra você de tempos em tempos e vou te pedir pra fazer uma coisa ou outra. Quando eu te pedir pra você fazer alguma coisa, você vai dizer: "Sim, senhora", tá bom?

Dei uma risadinha — e disse:

— Sim, senhora.

Às vezes ela ligava só para ver se estava tudo bem e de vez em quando me convidava para ir à sua casa quando Rosa Parks estava na cidade.

— Bryan, Rosa Parks está vindo pra Montgomery. Vamos nos reunir na casa de Virginia Durr pra conversar. Você quer ir também pra escutar?

Quando Carr me telefonava, ou ela queria que eu fosse a algum lugar para "falar" ou a algum lugar para "escutar". Sempre que Parks vinha para Montgomery, eu era convidado para "escutar".

— Sim, senhora. Eu adoraria ir e escutar — eu dizia sempre, declarando que eu sabia o que deveria fazer quando chegasse.

Parks e Carr se encontrariam na casa de Virginia Durr. Durr também era uma figura exuberante. Seu marido, Clifford Durr, foi o advogado que defendeu o Dr. King enquanto ele esteve em Montgomery. Com mais de

CAPÍTULO QUINZE

noventa anos, Virginia Durr continuava determinada a lutar contra a injustiça. Costumava me pedir para acompanhá-la a diversos lugares ou me convidava para jantar. A EJI começou a alugar sua casa durante o verão, quando ela viajava, para nossos estudantes de direito e membros da nossa equipe.

Quando eu ia à casa da Sra. Durr para escutar essas três mulheres formidáveis, Rosa Parks era sempre muito amável e generosa comigo. Anos depois, eu às vezes a encontrava em eventos em outros estados e acabava passando algum tempo com ela. Mas, eu simplesmente adorava ouvir as três: Parks e Carr e Durr conversarem. Elas conversavam, conversavam e conversavam. Rindo, contando histórias e dando seus testemunhos do que podia ser feito quando as pessoas se levantavam (ou se sentavam, no caso de Parks). Elas ficavam sempre tão animadas quando estavam juntas. Mesmo depois de tudo que já haviam feito, sua atenção estava sempre voltada para o que ainda planejavam fazer pelos direitos humanos.

No meu primeiro encontro com Rosa Parks, fiquei sentado na varanda da frente da casa da Sra. Durr em Old Cloverdale, um bairro residencial de Montgomery, escutando as três mulheres conversarem por duas horas. Por fim, depois me ver calado escutando durante todo aquele tempo, a Sra. Parks se virou para mim e perguntou com doçura:

— E então, Bryan, me diga quem você é e o que está fazendo.

Olhei para a Sra. Carr para ver se eu tinha permissão para falar. Ela sorriu e fez um sinal positivo com a cabeça. Fiz então meu discurso para a Sra. Parks.

— Sim, senhora. Bom, eu tenho um projeto legal chamado Iniciativa de Justiça Igualitária. Tentamos ajudar as pessoas no corredor da morte. Tentamos acabar com a pena de morte, na verdade. Tentamos fazer alguma coisa em relação às condições dos presídios e às punições excessivas. Queremos libertar as pessoas que foram condenadas injustamente. Queremos pôr um fim às sentenças injustas impostas em processos criminais e acabar com o preconceito racial na justiça criminal. Tentamos ajudar os pobres e fazer alguma coisa a respeito da defesa de indigentes e do fato de que as pessoas não recebem a assistência jurídica que precisam. Tentamos ajudar as pessoas que têm problemas mentais. Tentamos acabar com a prática de colocar crianças em cadeias e presídios de adultos. Tentamos fazer alguma coisa a respeito da pobreza e da desesperança que assola as comunidades pobres. Queremos que haja mais diversidade nos cargos decisórios do sistema de justiça. Tentamos informar as pessoas sobre a história racial e a necessidade de haver justiça racial. Tentamos confrontar os abusos de poder praticados pela polícia e pelos promotores...

Percebi que estava falando há tempo demais e parei de repente. Parks, Carr e Durr olhavam para mim.

A Sra. Parks se recostou na cadeira sorrindo.

— Aaahh, querido, tudo isso vai te deixar cansado, cansado, cansado.

Todos rimos. Baixei os olhos, um pouco sem graça. Então a Sra. Carr se inclinou para a frente e colocou o dedo em meu rosto e falou comigo exatamente como minha avó fazia. Ela disse:

— É por isso que você precisa ser corajoso, corajoso, corajoso.

As três mulheres silenciosamente concordaram com gestos de cabeça e por um breve instante fizeram com que eu me sentisse como um jovem príncipe.

~

Olhei para o relógio. Eram 18h30. O Sr. Dill já estava morto a essa altura. Eu estava muito cansado e já estava na hora de parar com essa bobagem de desistir. Estava na hora de ser corajoso. Virei para o computador e vi que havia um e-mail com um convite para eu falar aos alunos de uma escola distrital pobre sobre manter a esperança. A professora dizia que tinha me ouvido falar e queria que eu fosse um modelo para os alunos, que os inspirasse a realizar grandes coisas. Sentado ali no meu escritório, enxugando as lágrimas, refletindo a respeito da minha fragmentação, dos meus destroços, aquilo parecia uma piada. Mas aí, pensei naqueles jovens, nos desafios descomunais e injustos que muitas e muitas crianças neste país precisam superar. Comecei então a digitar uma resposta dizendo que me sentia honrado com o convite.

No caminho para casa, liguei o rádio, em busca de notícias sobre a execução do Sr. Dill. Encontrei uma estação que estava transmitindo um boletim de notícias. Era uma estação local religiosa, mas no noticiário a execução não foi mencionada. Deixei o rádio sintonizado naquela estação e logo teve início um sermão. A oradora começou com as Escrituras.

> Três vezes implorei ao Senhor que me livrasse. A cada vez ele me disse: "A minha graça é suficiente para ti, pois meu poder se aperfeiçoa na fraqueza". Por isso agora fico feliz de me vangloriar de minhas fraquezas, para que o poder de Cristo possa trabalhar através de mim. Como sei que é tudo pelo bem de Cristo, fico contente

CAPÍTULO QUINZE

com minhas fraquezas e com insultos, provações, perseguições e calamidades. Pois quando estou fraco é que sou forte.

Desliguei o rádio e, enquanto eu dirigia lentamente a caminho de casa, compreendi que mesmo quando estamos aprisionados em uma teia de dor e destroços, também estamos em uma teia de cura e compaixão. Pensei naquele pequeno menino que me abraçou na frente da igreja, criando reconciliação e amor. Eu não merecia reconciliação nem amor naquele momento, mas é assim que a compaixão funciona. O poder da compaixão pura e simples é que ela pertence àqueles que não a merecem. Quando a compaixão é menos esperada é aí que ela é mais potente — forte o suficiente para romper o ciclo de fazermos vítimas e sermos vítimas, de retaliação e sofrimento. Ela tem o poder de curar o dano psíquico e as dores que levaram à agressão e à violência, ao abuso de poder, ao encarceramento em massa.

Fui para casa destroçado e com meu coração dilacerado por Jimmy Dill. Mas eu sabia que estaria de volta no dia seguinte. Ainda havia muito trabalho a fazer.

CAPÍTULO DEZESSEIS
A TRISTE MELODIA
DOS QUE PEGAM PEDRAS

No dia 17 de maio de 2010, eu esperava ansioso em meu escritório quando a Suprema Corte dos Estados Unidos anunciou sua decisão: sentenças de prisão perpétua sem direito à condicional impostas a crianças condenadas por crimes que não envolvem homicídio configuram-se como punição cruel e incomum e, portanto, são constitucionalmente inadmissíveis. Eu e todos da nossa equipe começamos a comemorar, eufóricos. Alguns instantes depois, fomos inundados por ligações da imprensa, de clientes, de famílias que havíamos atendido e de defensores dos direitos das crianças. Aquela era a primeira vez na história do nosso país em que a Suprema Corte emitia um parecer abolindo de forma categórica outra sentença além da pena de morte. Joe Sullivan teria direito à revogação de sua pena. Centenas de pessoas, incluindo Antonio Nuñez e Ian Manuel, agora teriam direito à redução de suas sentenças com "chances significativas de liberdade".

Dois anos mais tarde, em junho de 2012, conseguimos que as sentenças compulsórias de prisão perpétua sem direito à condicional impostas a crianças condenadas por homicídio fossem constitucionalmente abolidas. A Suprema Corte aceitou reexaminar o caso de Evan Miller e também o de Kuntrell Jackson, nosso cliente do Arkansas. Eu havia defendido os dois casos em março daquele ano e aguardara ansiosamente até recebermos a notícia de que a decisão da Corte nos favorecia. Aquela decisão significava que, a partir daquele momento, nenhuma criança acusada de qualquer crime que fosse seria automaticamente condenada a morrer na prisão. Mais de dois mil presos que, ainda crianças, haviam sido sentenciados à prisão perpétua sem condicional, agora poderiam pleitear a redução ou mesmo a revogação

CAPÍTULO DEZESSEIS

de suas sentenças. Alguns estados fizeram alterações em suas leis para criar sentenças que pudessem oferecer um mínimo de esperança a menores infratores. Promotores de todo o país ainda se mostravam resistentes à aplicação retroativa da decisão da Corte no caso *Miller contra o Alabama*, mas o sentimento geral era de esperança, inclusive para Ashley Jones e Trina Garnett.

Continuamos a trabalhar em questões relacionadas a crianças e fomos em busca de mais casos. Na minha opinião, precisamos abolir definitivamente a prática de alocar menores de idade junto com adultos em cadeias e prisões. Nossa equipe defendeu casos com o intento de abolir a prática. Também estou convencido de que crianças muito jovens nunca devem ser julgadas no juizado de adultos. Elas são vulneráveis a toda uma gama de problemas que, de fato, só aumentam o risco de uma condenação indevida. A verdade é que nenhuma criança de doze, treze ou quatorze anos consegue defender a si mesma dentro do sistema de justiça criminal adulto. É justamente por isso que condenações injustas e julgamentos irregulares são tão recorrentes em casos nos quais o réu é uma criança.

Alguns anos antes, nós havíamos conquistado a liberdade de Philip Shaw, injustamente condenado aos quatorze anos e sentenciado à pena de prisão perpétua sem condicional no estado do Missouri. A seleção do seu júri fora ilegítima, pois excluiu a participação de afro-americanos. Atuei como advogado de defesa em dois casos julgados pela Suprema Corte do Mississippi nos quais a Corte determinou que as condenações e sentenças impostas às jovens crianças eram ilegais. Demarious Banyard, por exemplo, era um menino de treze anos que fora coagido a participar de um roubo que resultou em tiroteio com mortes em Jackson, Mississipi. Foi condenado à pena compulsória de prisão perpétua depois que o júri foi ilegalmente avisado de que ele precisaria apresentar prova da verdade real de sua inocência sem deixar margem para dúvida razoável. Além disso, o Estado apresentou provas inadmissíveis que acabaram determinando sua condenação. A sentença de Banyard foi revista e limitada a alguns anos de prisão. Ele agora tem esperança de ser solto.

Dante Evans era um menino de quatorze anos que morava com seu pai abusivo em um trailer da FEMA, devido à destruição causada pelo Furacão Katrina em Gulfport, Mississippi. O pai, que já havia quase matado a mãe de Dante duas vezes, foi morto com um tiro pelo filho enquanto dormia sentado em uma cadeira. Embora o jovem já tivesse notificado as autoridades de sua escola sobre o comportamento abusivo do pai em repetidas ocasiões, nenhuma medida havia sido tomada. Em minha sustentação oral perante a Suprema Corte do Mississippi, discuti o diagnóstico de estresse pós-traumático que Dante recebera logo após a tentativa de assassinato de sua mãe. A Corte, então, destacou a recusa do juiz que presidira o primeiro julgamento de permitir a utilização dessa prova e concedeu um novo julgamento a Dante.

~

Nossos esforços para reduzir ou revogar penas de morte também começavam a dar frutos: o número de prisioneiros que retiramos do corredor da morte do Alabama chegara a cem. Havíamos criado uma nova comunidade formada por prisioneiros que haviam sido condenados e sentenciados de maneira ilegal no Alabama e agora recebiam a chance de ter um novo julgamento ou novas audiências. A maioria desses presos nunca mais voltou para o corredor da morte. A partir de 2012, o Alabama viveu dezoito meses sem nenhuma execução. Extensas discussões judiciais sobre os protocolos de execução por injeção letal e temas como a confiabilidade da pena de morte reduziram drasticamente o ritmo de execuções no Alabama. Em 2013, o estado registrou o menor número de novas sentenças de morte desde que a punição fora retomada em meados da década de 1970. Havia esperança no ar.

O que não quer dizer, é claro, que o nosso caminho estava livre de obstáculos. Eu vinha passando noites em claro por causa de um outro preso do corredor da morte do Alabama: um homem que era claramente inocente. Anthony Ray Hinton já estava no corredor quando Walter McMillian chegou na década de 1980. O Sr. Hinton fora injustamente condenado por dois assaltos seguidos de morte, ocorridos nos arredores de Birmingham, depois que técnicos forenses do Estado concluíram, erroneamente, que a arma encontrada na casa de sua mãe fora utilizada nos crimes. O advogado designado para defender o Sr. Hinton conseguira uma verba de apenas US$500,00 com o tribunal para convocar um perito em armas e contestar a argumentação da promotoria. O que ele conseguiu foi o depoimento de um engenheiro mecânico, cego de um olho, que praticamente não tinha nenhuma experiência para depor como perito em armas.

A principal prova que a acusação possuía contra o Sr. Hinton envolvia um terceiro crime em que uma testemunha o identificara como o agressor. No entanto, nós havíamos encontrado pelo menos meia dúzia de pessoas e registros de

CAPÍTULO DEZESSEIS

câmeras de segurança que comprovavam que o Sr. Hinton estava trabalhando no turno da noite dentro do depósito de um supermercado, situado a mais de 24km de distância, no horário em que esse terceiro crime ocorrera. Pedimos que alguns dos peritos mais renomados do país avaliassem as provas ligadas à arma do crime. Todos concluíram que a arma de Hinton simplesmente não era compatível com aquelas que haviam sido de fato utilizadas nos assassinatos. Eu tinha esperança de que o Estado reabrisse o caso, mas, em vez disso, os promotores insistiam em prosseguir com a execução. A mídia também não se mostrava interessada no caso, alegando que "ninguém mais quer ouvir histórias desse tipo". A resposta que recebíamos era sempre a mesma:

— Já cobrimos outras histórias como esta.

As decisões nos tribunais de apelação eram sempre apertadas, mas todas indeferiram nosso pedido de revogação da sentença do Sr. Hinton, enquanto ele continuava no corredor da morte aguardando sua execução. Em pouco tempo, sua condenação completaria trinta anos. Ele sempre se mostrava otimista e animado quando nos encontrávamos, mas eu estava cada vez mais desesperado tentando buscar uma maneira de anular sua condenação.

O que me motivava era o fato de que, em todo o país, os números do encarceramento em massa enfim diminuíam. Em 2011, pela primeira vez em quase quarenta anos, a população carcerária dos Estados Unidos não aumentou. Em 2012, o número total de presos no país finalmente diminuiu, depois de décadas de constante aumento. Naquele mesmo ano, passei bastante tempo na Califórnia apoiando iniciativas de plebiscitos e fiquei entusiasmado ao ver que a ampla maioria decidiu abolir a lei das "três infrações" que impunha sentenças compulsórias a infratores não-violentos. A iniciativa foi majoritariamente apoiada em todos os condados do estado. A Califórnia também chegou muito perto de abolir a pena de morte, perdendo por pouquíssimos pontos percentuais. Apenas alguns anos antes, a possibilidade de que um estado norte-americano chegasse tão perto de abolir a pena de morte através de um referendo popular era inimaginável.

Foi nessa mesma época que conseguimos, enfim, lançar a iniciativa contra discriminação racial e pobreza que eu tanto ansiara por começar na EJI. Há anos eu queria implementar um projeto que ajudasse a mudar a forma como discutimos a história racial dos Estados Unidos e também contextualizasse questões raciais contemporâneas. Publicamos um calendário da história racial nos anos de 2013 e 2014. Começamos a trabalhar com famílias e crianças pobres do Cinturão Negro, em condados que se espalhavam por todo o Sul. Convidamos centenas de estudantes do ensino médio para virem ao nosso escritório, onde oferecemos cursos suplementares e criamos rodas de conversa sobre direitos civis e justiça. Também trabalhamos na criação de novos relatórios e materiais, cujo objetivo é ampliar o debate nacional sobre o legado da escravidão e dos linchamentos — sobre a longa história de injustiça racial do nosso país.

Esses novos projetos que tratavam de raça e pobreza eram revigorantes, estavam intimamente ligados às questões de justiça criminal com as quais trabalhávamos. Pessoalmente, acredito que grande parte das nossas piores formas de pensar a justiça encontra suas raízes nos mitos sobre diferença racial que ainda nos atormentam. Acredito que existem quatro instituições que, ao longo da história dos Estados Unidos, moldaram a forma como abordamos as questões raciais e de justiça, mas que ainda não foram devidamente compreendidas. A primeira, claro, é a escravidão. A ela, seguiu-se o reinado de terror que, entre o colapso da Reconstrução e o início da Segunda Guerra Mundial, moldou a vida das pessoas de cor. Não era raro que, após uma de minhas palestras e discursos no Sul, pessoas de cor mais idosas viessem conversar comigo para dizer como se sentiam ofendidas quando ouviam os âncoras dos noticiários de TV dizendo que, por causa dos atentados de 11 de setembro, o país estava lidando com o terrorismo doméstico pela primeira vez.

Em uma dessas ocasiões, um homem afro-americano já de mais idade me pediu:

— O senhor tem que falar pra eles pararem de dizer isso! A gente cresceu com o terrorismo. A gente tinha pavor da polícia, da Klan, de qualquer pessoa branca. A gente tava sempre com medo, medo de bombas, de linchamentos, de tudo quanto é tipo de violência racial.

Em grande medida, o terrorismo racial dos linchamentos foi o predecessor da pena de morte tal como existe hoje. O fato de os Estados Unidos terem abraçado a ideia de realizar execuções com celeridade foi, em parte, uma maneira de canalizar a violência dos linchamentos e, simultaneamente, garantir aos brancos do Sul que os negros continuariam a ser punidos.

O aluguel de presos foi uma prática introduzida no final do século 19 para criminalizar ex-escravos e condená-los por infrações disparatadas, de forma que homens, mulheres e crianças libertos podiam ser "alugados" para diversos setores do meio empresarial, transformando-os novamente em mão-de-obra escrava. As empresas privadas de todo o país lucraram milhões de dólares com a utilização dessa mão-de-obra gratuita, enquanto milhares de afro-americanos morreram devido às pavorosas condições de trabalho. A prática de re-escravização se tornou tão comum em alguns estados que foi chamada de *Slavery by Another Name*[20] no livro escrito por Douglas Blackmon, ganhador do Prêmio Pulitzer. A maioria dos norte-americanos, no entanto, não conhece essa história.

Durante esse reinado de terror, eram incontáveis as atitudes que poderiam ser consideradas transgressão social ou ofensa e custar a vida de pessoas de cor. O terrorismo racial e a ameaça constante, resultado de uma hierarquia violentamente impingida, causaram traumas profundos às comunidades afro-americanas. A absorção dessas realidades psicossociais acabou criando toda uma série de distorções e dificuldades que ainda hoje se manifestam das mais variadas maneiras.

A terceira instituição, conhecida como "Jim Crow", é a segregação racial e a supressão de direitos básicos, ambas legalizadas, que fundamentaram o apartheid norte-americano. Por ser mais recente, ela faz parte da nossa consciência nacional, o que não significa, no entanto, que seja bem compreendida. Ao mesmo tempo me parece que fomos rápidos para celebrar as vitórias do Movimento de Direitos Civis, acabamos não avaliando o real dano que aquela era causou. Temos relutado em instaurar um processo de verdade e reconciliação no qual as pessoas possam falar sobre as dificuldades criadas pela segregação racial, pela subordinação racial e pela marginalização. Como nasci numa época em que o estigma da hierarquia racial e as leis de Jim Crow efetivamente afetavam o modo como meus familiares de mais idade agiam ou reagiam a uma série de indignações, sempre estive muito atento à maneira como as humilhações cotidianas e os insultos se acumulavam.

O legado da caracterização racial também carrega complicações similares. Defendendo réus menores de idade por todo o país, era comum eu atuar em tribunais e em comunidades onde eu nunca havia estado. Certa vez, fui defender um caso em um tribunal do Meio-Oeste e estava sentado à mesa dos advogados de defesa, me preparando para a audiência. Estava vestido com um terno de cor escura, camisa branca e gravata. O Juiz e o promotor entraram por uma das portas do fundo, rindo de alguma coisa.

Quando o Juiz me viu sentado à mesa da defesa, disse em um tom de voz bastante ríspido:

---

[20] *Um outro nome para a escravidão.* (N. da T.)

— Ei, você não pode ficar aqui dentro sem o seu advogado. Volta lá pra fora e espera ele chegar.

Levantei-me e, sorrindo, respondi:

— Perdão, Meritíssimo, mas ainda não nos conhecemos: me chamo Bryan Stevenson e sou o advogado do caso que será discutido agora pela manhã.

O Juiz riu de seu erro e o promotor fez o mesmo. Forcei-me a rir também porque não queria que meu cliente, uma criança branca que havia sido julgada como adulto, sofresse as consequências de um atrito surgido entre mim e o Juiz pouco antes de a audiência começar. Mas aquela experiência me abalou. Por mais que erros inocentes aconteçam, o acúmulo de insultos e indignações causados por suposições racialmente preconceituosas tem um potencial nocivo que é difícil de ser mensurado. As pessoas de cor do nosso país são constantemente tidas como suspeitas e consideradas indignas de confiança: as acusam, vigiam, duvida-se delas, são consideradas culpadas e são até temidas. É um fardo que não pode ser compreendido ou mesmo enfrentado sem uma discussão aprofundada a respeito da nossa história de injustiça racial.

A quarta instituição é o encarceramento em massa. Entrar em uma prisão é algo extremamente perturbador para qualquer um que saiba ao menos os dados gerais sobre a composição demográfica étnica dos Estados Unidos. A extrema sobrerrepresentação de pessoas de cor, negros e/ou hispânicos, o número desproporcional de condenações entre as minorias étnicas, as ações sistemáticas contra crimes por porte e consumo de drogas em comunidades pobres, a criminalização de novos imigrantes e pessoas em situação ilegal, as consequências indiretas da privação ao direito de voto e as barreiras que dificultam o reingresso à sociedade são fatores que só podem ser verdadeiramente compreendidos se analisados pela ótica das injustiças raciais.

Era gratificante poder, enfim, discutir algumas dessas questões a partir do nosso novo projeto e debater as dificuldades criadas pela história racial e pela pobreza estrutural. Os materiais que estávamos desenvolvendo começavam a gerar um excelente *feedback* e eu alimentava esperanças de que poderíamos combater a supressão sistemática da complexa história de injustiças raciais do nosso país.

∽

Nossa nova equipe também me dava motivos para acreditar. Contávamos com jovens advogados extremamente talentosos, vindos de todos os cantos do país. Criamos um programa destinado a jovens recém-formados para que

CAPÍTULO DEZESSEIS

trabalhassem como assistentes jurídicos na EJI. Com uma equipe maior, formada por pessoas muito talentosas, agora podíamos enfrentar os desafios que a nossa pauta muitíssimo maior nos apresentava.

No entanto, uma equipe maior, casos mais importantes e uma pauta mais extensa de processos também podiam significar problemas maiores. Por mais que essa nova fase fosse extremamente promissora e gratificante, as recentes decisões da Suprema Corte relacionadas a menores infratores trouxeram inúmeros desafios. Centenas de pessoas poderiam agora solicitar novas sentenças — só que a maioria delas se encontrava em estados que não possuíam direitos claros a respeito de assistência jurídica. Em estados como Louisiana, Alabama, Mississippi e Arkansas, centenas de presos foram afetados pelas recentes decisões, mas o Estado não designou advogados para darem assistência a esses menores condenados à prisão perpétua. Acabamos assumindo quase cem novos casos depois que a Suprema Corte aboliu as sentenças de prisão perpétua sem direito à condicional impostas a crianças condenadas por crimes que não envolviam homicídio. Pegamos outros cem novos casos após a proibição de sentenças compulsórias de prisão perpétua sem direito à condicional impostas a menores infratores. Nossa pauta de processos que envolviam menores de idade já era extensa e agora, com todos os novos casos, estávamos realmente assoberbados.

A proibição total de sentenças de prisão perpétua sem direito à condicional impostas a crianças condenadas por crimes que não envolviam homicídio não deveria ser algo de difícil implementação, mas fazer valer a decisão da Suprema Corte se mostrou muito mais árduo do que eu esperava. Eu passava cada vez mais tempo na Louisiana, na Flórida e na Virgínia, os três estados que, juntos, somavam quase 90 por cento dos casos que não envolviam homicídio. Os juízes geralmente não se mostravam dispostos a refletir sobre as diferenças entre o julgamento de uma criança e o de um adulto, de modo que acabávamos tendo que novamente alegar que tratar crianças como adultos era essencialmente injusto, algo que Suprema Corte já havia reconhecido.

Alguns juízes pareciam querer impor sentenças que se aproximassem o máximo possível da expectativa de vida ou da morte natural dos presos antes de considerarem a libertação de um menor infrator. Na Califórnia, o Juiz responsável pelo caso de Antonio Nuñez no condado de Orange, por exemplo, substituiu a pena de prisão perpétua sem condicional por uma nova sentença de 175 anos de prisão. Precisei voltar ao tribunal de segunda instância daquele estado para solicitar que a sentença fosse substituída por algo mais razoável. Também encontramos resistência ao pleitear novas sentenças para Joe Sullivan e Ian Manuel. Por fim, conseguimos obter novas sentenças que significavam que seriam libertados em poucos anos.

Em alguns casos, nossos clientes já estavam presos há décadas e não contavam com praticamente nenhuma rede de apoio que os ajudasse a reingressar na sociedade. Decidimos, então, criar um programa de reingresso que pudesse auxiliá-los. O novo projeto da EJI foi desenvolvido especificamente para ajudar pessoas que haviam sido condenadas quando ainda eram menores de idade e passado muitos anos na prisão. Nosso objetivo era proporcionar acomodação, treinamento profissionalizante, aconselhamento e qualquer outro serviço que as pessoas recém-saídas da prisão viessem a necessitar para que pudessem prosperar nessa nova etapa de suas vidas. Fazíamos questão de garantir aos juízes e às comissões de livramento condicional que os nossos clientes receberiam toda a assistência necessária depois que saíssem da prisão.

Aqueles que cumpriam sentenças de prisão perpétua sem direito à condicional por crimes que não envolviam homicídio no estado da Louisiana estavam em uma situação mais delicada. Decidimos representar todos os sessenta prisioneiros que agora tinham direito a pleitear a revogação de suas penas. A maioria estava encarcerada em Angola, uma prisão notoriamente difícil, especialmente entre as décadas de 1970 e 1980, quando muitos deles chegaram lá. O local era tão violento que durante anos era praticamente impossível que um presidiário não sofresse medidas disciplinares — punições adicionais ou aumento de pena — devido a conflitos com outros detentos ou com funcionários do presídio. Os prisioneiros eram obrigados a fazer trabalhos braçais em ambientes extremamente desfavoráveis, colocados na solitária, ou submetidos a outras ações disciplinares. Não raro os presos sofriam lesões graves, tendo dedos ou membros amputados, depois das longas horas de trabalho em condições brutais e perigosas.

Durante anos, os homens encarcerados em Angola — uma *plantation*[21] que utilizava mão-de-obra escrava até pouco tempo antes do fim da Guerra Civil Americana — eram forçados a trabalhar na colheita de algodão. Aqueles que se recusassem recebiam "notificações", que eram anexadas às suas fichas

---

[21] *Plantation* é o sistema de exploração colonial utilizado entre os séculos 15 e 19 principalmente nas colônias europeias das Américas. Ele consiste em quatro características principais: grandes latifúndios, monocultura, trabalho escravo e exportação para a metrópole. (N. da T.)

CAPÍTULO DEZESSEIS

criminais e ainda passavam meses na solitária. As condições desumanas de confinamento e o abuso verbal constante de que morreriam na prisão, independentemente de como se comportassem, fazia com que muitos dos nossos clientes tivessem uma longa lista de medidas disciplinares. Nas audiências de reexame de sentenças, muitos advogados da promotoria usavam essas medidas disciplinares para contestar o abrandamento das penas.

Surpreendentemente, diversos menores condenados à prisão perpétua tinham fichas impecáveis, com pouquíssimas medidas disciplinares, mesmo sem nenhuma esperança de saírem da prisão ou de terem seus históricos institucionais analisados. Alguns deles se tornaram mentores, conselheiros e defensores da não-violência entre presos. Outros trabalhavam como bibliotecários, jornalistas e jardineiros. Com o passar dos anos, a Prisão Angola passou a desenvolver excelentes programas que beneficiavam prisioneiros com bom comportamento e muitos dos nossos clientes aproveitaram essas novas oportunidades.

Decidimos priorizar os casos dos prisioneiros "velhos de guerra" da Louisiana: aqueles que haviam sido condenados à prisão perpétua ainda crianças e estavam na prisão há décadas. Os dois primeiros casos que levamos ao tribunal foram os de Joshua Carter e de Robert Caston. Em 1963, Joshua Carter foi acusado de um estupro que ocorrera em Nova Orleans e foi rapidamente sentenciado à morte. Naquela época, uma criança negra no corredor da morte tinha muito poucas esperanças de ter sua sentença revogada. Mas para coagi-lo a confessar o crime, os policiais o espancaram de maneira tão brutal que, mesmo no ano de 1965, a Suprema Corte do Alabama julgou necessário reformar sua sentença. O Sr. Carter foi, então, condenado à prisão perpétua sem direito à condicional e enviado para a Prisão Angola. Depois de anos muito difíceis, tornou-se um prisioneiro modelo e passou a aconselhar seus companheiros. Na década de 1990, o Sr. Carter desenvolveu um glaucoma e, como não recebeu o tratamento médico adequado, acabou perdendo a visão nos dois olhos. O nosso objetivo era convencer a promotoria de Nova Orleans de que esse homem, já cego e na casa dos sessenta, deveria ser solto depois de quase cinquenta anos encarcerado.

Robert Caston já estava em Angola há quarenta e cinco anos. Ele havia perdido vários dedos das mãos trabalhando em uma fábrica do presídio e agora estava incapacitado devido aos trabalhos forçados.

Enquanto trabalhava nos casos de Carter e Caston, passei a ir e vir com certa frequência aos tribunais de Orleans Parish. O Fórum de Orleans Parish é uma estrutura colossal de arquitetura intimidadora. Incontáveis salas de audiência ocupam um gigantesco corredor com um piso de mármore imponente e um pé-direito bastante alto. Centenas de pessoas inundam aquele espaço diariamente, correndo de uma sala para outra. A agenda das audiências ali conduzidas nunca é muito confiável. Mais de uma vez recebemos datas e horários para as audiências de Carter e Caston, mas aquilo não parecia significar muita coisa. Eu entrava em uma das salas de audiência e me deparava com uma pilha de casos e diversos clientes que, acompanhados de seus advogados, esperavam pelo horário marcado da audiência — o mesmo horário que eu recebera. Juízes sobrecarregados tentavam gerenciar a ordem das audiências enquanto dúzias de jovens — em sua maioria, negros — aguardavam, algemados e vestidos com o tradicional macacão laranja dos presidiários. Os advogados conversavam com clientes e familiares, dispersos no meio daquele ambiente caótico.

Depois de três viagens até Nova Orleans para três audiências diferentes, ainda não havíamos conseguido novas sentenças para o Sr. Carter e para o Sr. Caston. Nos reunimos com o promotor de justiça, enviamos documentos para o juiz e conversamos com diversas autoridades locais na tentativa de obter novas sentenças constitucionalmente aceitáveis. Como o Sr. Carter e o Sr. Caston já estavam presos há quase cinquenta anos, queríamos que fossem libertados imediatamente.

Algumas semanas antes do Natal, fiz minha quarta viagem até o tribunal para tentar conseguir a liberdade daqueles dois homens. Agora havia dois juízes e duas salas de audiência, mas acreditávamos que se conseguíssemos a liberdade de um deles, seria mais fácil conseguir a liberdade do outro. Contávamos com o auxílio do Projeto de Justiça Juvenil da Louisiana e, Carol Kolinchak, uma das advogadas do programa, estava trabalhando conosco em todos os casos alocados no estado. Naquela quarta audiência, Carol e eu tentávamos organizar os documentos e resolver novos e intermináveis problemas que haviam surgido, cujo único intuito era manter o Sr. Carter e o Sr. Caston na prisão.

O Sr. Carter tinha uma família numerosa que mantivera uma relação bastante próxima com ele mesmo depois de tanto tempo. Por conta da passagem do Furacão Katrina, muitos haviam deixado Nova Orleans e agora viviam a centenas de quilômetros de distância. Mas cerca de uma dúzia desses parentes comparecia a todas as audiências, alguns deles vindo de lugares tão distantes quanto a Califórnia. A mãe do Sr. Carter já tinha quase cem anos. Ela prometera ao filho que só morreria depois que ele voltasse para casa.

CAPÍTULO DEZESSEIS

Enfim, parecíamos estar próximos do nosso objetivo. Conseguimos que a Juíza aceitasse o nosso pedido de reexame da sentença do Sr. Caston para que ele fosse imediatamente libertado. O Estado não costumava trazer os presos encarcerados em Angola até Nova Orleans para suas audiências. Em vez disso, o procedimento era transmitido por vídeo para a prisão. A Juíza aceitou o pedido depois de ouvir nossos argumentos naquela sala barulhenta e caótica. Ela relatou os fatos pertinentes à data da condenação do Sr. Caston e, naquele momento, algo totalmente inesperado aconteceu. Enquanto a Juíza discorria sobre as décadas que aquele homem passara na prisão, pela primeira vez desde que eu começara a frequentar aquele espaço, a sala de audiências ficou em silêncio absoluto. Os advogados encerraram suas conferências, os promotores que estavam ali para tratar de outros casos começaram a prestar atenção, os familiares pararam de conversar. Até mesmo os detentos algemados que aguardavam suas próprias audiências pararam de falar e passaram a ouvir atentamente. A Juíza detalhou os quarenta e cinco anos que o Sr. Caston passara em Angola, condenado por um crime que não envolvia homicídio quando ele tinha apenas dezesseis anos. Ela assinalou o fato de que ele fora mandado para lá na década de 1960. E, por fim, decretou uma nova sentença que assegurava a sua libertação imediata.

Olhei para Carol e sorri. Todas as pessoas presentes naquela sala silenciosa fizeram algo que eu jamais havia visto: irromperam em aplausos. Os advogados de defesa, os promotores, os familiares, os agentes de polícia, todos aplaudiram. Até mesmo os presos, algemados, aplaudiram.

Carol secava as lágrimas que escorriam de seus olhos. Até mesmo a Juíza, que normalmente não tolerava qualquer tipo de quebra de protocolo, pareceu ceder à emoção do momento. Muitos dos meus antigos alunos agora trabalhavam na defensoria pública de Nova Orleans: eles também comemoravam, eufóricos. Precisei ligar para o Sr. Caston e explicar tudo o que havia acontecido, já que ele não conseguia ver todos os detalhes pelo vídeo. Ele ficou extasiado. Ele se tornou a primeira pessoa a conquistar a liberdade como consequência da proibição imposta pela Suprema Corte de condenar menores infratores à prisão perpétua sem direito à condicional.

Em seguida, entramos em uma segunda sala de audiências para defender o Sr. Carter e obtivemos mais um resultado positivo: ele também seria libertado imediatamente. Sua família estava eufórica. Eles nos abraçavam e prometiam almoços e jantares caseiros para mim e para toda a equipe da EJI.

Carol e eu começamos, então, a fazer os preparativos para a soltura do Sr. Caston e do Sr. Carter, agendadas para aquela noite. Em Angola, o protocolo mandava libertar os prisioneiros à meia-noite, com uma passagem de ônibus para Nova Orleans ou qualquer outra cidade da Louisiana que o preso escolhesse. Enviamos parte da nossa equipe para o complexo prisional, que ficava a algumas horas de distância, para poupá-los da viagem no ônibus noturno.

Exausto, caminhei pelos corredores do Fórum enquanto esperava pelo último documento que garantiria a libertação dos meus clientes. Uma senhora negra de mais idade estava sentada nos degraus da colossal entrada do prédio. Ela parecia cansada, usava um chapéu que eu e minha irmã costumávamos chamar de "chapéu da missa de domingo". Sua pele era escura e sedosa, percebi que era uma das pessoas presentes na sala de audiências no momento em que conseguimos a liberdade do Sr. Carter. Na verdade, me dei conta de que eu a vira todas as vezes em que estive naquele Fórum. Presumi que ela fosse parente de um dos meus clientes, mas logo lembrei que nunca ouvira nenhum deles falando sobre ela. Devo ter ficado olhando para ela por algum tempo, pois ela acenou, gesticulando para que eu me aproximasse.

Caminhei até ela, que me recebeu com um sorriso.

— Estou cansada e não quero me levantar, então você vai ter que abaixar aqui para ganhar um abraço.

Sua voz era doce e falhava um pouco. Respondi com outro sorriso:

— Mas é claro, minha senhora. Obrigado, eu adoro receber abraços.

Ela envolveu meu pescoço com os braços.

— Senta, senta. Quero conversar com você — ela disse.

Sentei-me ao seu lado, em um dos degraus.

— Já vi a senhora várias vezes por aqui. A senhora é parente do Sr. Caston ou do Sr. Carter? — perguntei.

— Não, não, não sou parente de ninguém aqui. Não que eu saiba. — Ela tinha um sorriso amável e me olhou com certa intensidade. — Eu só venho aqui pra ajudar as pessoas. Tem muita dor por aqui e sempre tem gente que precisa de ajuda.

— Isso é muito gentil da sua parte.

— Não, isso é o que eu tenho que fazer. Por isso eu faço. — Ela desviou o olhar antes de me encarar novamente. Continuou:

— Faz quinze anos que meu neto foi assassinado. Ele tinha dezesseis anos... eu amava aquele menino mais do que tudo nessa vida.

CAPÍTULO DEZESSEIS

Eu não esperava uma resposta daquelas e fiquei instantaneamente quieto. Ela pegou minha mão entre as suas.

— Eu sofri tanto, mas tanto. Perguntei a Deus por que ele tinha permitido que alguém tirasse aquela criança de mim. Ele foi morto por uns outros meninos. A primeira vez que pisei nesse tribunal foi para assistir o julgamento deles. Vim todos os dias e só conseguia chorar. Passei quase duas semanas chorando. Nada daquilo fazia sentido. O júri decidiu que eles eram culpados e o juiz mandou eles pra prisão pro resto da vida. Eu pensei que ia me sentir melhor com aquilo, mas na verdade fiquei ainda mais triste.

Ela continuou:

— Depois que a sentença saiu, fiquei sentada ali chorando sem parar. Uma moça veio até mim, me abraçou e deixou que eu me recostasse no seu ombro. Ela me perguntou se um daqueles meninos era meu e eu disse que não. Eu disse pra ela que o meu menino era o que eles tinham matado.

Hesitante, completou:

— Acho que ela ficou lá comigo por pelo menos duas horas. Eu e ela ficamos mais de uma hora sem dizer um "ai". Foi tão bom ter alguém ali comigo, nunca me esqueci daquela moça. Não sei quem ela era, mas ela fez uma enorme diferença na minha vida.

— Sinto muito pelo seu neto — murmurei. Era tudo o que eu conseguia dizer.

— Bom, a gente nunca se recupera por completo, mas vai levando, sabe? Vai levando. Quando o julgamento acabou, eu não sabia bem o que fazer, então, um ano depois, comecei a vir pra cá. Não sei bem por quê. Achei que eu podia ajudar, ser um ombro pra quem precisa.

Ela enlaçou meu braço e eu sorri.

— Isso é muito bonito.

— Tudo tem sido muito bonito. Qual é mesmo o seu nome?

— Bryan.

— Tudo tem sido muito bonito, Bryan. No começo, eu procurava as pessoas que tinham perdido alguém num assassinato ou outro crime violento. Mas depois vi que quem sofria mais eram os pais ou os filhos das pessoas que estavam sendo julgadas, então decidi ajudar todo mundo que precisasse. É tanta criança sendo mandada pra prisão pelo resto da vida, tanta dor e violência. Esses juízes colocando um monte de pessoas atrás das grades como se elas nem fossem gente de verdade, pessoas atirando umas nas outras, se machucando como se não estivessem nem aí pra nada. Não sei, é dor demais. Então achei que eu precisava estar aqui pra pegar algumas dessas pedras que as pessoas atiram umas nas outras.

Soltei um pequeno riso quando ouvi aquela última frase. Na época das audiências de McMillian, um pastor da cidade havia organizado um encontro regional da igreja para discutir o caso e me convidou para falar. Algumas pessoas da comunidade afro-americana se mantinham caladas com relação a Walter, não porque pensavam que ele era culpado, mas sim porque ele tivera um caso extraconjugal e não frequentava a igreja. Naquele encontro, falei principalmente sobre o processo judicial de Walter, mas também lembrei aos presentes que, quando a mulher acusada de adultério fora levada até Jesus, ele dissera àqueles que queriam apedrejá-la: "Que atire a primeira pedra aquele que nunca pecou". Como ninguém se pronunciou, Jesus a perdoou e pediu que ela não mais pecasse. Mas hoje, nossa arrogância e suposta superioridade, nosso medo e nossa raiva fazem com que mesmo os cristãos atirem pedras naqueles que já estão caídos, ainda que saibam que devemos perdoar ou demonstrar compaixão. Eu disse àquela congregação que não podíamos simplesmente ficar calados. Eu disse a eles que tínhamos que proteger as pessoas das pedras que atiram contra elas.

Quando ri da menção àquela parábola, a senhora também riu:

— Eu ouvi você falando lá no tribunal hoje. Já te vi por aqui algumas vezes e tenho certeza que você também pega algumas dessas pedras.

Eu ri ainda mais e disse:

— Bom, eu tento.

Ela pegou minhas mãos e esfregou minhas palmas.

— Mas às vezes dói pegar todas essas pedras.

Ela continuava massageando minhas mãos e eu não sabia o que dizer, mas me sentia estranhamente amparado por aquela mulher. Ainda precisava finalizar a papelada do Sr. Caston e do Sr. Carter e tinha uma viagem de cinco horas de carro até Montgomery. Precisava me levantar e agilizar tudo, mas me sentia em paz na companhia daquela senhora que massageava minhas mãos de uma maneira tão doce e ainda assim tão singular.

— A senhora quer me fazer chorar, é? — perguntei, tentando sorrir.

Ela passou o braço em volta de mim e devolveu o sorriso.

— Nada disso. Você fez uma coisa muito boa hoje. Fiquei tão feliz quando a Juíza disse que aquele homem ia pra casa. Fiquei arrepiada. Cinquenta

CAPÍTULO DEZESSEIS

anos na prisão e ele agora nem enxerga mais. Eu agradeci a Deus quando escutei aquilo. O senhor não tem nada que chorar. Só vou deixar você recostar no meu ombro um pouquinho, porque eu sei uma coisa ou outra sobre pegar essas pedras.

Ela me abraçou forte e então disse:

— Agora, se você continuar nesse ritmo, vai acabar feito eu, cantarolando música que faz a gente chorar. Não tem jeito, quem faz o que a gente faz acaba aprendendo a gostar de músicas tristes. Eu venho cantando essas músicas tristes a vida inteira. Tive que cantar. Quando a gente começa a pegar essas pedras, até uma música alegre pode deixar a gente triste.

Ela ficou em silêncio por alguns instantes e eu ouvi sua risada quando continuou:

— Mas o senhor, o senhor tem que continuar a cantar. As suas músicas vão te deixar mais forte. Quem sabe até feliz.

Pessoas corriam de um lado para o outro naquele Fórum, mas nós dois continuávamos sentados, em silêncio.

— Bom, a senhora é muito boa nisso — eu disse finalmente. — Estou me sentindo bem melhor.

Brincando, ela deu um tapinha no meu braço.

— Não vem com essa lábia pra cima de mim não, garoto. Você estava muito bem, obrigado, antes de me ver. Aqueles homens estão indo pra casa e você estava andando por aqui, bem tranquilo. Eu só fiz o que eu sempre faço, só isso.

Quando eu finalmente me despedi, dando um beijo em sua bochecha e dizendo que eu precisava assinar os documentos de libertação dos prisioneiros, ela me segurou por mais um instante.

— Só um minutinho. — Ela procurou na bolsa até encontrar uma balinha de menta. — Aqui, toma.

Aquele pequeno gesto me deixou feliz de uma maneira que não consigo explicar.

— Ora, muito obrigado. — Eu sorri e me abaixei para lhe dar outro beijo na bochecha.

Ela acenou para mim, sorrindo:

— Vai lá, vai.

EPÍLOGO

Walter faleceu no dia 11 de setembro de 2013.
 Apesar da crescente confusão causada pela demência, ele continuou gentil e encantador até o fim. Morava com sua irmã, Katie, mas nos últimos dois anos de sua vida já não conseguia desfrutar do ar livre ou se locomover sem ajuda. Uma manhã, ele caiu e fraturou o quadril. Os médicos que o atenderam consideraram que não seria aconselhável operá-lo, então ele voltou para casa com poucas chances de recuperação. A assistente social do hospital me disse que eles providenciariam um serviço de atendimento domiciliar e de cuidados paliativos, o que era triste mas ainda assim infinitamente melhor do que ele temia quando estava no corredor da morte do Alabama. Depois que voltou do hospital, ele emagreceu muito e interagia cada vez menos com as pessoas à sua volta. Morreu serenamente pouco tempo depois.
 O funeral aconteceu numa manhã chuvosa de sábado, na Igreja Batista Sião Limestone Faulk A.M.E., localizada nos arredores de Monroeville. Fora naquele mesmo púlpito que, mais de vinte anos antes, eu fizera o meu discurso sobre atirar pedras e proteger as pessoas dessas pedras. Era estranho estar ali novamente. A igreja estava lotada e ainda havia muita gente do lado de fora. Olhei para os presentes, em sua maioria pessoas do campo, negras e pobres, amontoadas ali, emanando um sofrimento sem angústias que preenchia o triste espaço de mais um funeral — esse era ainda mais trágico por conta de toda a dor injustificada e todo o tormento desnecessário que o haviam precedido. Eu costumava sentir algo parecido quando estava trabalhando no caso de Walter. Pensava que se fosse possível reunir em um único e delicado receptáculo a angústia de todas aquelas vidas extenuadas, a dor de todas aquelas pessoas oprimidas que habitavam os espaços ameaçados do condado de Monroe, quem sabe dali não saísse algo extraordinário,

um espantoso combustível que seria capaz de acender a chama de uma ação até então impossível. O que será que aconteceria, então — um rompimento justificado ou uma redenção transformadora? Talvez os dois.

A família de Walter colocara uma grande televisão perto do caixão para exibir algumas fotos dele antes da cerimônia. A maioria delas havia sido tirada no dia em que Walter fora libertado da prisão. Em muitas daquelas fotos, Walter e eu posávamos abraçados: fiquei comovido quando notei como nós dois estávamos felizes. Sentei-me em um dos bancos da igreja e continuei a olhar aquelas fotos, sem conseguir acreditar que já se passara tanto tempo.

Quando Walter ainda estava no corredor da morte, um dia me contou o que sentira durante a execução de um dos homens que estava preso no mesmo andar que ele.

— Dava pra sentir o cheiro da carne queimando quando ligaram a cadeira elétrica! Todo mundo ficou batendo nas grades pra protestar, pra gente se sentir um pouco melhor, mas eu fiquei muito mal. Quanto mais eu batia, mais difícil era aguentar tudo aquilo.

— Você pensa em como deve ser morrer? — ele me perguntou. Era uma pergunta estranha vinda de alguém como Walter. — Eu nunca tinha pensado, mas agora não consigo parar de pensar.

Ele parecia angustiado. Continuou:

— É que isso aqui é um outro mundo. O pessoal do corredor fica falando sobre o que vão fazer antes de morrer, como eles vão agir. Eu achava que era maluquice ficar falando essas coisas, mas acho que eu também tô começando a fazer isso.

Aquela conversa estava me deixando desconfortável.

— Mas você tem que pensar em viver, cara. Pensar no que você vai fazer quando sair daqui.

— Ah, eu também penso nisso. Muito, até. Mas é difícil pensar nessas coisas quando tem gente passando pelo corredor pra ir morrer. Não é certo morrer na hora que o juiz decide ou que a prisão decide. A gente tem que morrer quando Deus decide.

Antes da missa começar, fiquei pensando sobre tudo o que vivi com Walter depois que ele fora libertado. O coral começou a cantar e o pastor proferiu um sermão estimulante. Ele falou sobre como Walter fora arrancado de sua família, ainda no auge da vida, por conta de mentiras e intolerâncias. Diante da congregação, falei que Walter se tornara um irmão para mim, que ele fora corajoso em confiar a própria vida a alguém tão jovem como eu era naquela época. Disse também que todos nós devíamos algo a Walter, porque ele fora ameaçado e aterrorizado, fora injustamente acusado e condenado, mas nunca desistiu. Ele sobreviveu à humilhação do julgamento e a todas as acusações feitas contra ele. Sobreviveu a um veredito de culpado, ao corredor da morte e à condenação ilícita de todo o Estado. Por mais que não tenha sobrevivido sem traumas e danos, ele preservara a sua dignidade. Eu disse àquelas pessoas que Walter havia superado tudo o que o medo, a ignorância e a intolerância haviam lhe causado. Ele se manteve firme contra a injustiça, pois sua absolvição fazia com nos sentíssemos um pouco mais seguros e um pouco mais protegidos contra o abuso de poder e as falsas acusações que quase o mataram. Afirmei aos seus familiares e amigos que a força, a resistência e a perseverança de Walter eram triunfos que deveriam ser celebrados — algo que merecia ser relembrado.

Senti que era meu dever explicar àquelas pessoas o que Walter havia me ensinado. Foi ele que me fez entender a necessidade de modificar um sistema de justiça criminal que continua a tratar melhor as pessoas que são ricas e culpadas do que aquelas que são pobres e inocentes. Um sistema que se nega a oferecer assistência jurídica aos pobres e que prioriza não a culpabilidade, mas sim a riqueza e o status, precisa ser modificado. O caso de Walter me ensinou que o medo e a raiva são ameaças à justiça: são sentimentos que contaminam uma comunidade, um estado e até mesmo um país... nos deixam cegos, irracionais e perigosos. Ponderei sobre como o encarceramento em massa não só apinhou a paisagem do nosso país com monumentos carcerários constituídos de punições excessivas e insensatas, mas também devastou as nossas comunidades com uma ânsia desesperada de condenar e descartar as pessoas mais vulneráveis. Contei a todos que o caso de Walter me ensinou que a questão da pena de morte não é se as pessoas merecem morrer pelos crimes que cometeram. A verdadeira questão sobre a pena capital neste país é: *Nós merecemos matar?*

A última coisa e a mais importante, que eu disse para todos ali reunidos, foi que Walter me ensinou que o perdão só é verdadeiro quando vem de um lugar de esperança e é concedido espontaneamente. O perdão é mais poderoso, mais libertador e ainda mais transformador quando direcionado àqueles que não o merecem. As pessoas que não são dignas de perdão, que não o buscam, são aquelas que mais necessitam da nossa compaixão.

EPÍLOGO

Walter perdoou sinceramente as pessoas que o acusaram injustamente, as pessoas que o condenaram e aqueles que julgaram que ele não era digno de clemência. No final, foi esse perdão verdadeiro que o ajudou a recuperar uma vida que merecia ser celebrada, uma vida que redescobriu o amor e a liberdade que todos nós desejamos, uma vida que superou a morte e a condenação para enfim morrer na hora que Deus decidiu.

Quando a cerimônia acabou, não me demorei na igreja. Já do lado de fora, olhei em volta e pensei que ninguém fora acusado pelo assassinato de Ronda Morrison depois que Walter foi solto. Pensei na angústia que isso ainda deveria causar a seus pais.

Várias pessoas ali presentes vieram até mim dizendo que precisavam de assistência jurídica para questões das mais variadas. Como eu não havia levado meus cartões de visita, anotei meu número para cada uma daquelas pessoas e as incentivei a ligarem para o escritório. Era improvável que pudéssemos ajudar a todos, mas me senti um pouco menos triste na viagem de volta para casa só de pensar que talvez pudéssemos ajudar.

POST SCRIPTUM

Numa agradável manhã de uma Sexta-feira Santa, saí de uma prisão na cidade de Birmingham acompanhado de um homem inocente que passara quase trinta anos no corredor da morte do Alabama. Anthony Ray Hinton ficou confinado em uma solitária de 1,5m x 2m, localizada no mesmo corredor onde ficava a sala de execuções da Penitenciária Holman. Naquelas três décadas de confinamento, mais de cinquenta pessoas foram executadas. Na época da cadeira elétrica, Hinton se queixava do cheiro de carne queimando durante as execuções da meia-noite. O Sr. Hinton chegara ao corredor da morte *antes* de Walter McMillian. No ano 2000, apresentamos resultados de exames que provavam a sua inocência e eu implorei aos promotores que reexaminassem as provas, mas durante quinze anos eles se recusaram a fazer isso. O Estado continuou tentando executar o Sr. Hinton até que, em 2015, obtivemos uma decisão favorável da Suprema Corte dos Estados Unidos exigindo que a promotoria reexaminasse as provas. Os resultados comprovaram a inocência do Sr. Hinton: ele se tornou a 152ª pessoa da história dos Estados Unidos a ser exonerada e declarada inocente, de ser injustamente condenada e sentenciada à morte.

Como consequência da decisão emitida em 2010 pela Suprema Corte, que proibiu que crianças condenadas por crimes que não envolvem homicídio sejam sentenciadas à prisão perpétua sem direito à condicional, centenas de crianças condenadas a morrer na prisão agora estão recebendo novas sentenças — muitas, inclusive, já conquistaram a liberdade. Pouco mais de uma dezena dos nossos clientes da Louisiana que haviam sido condenados à prisão perpétua quando eram menores de idade agora estão em casa. Ian Manuel e Antonio Nuñez têm grande chance de serem libertados. Joe Sullivan teve sua libertação agendada para junho de 2014, mas vinte dias antes de sua volta para casa, o estado da Flórida mudou a data. Segundo os promotores, o cálculo que contabilizava o "bom comportamento" de Joe na prisão estava errado e ele precisaria cumprir mais cinco anos de cadeia. Continuamos lutando por sua libertação imediata. Também continuamos tentando obter clemência para Trina Garnett, que ainda cumpre pena de prisão perpétua na Pensilvânia, estado que não reconhece seu direito a uma nova sentença apesar da decisão da Suprema Corte. O espírito de Trina continua forte: em 2014, ela apareceu cantando com um grupo de detentas que também cumprem penas de prisão perpétua em um vídeo impactante gravado na Penitenciária Estadual Muncy. O título e o refrão da música dizem: "Esta não é a minha casa".

    Charlie e Marsha Colbey estão em casa e passam bem. Henry saiu do corredor da morte da Geórgia. A cada dia que passa, conheço mais e mais pessoas que protegem outras pessoas das pedras que atiram contra elas. São essas pessoas que me inspiram e me fazem acreditar que podemos fazer mais do que fizemos até agora não só pelos acusados, presos e condenados, mas também por aqueles que são vítimas de crimes e de violência — e que todos nós podemos fazer mais e melhor uns pelos outros. Seguimos em frente, batalhando.

AGRADECIMENTOS

Quero agradecer às centenas de homens, mulheres e crianças acusados, condenados e encarcerados com quem já trabalhei: vocês me ensinaram muito sobre esperança, justiça e compaixão. Sou especialmente grato e sinto um profundo respeito por todas as pessoas que aparecem neste livro, às vítimas e sobreviventes da violência, aos profissionais de justiça e aqueles que foram condenados a permanecer em espaços inimaginavelmente dolorosos e ainda assim demonstraram tremenda coragem e graça. Os nomes de todos aqui mencionados são reais, com exceção de alguns que precisaram ser preservados por motivos de segurança.

Sou profundamente grato a Chris Jackson, extraordinário editor, por todos os conselhos e pela ajuda sempre gentil. Tenho muita, muita sorte mesmo de ter trabalhado com um editor tão criativo e generoso. Também preciso agradecer a Cindy Spiegel e Julie Grau, seu extraordinário apoio e suas sugestões me inspiraram de maneiras que eu nunca havia imaginado. Uma das alegrias deste projeto foi o privilégio de trabalhar com meus novos amigos da Spiegel & Grau e da Random House, que tanto me ensinaram e incentivaram. Também quero agradecer a Sharon Steinerman, do Departamento de Direito da Universidade de Nova York, pelas excelentes pesquisas que tanto me auxiliaram.

O meu trabalho só existe graças à excepcional equipe da Equal Justice Initiative, que todos os dias luta incansavelmente pela causa da justiça com tanta esperança e humildade, me fazendo acreditar que é possível fazer o que precisa ser feito para amparar os mais desfavorecidos. Gostaria de agradecer especialmente a Aaryn Urell e Randy Susskind por todo o *feedback* e pela edição do texto. Também preciso agradecer a Eva Ansley e Evan Parzych, que me auxiliaram no processo de pesquisa. Finalmente, não há agradecimentos

AGRADECIMENTOS

suficientes para Doug Abrams, meu extraordinário agente, o homem que me convenceu a realizar este projeto. Sem a sua inestimável orientação, seu incentivo e sua amizade, este livro jamais teria sido escrito.

NOTA DO AUTOR

Atualmente, os Estados Unidos têm mais de dois milhões de prisioneiros, seis milhões de pessoas em regime de sursis ou de condicional e, aproximadamente sessenta e oito milhões de pessoas com antecedentes criminais. Isso significa que existem incontáveis oportunidades para pessoas que desejam fazer algo a respeito das políticas de justiça criminal ou ajudar aqueles que ainda estão encarcerados ou já estiveram presos. Se você tem interesse em trabalhar ou auxiliar programas de voluntariado voltados para a população carcerária, ou organizações que ajudam a ressocialização de presos, ou ainda organizações espalhadas pelo mundo que lutam por transformações nas políticas de justiça criminal, entre em contato conosco na Equal Justice Initiative, em Montgomery, no Alabama. Você também pode visitar o nosso site em www.eji.org ou enviar um e-mail para contact_us@eji.org.

Dados Internacionais de Catalogação na Publicação (CIP)
(Câmara Brasileira do Livro, SP, Brasil)

Stevenson, Bryan
Compaixão : uma história de justiça e redenção / Bryan Stevenson; [tradução Claudia Soares Alvares da Cruz, Luciana Monteiro, Marcela Lanius]. -- Rio de Janeiro : Red Tapioca, 2019.
320 pg.

Título original: Just mercy: a story of justice and redemption.

ISBN 978-65-80174-02-7

1. Advogados — Biografia 2. Equal Justice Initiative 3. Justiça criminal — Administração — Estados Unidos 4. Reformadores sociais — Biografia

I. Título.

19-26309   CDD-353.4

Índices para catálogo sistemático:
1. Equal Justice Initiative : Administração da justiça criminal   353.4

Cibele Maria Dias — CRB-8/9427

r.ed
R-ED.NET.BR
emilio@r-ed.net.br

Esta obra foi composta em Caslon Pro, Miller Text, Minion Pro e Raleway.